생활지도와 상담

고 영 남

교육과학사

서문

"요즘 아이들은 예전의 아이들과 다르다." 이는 아이들을 양육하고 교육하는 가정이나 학교에서 부모들과 교사들이 많이 하는 말이다. 요즘 아이들은 정말 예전의 아이들과 다를까? 오늘날 급속하게 변화하는 사회적·물리적 환경의 변화와 이에 따른 가족구조, 가치관 등의 변화로 인해 학교 적응은 물론 정서적·행동적·사회적 적응에 혼란을 겪는 아이들이 늘고 있는 게 사실이다. 특히 학교에서는 물질만능주의·학력지상주의·외모지상주의의 확산, 그리고 청소년 비행 및 범죄의 증가 등으로 인해 학생들을 가르치고 지도하는 교사들이 학생지도에 너무 힘겨워하는 모습을 흔히 볼 수 있다. 그렇다고 해서 예전의 아이들과 비교하면서 요즘 아이들에게 "너희들은 왜 그러냐?"고 물을 순 없을 것이다.

몇 년 전 모 방송에서 "성정체성 혼란 장애"를 겪고 있는 한 고등학교 남학생을 소개했던 적이 있다. 소위 교육심리 전공자라 하는 필자도 일반 사람들과 마찬가지로 호기심이 가득한 눈으로 방송을 시청하였다. 이 프로그램은 자신의 성에 대해 혼란을 겪고 있는 대부분의 아이들이 학교, 사회, 부모, 친구들의 냉시와 외면으로 가정과 학교를 포기하고 거리로 내몰리고 있는 모습을 보여주었다. 계속 방송을 시청하는 중에 학교에서 성정체성 혼란 장애를 갖고 힘들어 하는 한 학생을 진심으로 도와주기 위한 어느 학교의 교장 선생님을 발견하게 되었다. 그 교장 선생님은 그 학생을 정신병자나 희귀동물이 아닌 하나의 고귀한 인간으로 인정해 주고, 그 학생을 있는 그대로 수용하면서 진정한 마음으로 도와주고 있었다. 그 때 필자는 "만약 그 상황에서 나는 어떻게 했을까?"하는 생각을 하게 되면서 갑자기 교육자로서 한없이 부끄러웠던 적이 있다.

우리는 흔히 생활지도를 "모든 학생들이 일상생활에서 직면하는 교육적, 가정적, 사회적, 직업적, 신체적, 정신적 문제와 같은 다양한 문제를 스스로 해결함으로써 건전하게 성장·발달할 수 있도록 도와주는 조직적인 조력활동"이라고 정의한다. 즉 생활지도란 일부 학생들이 아닌 모든 학생들이 건전하고 건강하게 성장할 수 있도록 도와주는 활동이다. 이러한 맥락에서 진정한 교사는 제2의 부모 입장에서 학생들을 진심으로 지도해야 한다.

이 책은 그 동안 필자가 강의 및 연구 등을 통해 틈틈이 준비한 내용을 정리한 결과물이며, 크게 생활지도의 이해와 상담의 이해 부분으로 구성되어 있다. 생활지도의 이해와 관련하여 제1장 생활지도의 이해, 제2장 청소년기 발달과 스트레스, 제3장 청소년의 심리적 부적응, 제4장 진로이론, 제5장 생활지도와 심리검사로 구성되어 있으며, 상담에 대한 이해를 돕기 위해 제6장 상담의 기초, 제7장 상담대화의 실제, 그리고 제8장부터 제18장까지는 각종 상담이론에 대한 설명으로 구성하였다. 특히 이 책은 중·고등학교 학생을 대상으로 한 교육현장에서의 활용에 초점을 두었으며, 청소년들을 지도하려는 예비교사인 대학생들, 중등교육 현장에서 이들을 지도하고 있는 현직교사들에게 도움을 주고자 하였다.

마지막으로 이 책의 출판을 기꺼이 허락해 주신 교육과학사 김동규 사장님과 이 책이 나오기까지 수고를 아끼지 않으신 교육과학사 편집부 여러분께 깊은 감사를 드린다.

2011년 2월

고 영 남

차례

서문_3

제1장 생활지도의 이해

1. 생활지도의 개념과 필요성_15
   1) 생활지도의 개념 ······ 15
   2) 생활지도의 필요성 ······ 15
2. 생활지도의 목표와 원리_17
   1) 생활지도의 목표 ······ 17
   2) 생활지도의 원리 ······ 19
3. 생활지도의 영역_22
4. 생활지도의 주요 활동_23
   1) 학생조사활동 ······ 24
   2) 정보제공활동 ······ 24
   3) 상담활동 ······ 26
   4) 정치활동 ······ 33
   5) 추수활동 ······ 34

제2장 청소년기 발달과 스트레스

1. 청소년기의 심리적 발달_37
   1) 청소년기의 신체 및 성적 발달 ······ 37
   2) 청소년기의 인지발달 ······ 40
   3) 청소년기의 자아발달 ······ 43
2. 청소년기의 사회적 맥락과 발달_46
   1) 청소년기의 가정 ······ 46
   2) 청소년기의 또래관계 ······ 52
3. 청소년과 스트레스_55
   1) 스트레스의 원인 ······ 55
   2) 스트레스에 대한 심리적 반응 ······ 60

제3장 청소년의 심리적 부적응

1. 부적응의 정의와 진단기준_65

2. 청소년기의 주요 심리적 부적응_67

1) 불안장애(Anxiety Disorders) 67
2) 기분장애(Mood Disorders) 69
3) 섭식장애(feeding disorders) 70
4) 아동가·청소년기 장애 72

제4장 생활지도와 심리검사

1. 표준화검사_83

1) Wechsler 지능검사 83
2) MMPI 85
3) MBTI 90

2. 투사법검사_95

1) Rorschach검사 95
2) TAT와 CAT 96
3) HTP 검사 98
4) BGT 99
5) 문장완성검사(SCT) 100

제5장 진로이론

1. 특성요인이론_103

2. Holland의 인성이론_105

3. Roe의 욕구이론_114

4. Krumboltz의 사회학습이론_116

5. Blau 등의 사회학적 이론_122

6. Ginzberg의 발달이론_124

7. Super의 발달이론_127

8. Tiedeman과 O'Hara의 발달이론_135

9. Gottfredson의 직업포부 발달이론_137

제6장 상담의 기초

1. 상담의 정의_141

2. 상담의 기본 원리_142

3. 상담의 형태_145

1) 내담자의 발달연령 ········· 145
2) 내담자의 구성인원 ········· 147
3) 내담자의 조력욕구 ········· 147
4) 내담자의 문제내용 ········· 148

4. 상담자의 윤리_150

5. 상담자의 태도_153

1) 공감적 이해 ········· 153
2) 무조건적 긍정적 존중 ········· 157
3) 진정성 ········· 160

제7장 상담대화의 실제

1. 적극적 경청_167

2. 구조화_172

3. 재진술_173

4. 반영_174

5. 명료화_175

6. 침묵_175

7. 자기개방_177

8. 직면_178

9. 즉시성_179

10. 정보제공_181

11. 직접적 지도_182

12. 해석 _183

제8장 정신분석상담

1. 인간관_187

2. 주요개념_188

1) 성격 구조 …… 188
2) 의식과 무의식 …… 189
3) 심리성적 발달단계 …… 190
4) 불안 …… 192
5) 방어기제 …… 193

3. 상담과정과 기법_197

1) 상담목표 …… 197
2) 상담과정 …… 197
3) 상담기법 …… 197

제9장 개인심리학상담

1. 인간관_203

2. 주요 개념_204

1) 열등감과 보상 …… 204
2) 우월성 추구 …… 205
3) 사회적 관심 …… 205
4) 생활양식 …… 206
5) 출생순위와 가족구도 …… 207
6) 가상적 최종목적론 …… 209

3. 상담과정과 기법_209

1) 상담목표 …… 209
2) 상담과정 …… 210
3) 상담기법 …… 211

제10장 행동치료

1. 인간관_215

2. 행동주의 이론의 개요_216

1) Pavlov의 고전적 조건형성 ······ 216
2) Skinner의 조작적 조건형성 ······ 218
3) Bandura의 사회학습이론 ······ 222
4) Meichenbaum의 인지행동수정 ······ 225

3. 상담과정과 기법_226

1) 상담목표 ······ 226
2) 상담기법 ······ 227

4. 행동수정의 실시과정과 연구설계_235

1) 행동수정의 실시과정 ······ 235
2) 행동수정의 연구설계 ······ 237

제11장 인간중심상담

1. 인간관_241

2. 주요개념_242

1) 인본주의 ······ 242
2) 현상학적 관점 ······ 242
3) 실현화 경향성 ······ 243
4) 가치의 조건화 ······ 243

3. 상담과정과 기법_244

1) 상담목표 ······ 244
2) 상담과정 ······ 244
3) 상담기법 ······ 245

제12장 의미치료

1. 인간관_251

2. 주요개념_251

1) 의지에 대한 자유 ······ 251
2) 의미에 대한 의지 ······ 252
3) 삶의 의미와 실존적 공허 ······ 252
4) 의미의 원천 ······ 254

3. 상담과정과 기법_255

1) 상담목표 ······ 255
2) 상담과정 ······ 255
3) 상담기법 ······ 256

제13장 게슈탈트상담

1. 인간관_261

2. 주요 개념_263

1) 자각 ······ 263
2) 접촉 ······ 263
3) 전경과 배경 ······ 264
4) 성격층 ······ 265
5) 지금-여기 ······ 266
6) 미해결 과제 ······ 267
7) 양극성 ······ 268

3. 상담과정과 기법 _269

1) 상담목표 ······ 269
2) 상담기법 ······ 269

제14장 합리적 정서행동치료

1. 인간관_275

2. 주요개념_276

1) 비합리적 신념 ······ 276
2) 성격의 A-B-C 이론 ······ 277

3. 상담과정과 기법_278
1) 상담목표 ········· 278
2) 상담과정 ········· 278
3) 상담기법 ········· 280

제15장 인지치료

1. 인간관_285
2. 주요개념_286
1) 자동적 사고 ········· 286
2) 인지왜곡 ········· 287
3) 인지타당성 평가 ········· 289
3. 상담과정과 기법_290
1) 상담목표 ········· 290
2) 상담기법 ········· 290

제16장 교류분석

1. 인간관_297
2. 주요 개념_298
1) 성격 구조 ········· 298
2) 스트로크 ········· 300
3) 구조분석 ········· 301
4) 기능분석 ········· 301
5) 교류패턴분석 ········· 303
6) 게임분석 ········· 304
7) 생활자세 ········· 307
8) 각본분석 ········· 309
3. 상담과정과 기법_309
1) 상담목표 ········· 309
2) 상담과정 ········· 310
3) 상담기법 ········· 310

제17장 현실치료

1. 인간관_315

2. 주요개념_316

1) 선택이론 316
2) 기본 욕구 316
3) 전(全)행동 318
4) 3R 318

3. 상담과정과 기법_319

1) 상담목표 319
2) 상담과정 320
3) 상담기법 322

제18장 해결중심상담

1. 인간관_327

2. 기본 규칙_328

3. 상담과정과 기법_328

1) 상담과정 328
2) 상담기법 330

부록: 2000년 이후 교원임용고사 생활지도 및 상담 관련 기출문제_335

참고문헌_369

찾아보기_377

제 1 장

생활지도의 이해

1·생활지도의 개념과 필요성
2·생활지도의 목표와 원리
3·생활지도의 영역
4·생활지도의 주요 활동

1 생활지도의 개념과 필요성

1) 생활지도의 개념

생활지도는 영어의 'guidance'를 번역하여 사용하는 개념으로 '안내하다', '지도하다', '이끌다', '관리하다' 등의 의미를 갖는다. 이러한 맥락에서 본다면 생활지도는 학생들의 성장과 발달을 바람직한 방향으로 성장·발달하도록 안내하고 지도하며 이끌어주는 의미가 포함되는 내용이라 볼 수 있다. 생활지도의 개념에 대해서는 여러 학자들이 다양하게 정의를 하고 있는데, 그 중 Miller(1971)는 생활지도를 '학교와 가정, 지역사회에 최대한으로 적응하기 위해 자기 자신을 이해하고, 자기주도적으로 주요한 결정을 내리는 능력을 함양하도록 도와주는 과정'으로 정의했다. 또한 Shertzer와 Stone(1981)은 생활지도를 '개인들이 자기 자신과 자신의 주위 세계를 이해할 수 있도록 도와주는 주는 과정'이라고 정의했다. 이와 같이 생활지도에 대한 여러 학자들의 정의를 종합하여 볼 때, 생활지도는 학생 개개인이 자신과 자신의 주변 환경에 대한 이해를 바탕으로 일상생활에서 직면하는 다양한 문제를 스스로 해결하여 건전하게 성장·발달할 수 있도록 도와주는 지속적인 조력과정으로 볼 수 있다.

2) 생활지도의 필요성

오늘날 학교교육에서 생활지도는 매우 중요한 교육활동으로 인식되고 있다. 교과지도가 주로 학생들의 인지적이고 기능적인 측면에서의 발달을 추구하는 데 중점을 둔다면, 생활지도는 학생들의 정서적이고 인성적인 발달을 토대로 학교와 가정, 지역사회에 적응할 수 있도록 도와주는 교육활동이다. 이러한 측면에서 생활지도의 필요성에 대해 살펴보면 다음과 같다.

첫째, 청소년의 비행과 문제행동은 물론 청소년의 정신건강 문제가 점차 심각하게 대두되고 있는 시점에서 이에 대한 예방 차원으로서 생활지도가 매우 중요하다 할 수 있다. 청소년들에게 자주 발생하는 비행과 문제행동은 폭력, 절도, 음주, 흡연, 약물남용, 가출, 자살 등인데, 단독으로 행해지는 경우보다 대부분 집단을 형성하여 발생되고 있으며, 그 정도도 점점 양적으로 증가되고 있음은 물론 질적으로 횡포화되고 있으며 발생연령도 점차 낮아지고 있다. 또한 청소년들은 또래 및 부모와의 관계, 학업 및 진로에 대한 과잉부담, 충격적인 사건 등이 원인이 되어 정신건강 상의 문제가 발생되고 있으며, 최근에는 우울증, 외상후스트레스장애, 신경성 식욕부진증, 신경성 폭식증, 품행장애, 반항성장애 등이 과거에 비해 청소년들에게 자주 나타나고 있다. 따라서 교사들은 청소년의 정신건강 문제와 관련하여 학교에서 학생들을 꾸준히 세심하게 관찰하면서 조기에 발견하여 문제를 예방하는 역할을 해야 할 것이다.

둘째, 청소년들의 건강한 성격을 형성하도록 돕는 활동으로서 생활지도가 중요하다. Erikson이 청소년 시기의 가장 중요한 발달과업은 자아정체성의 확립이라고 하였듯이, 이 시기에 많은 청소년들은 "나는 누구인가?", "나에게 무엇이 중요하고 의미 있는 가치는 무엇인가?", "나는 어떤 사람이 될 것인가?"와 같은 근본적인 문제에 대해 고민을 하며, 자신의 지적·사회적·성적·도덕적인 여러 측면을 통일된 자아정체성으로 통합하려 노력한다. 그러나 청소년 시기에는 신체적 변화와 성적 성숙이 급격하게 이루어질 뿐만 아니라 아이도 성인도 아닌 주변인으로서의 존재적 특징 때문에 새롭게 부과되는 다양한 사회적 요구에 양가적 상황에 처하게 되며, 진학과 전공선택의 문제나 이성문제 등과 같은 상황에서 수많은 선택과 의사결정을 해야 하기 때문에 자아정체감 위기를 경험할 수 있다. 따라서 학교 현장에서 교사는 교과지도의 임무 이외에 생활지도의 책무 차원에서 마음을 열고 학생들과 진실된 대화를 나눔으로써 학생들에게 정서적 지지를 해 줄 수 있어야 한다. 즉 교사는 학생들의 수용가능한 행동에 대한 한계를 명확히 하면서도 진정한 마음으로 공감하고 수용해 주는 동시에 학생들에게 안정감을 줄 수 있어야 한다.

셋째, 급격한 사회의 변화에 따른 직업의 세분화와 전문화에 대한 대응 차원에서 생활지도가 중요하다. 우리 사회가 정보화 및 지식 사회로 바뀌면서 직업의 세계는 점점 더 전문화되고 분화되고 있다. 이에 따라 아동 및 청소년들은 이 세상에 어떠한 직업들이 있는지, 자신의 능력이나 적성에 맞는 직업 분야에는 어떤 직업들이 있는지, 그리고 그 직업을 얻기 위해 필요한 조건은 무엇이며, 그 직업의 전망은 어떠한지 등에 대한 도움을 필요로 하고 있다. 이러한 차원에서 학교에서의 생활지도는 사회 및 직업의 급속한 변화에 학생들이 적극적으로 대처할 수 있도록 도와주기 위한 체계적이고 전문적인 진로지도 활동으로서 매우 중요하게 되었다.

넷째, 가족구조의 변화 측면에서 학교에서의 조직적이고 체계적인 생활지도가 더욱 더 절실하게 요구되고 있는 상황이다. 예전에는 대가족에서 핵가족으로의 변화가 주된 변화의 양상이었지만, 현재 우리나라는 핵가족 비율의 증가와 함께 점차 소가족화 되고 있을 뿐만 아니라 최근 들어 자녀가 부모 중 한명 하고만 사는 가족형태인 한부모가구가 이혼 증가 등의 사유로 인해 증가하고 있다. 또한 국제결혼의 증가, 외국인노동자의 대거 유입 등으로 인해 다문화가족이 급속하게 증가되고 있으며, 배우자의 가출 혹은 경제적 문제로 인한 장기출타·별거 등 여러 이유에 따라 할아버지나 할머니가 양육하는 조손가정도 점차 늘고 있다. 이에 따라 소가족, 한부모가정, 다문화가정, 조손가정 등의 학생들이 학교와 학교 밖의 생활에 잘 적응할 수 있도록 학교 차원에서 세심하고 주의 깊은 생활지도가 시급한 시점이라 할 수 있다.

2 생활지도의 목표와 원리

1) 생활지도의 목표

생활지도의 일차적인 목표는 생활지도의 대상으로서 학생들이 학교와 학교 밖에서 직면하는 다양한 문제를 스스로 해결하여 건전하게 성장·발달할 수 있도록 도와주는 데 그 목표를 두게 된다. 이러한 생활지도의 목표는 다음과 같이 구체적으로 구분된다(Humohreys & Traxler, 1954).

1 자신에 대한 올바른 이해

: 학생들이 자기 자신을 정확하게 이해하도록 돕는다.

2 자신의 잠재력 발견 및 계발

: 학생들이 가능한 한 자신의 노력으로 자신이 지닌 잠재력을 발견해서 그것을 충분히 계발하도록 돕는다.

3 자율적인 문제해결능력 배양

: 학생 개개인으로 하여금 수시로 직면하는 자신의 문제를 정확히 파악해서 스스로 해결할 수 있도록 돕는다.

4 전인적 발달 도모

: 학생들이 신체적, 인지적, 정서적, 사회적으로 조화되고 통합된 발달을 하도록 돕는다.

5 환경에의 적응 조력

: 학생들이 복잡하고 다양한 생활환경 속에서 현명하게 선택하고 적응할 수 있도록 돕는다.

6 사회구성원으로서의 자질 함양

: 학생들이 자신이 속한 사회를 위해 공헌할 수 있도록 돕는다.

생활지도는 학생 개개인을 직접 도와주는 활동 이외에도 교사와 학교행정가에게도 간접적으로 여러 측면에서 도움을 주고 있다. 이에 대해 구체적으로 제시하면 다음과 같다(Froehlich, 1950).

1 학생에 대한 이해 및 지도 촉진

: 생활지도 활동을 통해 교사는 학생을 보다 정확하게 이해하도록 도와준다.

2 학생지도의 역량 제고

: 생활지도 활동을 통해 교사는 생활지도에 임하는 바람직한 태도와 기술, 즉 학생들의 행동을 분석하고 이해하는 기술을 지니도록 도와준다.

3 지역사회와의 협력 강화

: 학교의 생활지도 활동은 학교와 지역사회 간의 유대 강화를 하는 데 도움이 된다.

4 연구활동 촉진

: 학교의 생활지도 활동은 교사나 학교 자체의 연구 활동에도 많은 도움이 된다.

2) 생활지도의 원리

생활지도의 목적을 달성하기 위해 취해야 할 원리는 크게 기본원리와 실천원리로 구분될 수 있다. 기본원리는 생활지도를 하는 데 있어서 기본적으로 유의해야 할 원리이고, 실천원리는 생활지도 활동을 구체적으로 실천해 나가는 데 있어서 준수해야 할 원리이다. 이에 대해 차례대로 살펴보면 다음과 같다(주영흠 외, 2002).

(1) 기본원리

1 학생의 존엄성 인정과 수용의 원리

: 생활지도에서는 학생의 존엄성을 인정하며, 학생이 어떤 상태나 상황에 처해 있든 긍정적으로 수용하고 이해해야 한다.

2 자율성 존중의 원리

: 생활지도는 모든 학생이 정상적으로 발달하도록 도움을 주는 과정이기 때문에, 생활지도에서는 학생 자신의 문제를 파악하고 적극적으로 해결하도록 도와주어야 한다. 따라서 생활지도에서는 학생 자신의 자율적인 판단과 자발적인 활동이 강조되어야 한다.

3 적응의 원리

: 생활지도는 학생들로 하여금 전반적인 생활에 잘 적응하도록 도와주는 활동이므로 자신의 현실에 순응하게 하는 소극적인 적응보다는 개인의 능력과 특성을 되살려 적극적으로 자신을 이끌어가게 하는 능동적인 적응이 강조되어야 한다.

4 인간관계의 원리

: 생활지도에서는 학생들의 생활태도나 가치관의 변화나 인성적 감화와 같은 정의적 학습이 강조되는데, 이러한 학습은 교사와 학생 사이에 참다운 인간관계가 성립될 때 가능하다.

5 자아실현의 원리

: 생활지도의 궁극적 목적은 모든 학생들이 자아실현을 하도록 하는 데 있다. 따라서 생활지도는 개인적인 문제의 해결, 새로운 장래의 설계, 학교생활에 대한 건전한 적응 등을 통해 모든 학생이 자기 나름의 완성을 기하도록 조력하는 것이 되어야 한다.

(2) 실천원리

1 계속과정의 원리

: 생활지도는 한번으로 끝나는 것이 아니라 계속적인 활동으로 이루어져야 한다. 그러기 위해서 생활지도는 진급, 진학이나 취업에 대한 정치활동뿐만 아니라 추수활동까지 연결되어야 한다.

2 전인적 발달의 원리

: 생활지도에서는 개인의 특수한 영역이나 기능의 일부만을 다루는 것이 아니며, 전체적인 면을 통합적으로 지도하여야 한다. 그리하여 모든 학생들이 조화로운 인간성을 갖추도록 해야 한다.

3 균등의 원리

: 생활지도는 모든 학생을 대상으로 이루어져야 한다. 생활지도는 문제아나 부적응아들의 문제만을 지도하고 해결하는 것이 아니라 전체 학생들의 잠재력을 최대한으로 계발하는 것에 중점을 두어야 한다.

4 과학적 기초의 원리

: 생활지도는 학생들에 대한 올바른 이해와 지도를 위해 구체적이고 객관적인 자료와 과학적인 이론을 토대로 실천되어야 한다.

5 적극적 예방의 원리

: 생활지도에서는 학생들의 문제행동에 대한 치료도 중요하지만, 그보다는 적극적인 예방지도에 더 주력해야 한다. 즉 생활지도는 이미 나타난 문제해결이나 그 치료보다는 문제가 근본적으로 일어나지 않도록 하는 예방적인 지도에 중점을 두어야 한다.

6 협력의 원리

: 생활지도는 담임교사나 상담교사만의 업무가 아니고 학교의 전체 교사, 가정의 부모, 관련 전문가, 지역사회 인사의 협력활동에 의해 실천되는 활동이어야 한다.

3 생활지도의 영역

생활지도는 학생들의 전인적인 인간 형성에 관심을 갖기 때문에 그 영역은 학생들의 모든 생활과 관련이 되어야 한다. 생활지도의 주요 영역을 구분하여 살펴보면 다음과 같다(신윤호, 오만록, 2005).

1 교육지도

: 교육지도는 학업에 관한 지도로서 특히 학생들이 자신의 개성, 흥미, 능력 등에 부합되는 학습활동을 전개하는 데 필요한 정보나 자료를 제공함으로써 학생 개개인의 가능성을 최대한으로 계발하도록 돕는 활동이다. 이 교육지도 영역에는 신입생을 위한 오리엔테이션, 교육정보 제공, 학습부진아 지도, 학습방법 지도, 학과 및 학교 선택 지도 등이 포함된다.

2 진로지도

: 진로지도는 학생들이 자신의 진로에 대한 의식을 고취하고 자신의 적성에 맞는 진로의 결정과 그 목표달성에 필요한 활동을 실행할 수 있도록 돕는 활동이다. 이 진로지도 영역에는 직업적성 지도, 직업준비 지도, 진학지도, 직업선택과 정보제공 등이 포함된다.

3 인성지도

: 인성지도는 성격지도라고도 하는데, 개인의 건전한 인성 발달을 도모하기 위한 지도 활동을 말한다. 이 인성지도에는 건전한 인성 형성에 대한 지도뿐만 아니라 정서적 불안, 욕구불만, 정신건강, 개인의 습관 및 태도 등의 개인적·심리적 부적응 문제에 대한 지도가 포함된다.

4 사회성지도

: 사회성 지도는 학생들이 가정, 학교, 사회에서 건강하고 유능한 구성원으로서 생활할 수 있도록 돕는 활동이다. 이 영역에서는 교우관계, 이성관계, 가족관계, 기타 사회나 타인과의 관계에서 발생하는 문제를 지도하는 데 관심을 갖는다.

5 건강지도

: 건강지도는 학생들의 신체적 발달과 증진을 위한 조력활동을 말한다. 이 영역에서는 신체적 결함, 운동 부족, 영양상태, 위생관념의 문제 등을 지도하며, 보건에 대한 일반적인 지식과 방법의 습득, 간단한 치료법, 전염병의 예방법, 건강에 대한 적당한 운동 및 올바른 습관형성 등에 대한 지도에 관심을 갖는다.

6 여가지도

: 여가지도는 학생들이 여가를 유효적절하게 이용하도록 조력하는 것을 말한다. 가치 있는 여가활동으로는 운동, 독서, 미술, 오락, 사회활동 등을 들 수 있으며, 이러한 활동 중에서 각 개인의 흥미, 요구, 능력, 성격 등에 따라 가장 적합한 것을 선택하여 여가를 선용하도록 지도해야 한다.

4 생활지도의 주요 활동

생활지도 활동(guidance service)은 일반적으로 학생조사활동, 정보제공활동, 상담활동, 정치활동, 추수활동과 같이 다섯 가지 주요 활동으로 구성된다. 이 다섯 가지 주요 활동에 대해 구체적으로 살펴보면 다음과 같다.

1) 학생조사활동

학생조사활동은 학생이해활동이라고도 하는데, 학생들의 개별성을 이해하는 데 필요한 자료를 수집·분석하는 활동이다. 학생조사활동의 대상은 가정환경, 학교성적, 특별활동, 교외활동, 교우관계, 지능, 적성, 흥미, 성격, 건강, 장래희망 등은 물론 현재의 적응 또는 부적응과 관련되는 모든 상황 및 조건이다. 학생을 이해하는 방법으로는 지능검사, 적성검사, 흥미검사, 성격검사 등과 같은 표준화 검사가 있고, 비표준화검사 방법으로는 투사법검사, 관찰법, 평정법, 질문지법, 면접법, 사례연구법 등이 있다. 이 중 지능검사, 성격검사(MMPI, MBTI), 투사법 검사에 대해서는 5장에서 구체적으로 살펴보기로 한다.

2) 정보제공활동

정보제공활동은 생활지도활동의 두 번째 활동으로서 학생들이 필요로 하는 각종 정보와 자료를 제공하는 활동이다. 학생들에게 제공되는 정보는 다음과 같이 크게 교육정보, 직업정보, 개인적·사회적 정보 등으로 구분할 수 있으며, 이에 대해 구체적으로 살펴보면 다음과 같다.

(1) 교육정보

교육정보란 교육활동에 도움이 되는 타당하고도 유용한 정보를 말한다. Shertzer와 Stone(1981)은 생활지도에 필요한 교육정보를 다음과 같이 제시하고 있다.

① 학교생활에 관련된 제반 규칙

② 교과 및 교육과정

③ 학교의 클럽활동과 사회적 활동

④ 학교의 교육목적 및 방침

⑤ 상급학교 진학자를 위한 과정과 비진학자를 위한 과정

⑥ 진학에 필요한 비용
⑦ 학교의 면학을 위한 시설과 설비
⑧ 학습습관과 기술에 관한 사항
⑨ 특정 과목 및 과정의 학습방법
⑩ 학교도서관의 이용법과 기타 시설의 이용법
⑪ 장학제도 및 기타 학비조달에 관한 사항
⑫ 졸업 후의 계속교육에 관한 사항
⑬ 실습 및 훈련에 대한 기회와 계획
⑭ 상급학교 교육프로그램에 관한 안내 등

(2) 직업정보

직업정보란 직업에 대한 타당하고도 유용한 자료를 말한다. Shertzer와 Stone(1981)은 생활지도에 필요한 직업정보를 다음과 같이 제시하고 있다.

① 노동력에 관한 자료
② 직업구조 및 특성
③ 취업의 경향
④ 직업분류와 직종
⑤ 각종 직업에서의 직무와 업무의 특성
⑥ 각종 직업에 취업하기 위한 자격
⑦ 각종 직업에 필요한 준비와 훈련
⑧ 승진에 필요한 방법과 지식
⑨ 각종 직업에서의 작업조건
⑩ 직업연구에 필요한 정보
⑪ 직업정보를 평가하기 위한 기준
⑫ 고용과 취업 담당기관
⑬ 부직에 대한 정보 등

(3) 개인적·사회적 정보

개인적·사회적 정보는 자신과 타인을 이해하고 사회생활에 필요한 정보를 말한다. Shertzer와 Stone(1981)은 생활지도에 필요한 개인적·사회적 정보를 다음과 같이 제시하고 있다.

① 자기이해와 자기통찰의 성취
② 이성 또는 동성과 성숙된 인간관계 유지
③ 남성 또는 여성의 성역할 이해
④ 건전한 인성발달
⑤ 개인의 행동과 특성 및 개인차의 이해
⑥ 가정의 조건과 부모의 기대에 대한 이해와 적응
⑦ 이성관계, 성, 결혼에 대한 이해
⑧ 정신적·신체적 건강과 발달의 성취
⑨ 예의범절
⑩ 사회적 기술, 여가생활의 건전한 활용 등

3) 상담활동

상담활동(counseling service)은 생활지도의 중핵적 활동으로서 위에서 전개된 학생조사활동과 정보제공활동을 통해 획득한 종합적인 자료와 정보를 근거로 하여 상담자와 내담자 간의 친밀한 관계 속에서 대화가 전개되는 것이 보통이다(김충기, 1998). 상담활동과 관련된 구체적인 내용과 각종 상담이론은 이 책 6장 이후에서 자세히 살펴보기로 하고, 여기에서는 일반상담과 학교상담의 차이에 대해 알아보기로 한다.

학교에서의 상담은 담임교사 혹은 상담교사가 부적응 학생을 포함한 학급의 모든 학생들을 대상으로 실시하는 교육적 예방 목적의 상담에 관한 접근을 취한다. 따라서 학교에서 실시하는 상담은 전문상담가가 상담기관이나 상담실에서 실시하는 상담과는 다른 특징이 있다. 구체적으로 일반상담(therapeutic counseling)과

학교상담(school counseling)의 차이에 대해 살펴보면 다음과 같다(오인수 외, 2005). 첫째, 일반상담에서는 문제행동(심리)이 있는 학생이 대상이 되는 반면, 학교상담에서는 모든 학생이 대상이 된다. 둘째, 일반상담에서는 치료와 개선을 목적으로 한다면, 학교상담에서는 예방과 조기발견을 중요시한다. 셋째, 일반상담에서는 치료적 관점으로 학생을 바라보는 반면, 학교상담에서는 발달적 관점으로 학생을 바라본다. 넷째, 일반상담에서는 학생의 문제 영역에 초점을 두는 서비스라고 한다면, 학교상담은 학생생활의 모든 영역에 걸친 서비스다. 다섯째, 일반상담에서는 교사의 조력과 협력이 적은 반면, 학교상담에서는 교사의 적극적인 조력 및 협력이 필수다.

다음은 오인수 등(2005)의 『상담으로 풀어가는 교실이야기』에 수록된 일반상담과 학교상담의 차이를 잘 설명하고 있는 사례들이다. 이 사례를 잘 읽어보면서 일반상담과 학교상담의 차이에 대해 되새겨 보자.

1 부적응 학생 vs. 모든 학생

(사례1) 일반상담

철수는 9월 한 달에 무려 다섯 번의 결석을 하였다. 철수의 등교거부 문제를 돕고자 김 교사는 상담을 실시했다. 상담의 초기 과정에서 가족의 기능을 파악하기 위해 '어항 물고기그림 검사'를 실시했다. 이 그림에서 엄마 물고기와 아빠 물고기는 서로 반대 방향으로 움직이고 있었고, 철수는 자신을 물풀 뒤에 숨어 있는 작은 물고기로 표현했다. 그림 그리기 후에 이어진 탐색 질문에서 철수는 부모님이 현재 이혼을 준비 중이고 자신은 그 사이에서 괴롭다고 표현했다. 이를 통해 철수의 등교거부는 부모의 이혼에 따른 스트레스로 나타난 부적응 행동이었음을 알게 되었다.

(사례1) 학교상담

김 교사는 최근 이혼율의 급증으로 인해 가정의 역기능이 학생들의 적응에 어려움을 준다는 사실을 인식하고 학기 초에 학급의 모든 학생들에게 '어항 물고기그림 검사'를 실시했다. 35명의 학생들이 그려낸 그림 중에서 7명 학생들의 그림에서 부모간의 불화가 의심되는 그림을 발견했고, 이들 7명을 대상으로 개별상담을 실시한 결과 철수와 동수, 그리고 아름이 3명은 부모가 별거 혹은 이혼의 과정을 겪고 있음을 알게 되었다. 그 중 가장 심한 변화를 겪고 있는 철수와 주 1회 상담을 실시하여 부모의 불화에 대한 불안과 죄책감, 그리고 부모의 이혼에 대한 두려움 등을 탐색하여 돕는 상담을 실시하였다. 결국 최근에 철수의 부모는 이혼을 했지만, 철수는 그 동안의 상담을 통해 부모의 이혼 과정에서도 별다른 부적응 행동을 보이지 않았고 새롭게 변한 가족의 구조에도 비교적 빠른 적응을 보였다.

2 치료와 개선 vs. 조기발견과 예방

(사례2) 일반상담

최근 박 교사는 민희의 엄마로부터 전화를 받았다. 민희가 매일같이 학교에 가기를 싫어한다는 것이었다. 이유는 민희가 속한 모둠원들이 민희를 '왕따'시킨다는 것이다. 새롭게 이 사실을 알게 된 박 교사는 민희와 상담을 시작하였고 같은 모둠원들이 민희의 신발을 몰래 숨기고, 실내화에 물을 부어놓기도 하며, 모둠별 토의 활동에도 은근히 따를 시킨다는 사실을 알게 되었다. 뿐만 아니라 핸드폰을 잠깐 빌려 달라고 하곤 유료게임을 많이 해서 핸드폰 요금이 10만원이 넘게 나온 적도 있음을 알게 되었다. 이 문제를 돕고자 박 교사는 다른 모둠원들과 개별상담을 실시하였지만 오히려 아이들은 민희의 잘못된 점을 지적하면서 자신들을 방어하였다. 박 교사는 따돌리는 학생들 뿐만 아니라 민희 자신도 따돌림의 원인을 제공했고 행동의 개선이 필요함을 알게 되었다. 하지만 서로간에 쌓인 불신과 미움의 틈은 이미 너무나 많이 벌어져 있었고 서로가 자신의 잘못을 인정하고 개선된 행동을 시도하는 데까지는 무려 6개월이란 시간이 소요되었다. 박 교사는 아직도 아이들 마음속에 쌓여있는 상대에 대한 불신의 앙금이 있음을 알고 있다. 박 교사 역시 이 일을 겪으면서 아이들에 대한 회의로 심한 고민을 하게 되었고 이 문제를 잘 해결하지 못한 것 같은 아쉬움으로 늘 마음 한 구석이 허전했다.

(사례2) 학교상담

홍 교사는 고학년에서 흔히 발견되는 따돌림과 괴롭힘을 예방하고자 학기 초에 재량시간을 활용한 집단상담 프로그램을 준비하였다. 상대방에 대한 배려심을 높이기 위한 다양한 활동을 중심으로 프로그램을 엮었고 매주 1시간을 할애하여 학급 전체가 참여할 수 있는 활동을 실시했다. 또한 방과 후에는 모둠별로 소집단 활동을 병행했는데, 이 활동을 통해 모둠원간의 친밀감이 빠르게 증가하였다. 특히 모둠 내의 집단역동을 파악하기 위해 '사회성측정 행렬표'를 사용하여 모둠 내에서 소외되거나 배척당하는 학생들을 미리 파악하고 이 학생들이 모둠 내에서 잘 적응할 수 있도록 돕고자 노력하였다. 이러한 홍교사의 노력 덕분에 모둠 내에서 따돌림이나 괴롭힘의 양상이 거의 나타나지 않았고 학급 전체의 분위기 역시 서로에 대한 배려심의 증가로 협력적인 분위기를 학년 내내 유지할 수 있었다.

3 치료적 관점 vs. 발달적 관점

(사례3) 일반상담

성철이는 주의가 매우 산만하고 충동적인 성향이 강하며 가만히 앉아 있지 못하는 '주의력결핍 및 과잉행동장애(ADHD)' 학생이다. 성철이의 담임교사인 이 교사는 ADHD가 환경적인 요인보다 기질적인 요인의 영향이 크다는 사실을 알았고 약물치료가 매우 효과적인 방법이라는 연수를 받은 후에 학부모에게 추천하여 약물치료를 권하였다. 약을 먹기 시작한 성철이는 수업시간에 집중력이 좋아졌고 친구들과의 싸움도 줄었다. 또한 교실이나 복도에서 뛰는 일도 눈에 띄게 줄어들어 약물의 효과를 실감했다. 그러나 이 교사는 이 약이 치료제가 아닌 주의산만, 충동성, 과잉행동 성향을 일시적으로 줄여주는 약물이라는 사실을 2학기에 알게 되었다. 왜냐하면 2학기 들어 약물을 끊은 성철이는 다시 예전처럼 ADHD 증상을 보이고 있기 때문이다. 약물이 성철이의 문제를 치료해 주고 해결해 줄 것이라는 지나친 믿음으로 약물을 복용하는 당시 성철이를 위해 특별한 교육적 중재를 해 주지 않아 성철이의 증상은 현재 별다른 개선을 보이지 못하고 있다.

(사례3) 학교상담

ADHD로 진단을 받은 유정이의 담임교사인 신 교사는 유정이가 약물치료를 받고 있는 사실을 알고 유정이가 학급에서 ADHD로 나타나는 부적응 문제를 최소화하도록 다양한 교육적 중재활동을 실시했다. 산만함을 줄이기 위해 유정이 주변에 시각적인 자극요소를 줄이고 청각적 자극이 많은 복도와 창 쪽의 자리는 피해서 앉혔다. 또한 수업시간에 쉽게 산만해지는 유정이를 다시 집중하도록 유정이와 1:1 수신호를 개발하여 수시로 유정이의 행동을 조절해주어 집중하도록 도왔다. 또한 산만함으로 인해 알림장을 잘 쓰지 못하는 것에 대해 유정이의 짝을 활용하여 경우에 따라 짝이 대신 알림장을 써주게 함으로써 학습준비물을 잘 챙겨와 학습결손을 줄였다. 약물치료와 병행한 이러한 교육적 중재활동 덕분에 유정이는 이제 스스로 알림장을 잘 쓸 수 있고 물건을 잃어버리거나 준비물을 잘못 챙겨오는 횟수도 줄어들었다. 또한 교사와의 수신호 없이도 스스로 자신의 행동을 조절하는 자기조절력 훈련 덕분에 집중시간도 꽤 길어졌다. 무엇보다 유정이는 스스로 집중을 하고 과제를 끝마칠 수 있다는 자신감이 생겨서 ADHD를 스스로 극복할 수 있다는 믿음을 갖게 되었다.

4 문제 영역 vs. 모든 영역

(사례4) 일반상담

학기 초에 치러진 기초학력검사에서 혜미는 현저하게 낮은 학업성취도를 보였다. 신교사는 전학년 담임교사로부터 혜미가 작년에 학습부진을 면치 못해 수업내용을 거의 이해하지 못했다는 조언을 들었다. 신 교사는 특수교사에게 의뢰하여 혜미의 지능검사를 실시한 결과 지능이 정상범위에 있음을 알게 되었다. 또한 학부모와의 상담을 통해 혜미의 낮은 학업성취도는 누적된 학습결손에 의한 것임을 알게 되었다. 신 교사는 이후에 학부모 상담을 통해 혜미가 개별화 학습반에서 국어와 수학, 두 과목을 학습하도록 권했고 어렵게 부모의 동의를 얻어냈다. 현재 혜미는 비록 두 과목이지만 고학년이기에 주당 12시간을 원래 학급이 아닌 개별화 학급에서 개별학습을 실시하고 있다. 일단 개별학습을 시작한 후로는 누적된 학습결손이 조금씩 회복되었고 학습에도 흥미를 보이기 시작했으며 무엇보다 빠르게 학업성취도가 향상되었다. 개별화 학급을 담당하는 특수교사는 혜미가 지금의 속도라면 6학년을 졸업하는 시기에는 중간 정도의 수준까지 학업성취도가 향상될 수 있다는 예상을 했다. 결국 신 교사는 학업상담을 통해 혜미가 학업 부적응 문제를 극복할 수 있는 방법을 제공해 주었으며 이로 인해 머지않아 혜미의 학업 부적응 문제는 해소될 것으로 보인다.

(사례4) 학교상담

학습부진아인 혜미는 누적된 학습결손을 만회하고 학업성취도를 향상시키기 위해 학기 초부터 개별화 학습반에서 주지과목에 대한 개별학습을 실시하고 있다. 혜미는 빠르게 학습결손을 회복하였으며 학업성취도의 향상 속도 역시 매우 빨랐다. 이러한 과정에서 강 교사는 혜미의 행동에 주목하였다. 학업성취도의 빠른 향상을 보여 학업에 자신감을 보이던 혜미였지만 주지과목을 제외한 나머지 과목에서 혜미는 여전히 자신감이 없고 늘 의기소침한 모습을 보였기 때문이다. 강교사는 혜미와의 개별상담을 통해 혜미가 그 동안 학습결손으로 인해 학급에서 보여주었던 학습과 관련된 부정적인 이미지로 고민하고 있으며, 수업시간에 이러한 고민으로 집중하지 못하고 늘 힘없이 수업에 참여한 것을 알게 되었다. 개별학습을 통해 학업성취도의 향상을 보이며 학업 문제가 회복되고 있었지만 낮은 학업성취도로 인해 손상되었던 자아존중감은 학업의 회복 속도만큼 회복되지 못하고 있었던 것이다. 강 교사는 혜미의 자아존중감 향상을 위한 회기를 계획하였고 그 동안 혜미가 성공했던 성공경험을 확대하는 것에 초점을 맞추어 상담을 진행하였다. 이러한 회기가 거듭될수록 혜미는 현재 자신이 누리고 있는 학업성취도의 향상을 더욱 확대할 수 있었으며 개별화 학급에서 경험한 자신감을 조금씩 원적 학급에서도 발휘하기 시작했다. 또한 혜미는 친구들과 사귐에 있어서도 자신감을 보이지 못했었다. 혜미와 같은 모둠에 속한 아이들 역시 잘못의 책임을 대부분 혜미에게 돌리는 분위기가 있었다. 결국 혜미는 이러한 모둠의 분위기 속에서 자신감 있게 친구들과의 사귐을 시도하지 못했고 모둠의 다른 학생들 역시 공부를 못하는 혜미와 어울리는 것을 꺼려하고 있었다. 강교사는 혜미의 모둠원들이 가지고 있는 혜미에 대한 오해와 혜미를 무시하는 분위기를 최소화하기 위해 혜미와 모둠원들이 함께 하는 소집단 활동을 실시했다. 혜미의 장점을 탐색하는 집단활동을 통해 모둠원 친구들은 그 전에 미처 알지 못했던 혜미의 장점을 발견하면서 서로 공유하게 되었고 몇 가지 점에선 혜미가 탁월한 능력을 가지고 있음에 놀라기 까지 했다. 이에 따라 집단의 분위기는 빠르게 역전이 되어 혜미에 대한 지지적 분위가 형성되었다. 결국 강 교사는 혜미가 학업 영역에 부적응을 보였지만 관련 영역인 개인적 영역에서 자아존중감이 떨어지는 것을 도왔고 사회적 영역에서도 친구들과의 사겸을 도와줌으로써 혜미가 겪고 있는 부적응을 종합적으로 도와 혜미의 부적응 문제를 효과적으로 도울 수 있었다.

5 전문상담가 vs. 담임교사

(사례5) 일반상담

민기는 친구들로부터 괴롭힘을 당하는 스트레스가 너무 심한 나머지 자신을 괴롭히는 친구들에게 수업시간에 의자를 던지고 말았다. 다행히 큰 사고는 없었지만 이 일로 인해 담임교사인 김 교사는 민기의 충동성과 자기조절력이 위험 수위에 있다고 판단해 민기를 상담기관에 의뢰했다. 민기를 맡은 상담사는 민기가 그 동안 겪었던 심적 고통을 충분히 공감해 주고 내면에 쌓였던 스트레스를 표현하며 해소하는 사이코드라마 기법을 사용하여 억제된 민기의 감정을 승화시키도록 효과적으로 도왔다. 뿐만 아니라 자신의 충동성을 조절하는 회기에 참여했으며 감정과 행동을 조절할 수 있는 자기조절훈련을 꾸준히 실시하였다. 이로 인해 민기는 화가 나는 상황에서 자신의 감정을 조절하는 보다 효과적이고 현실적인 방법을 실천하여 행동의 개선을 보였다. 하지만 민기를 괴롭히는 친구들의 행동은 예전에 비해 감소하였지만 여전히 민기를 무시하고 교사가 없는 상황에서 민기를 집요하게 괴롭히는 행동은 여전히 남아 있었다.

(사례5) 학교상담

민기를 의뢰받은 상담교사 윤 교사는 민기가 괴롭힘을 당하는 이유가 친구들이 민기를 괴롭혀도 민기가 효과적으로 대응하지 못하는 점에 주목하였다. 윤 교사는 민기에게 지능검사를 실시한 결과 민기의 지능이 경계선 범위에 걸쳐 있음을 알게 되었다. 결국 민기가 친구들의 괴롭힘 행동에 효과적으로 대응하지 못한 이유는 낮은 지능 때문이었다. 윤 교사는 이런 검사결과를 담임교사와 공유하였다. 경계선 지능지수'라는 생소한 용어에 대해 담임교사에게 충분한 설명을 드렸고 민기가 학습에서 보일 수 있는 한계에 대해서도 설명을 드렸다. 또한 민기에 대해 학급 전체가 우호적인 분위기를 형성할 수 있도록 '경계선 지능지수'와 관련된 영화 '포레스트 검프(Forest Gump)'를 재량시간에 교육자료로 사용하도록 권했다. 이후에도 윤 교사는 담임교사와 꾸준히 협력관계를 형성하여 상담회기에서 민기가 얘기한 내용 중에서 담임교사가 효과적으로 도울 수 있는 부분에 대해서 계속적인 자문활동을 실시했고, 이를 통해 민기는 학급에서 빠른 속도로 적응을 했고 민기는 칭찬받는 일이 더욱 더 많아지게 되었다. 또한 윤 교사는 민기의 학습부진을 도와주고자 개별화 학급의 특수교사와도 꾸준한 자문활동을 실시했다. 더 나아가 윤교사는 담임교사와 특수교사와 한 팀을 이뤄 민기가 학급에서 괴롭힘 상황을 극복하고 학급에서 잘 적응할 수 있도록 매주 한 차례씩 모임을 가지며 서로가 도울 수 있는 영역에 대해 토의하며 민기의 개선을 도왔다. 이와 같은 윤 교사의 노력 덕분에 민기를 괴롭히는 현상을 거의 사라졌으며 친구들 역시 민기와 잘 어울리며 민기가 보이는 이상행동에 대해서도 너그럽게 받아주는 변화가 일어났다.

4) 정치활동

정치활동(placement service)이란 상담의 결과 학생들을 적재적소에 알맞게 배치하는 활동이다. 즉 교과지도, 진급지도, 진학지도, 취업지도, 부직알선지도, 기타 적응 등에 있어서 자신과 진로를 정확하게 이해하여 학생들이 자신의 배치를 현명하게 선택하는 데 조력하는 것이다(김충기, 1998). 이러한 정치활동은 크게 교육적 정치활동과 직업적 정치활동으로 구분된다. 교육적 정치활동에는 교과활동의 선택에 대한 지도, 교과외 활동의 선택에 대한 지도, 진학·전과·전학·중퇴·월반에 대한 지도, 실습·훈련과정에 대한 지도 등이 포함되며, 직업적 정치활동에는 직업 및 진로 선택에 대한 지도, 부직 알선에 대한 지도 등이 포함된다.

정치활동에 포함되는 구체적인 내용을 제시하면 다음과 같다(윤운성, 김홍운, 2001).

- 학생들을 일정 수준의 능력에 도달하게 하기 위해 능력별로 배치하는 일
- 학생들을 진급, 전학, 월반하도록 돕는 일
- 교육과정이나 교과목을 학생 개개인의 수준에 맞게 선택하도록 돕는 일
- 교과외의 활동을 선택하도록 돕는 일
- 학생 자신의 능력에 맞는 부직을 구하도록 돕는 일
- 상급학교와 직업 선택을 현명하게 하도록 돕는 일
- 졸업생이 계속 근무할 수 있는 직업을 정하도록 돕는 일

5) 추수활동

추수활동(follow-up service)이란 정치활동을 통해 적재적소에 배치된 학생들의 추후 적응상태를 확인하여 부적응상태에 대해서는 계속적으로 적절한 조치를 취하고, 아울러 지금까지의 전체 생활지도활동의 평가 및 개선을 위한 정보를 수집하여 보다 효과적이고 질 높은 후속적인 생활지도를 펼치기 위한 활동을 말한다.

추수활동에 포함되는 구체적인 내용을 제시하면 다음과 같다(윤운성, 김홍운, 2001).

- 학교를 졸업하였거나 과거에 지도를 받았던 학생에게 계속해서 그가 당면한 상황에 대한 정보를 주는 일
- 이전에 지도를 받았던 학생에게 계속해서 자기를 평가하고 이해할 수 있는 정보를 제공하는 일
- 이전에 지도를 받았던 학생이 그 이후에 얼마나 적응된 생활을 하고 있는지를 확인하는 일
- 졸업생이나 중퇴생들과 계속 접촉하여 친화감을 유지하면서 교육적인 영향력을 발휘하는 일
- 학생, 학교, 지역사회 간의 유대를 긴밀하게 하는 일
- 과거에 지도했던 학생들로부터 현재의 대상 학생이나 학교교육 활동에 도움이 되는 건설적인 의견을 듣는 일
- 과거에 지도했던 학생들을 위해 계속적인 상담활동을 하는 일

제2장

청소년기 발달과 스트레스

1 · 청소년기의 심리적 발달
2 · 청소년기의 사회적 맥락과 발달
3 · 청소년과 스트레스

1 청소년기의 심리적 발달

청소년기가 시작되면서 신체적 변화와 함께 성적 변화가 가장 급격하고 현저하게 나타난다. 이에 못지않게 인지능력도 질적인 면에서 커다란 변화를 보인다. 그리고 성격발달과 관련하여 특히 자아정체감은 생애 전체 가운데 청소년기를 결정적 시기로 간주할 만큼 이 시기에 매우 중요한 요소이다. 이와 같이 청소년기의 발달은 이 시기만의 독특한 특징을 공유하고 있다. 이에 따라 이 절에서는 청소년기의 심리적 발달과 관련하여 신체적·성적 발달, 인지발달, 자아발달에 대해 살펴보기로 한다.

1) 청소년기의 신체 및 성적 발달

(1) 신체발달

청소년기의 신체 및 성적 발달은 청소년기의 중·고등학생을 이해하기 위한 중요한 측면이다. 아동기에 성장이 느려졌다가 사춘기가 되면 영아기 이래로 성장이 가장 빠르게 일어난다.

<그림 2-1>에서 보는 바와 같이 사춘기와 관련된 성장급등은 남자보다 여자들에서 2년 정도 더 빨리 일어난다. 성장급등의 평균 연령은 여자의 경우 11세, 남자는 13세이며, 성장의 정점은 여자의 경우 11.5세, 남자는 13.5세이다(Santrock, 2002).

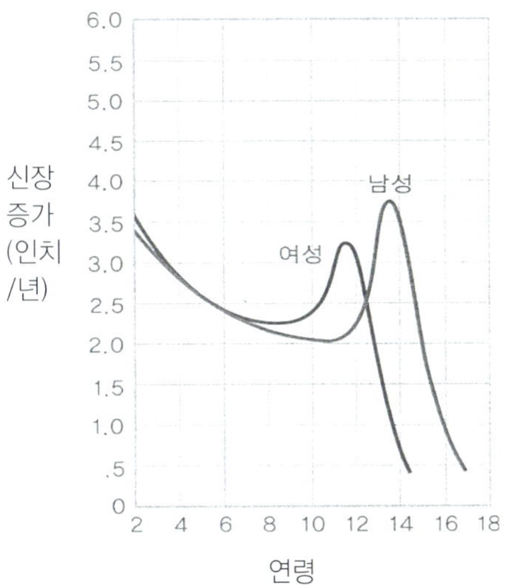

〈그림 2-1〉 미국 남녀 사춘기의 성장급등
(Santrock, 2002)

〈표 2-1〉 우리나라 아동 및 청소년의 신체발육

연령		신장(cm)		몸무게(kg)	
		남	여	남	여
6세	1998	119.8	118.5	23.1	22.1
	2008	122.0	120.7	24.7	23.5
7세	1998	125.7	124.0	26.0	24.9
	2008	127.4	126.2	27.9	26.4
8세	1998	130.9	129.5	29.3	27.8
	2008	133.1	131.7	31.9	29.9
9세	1998	136.2	135.6	32.8	31.5
	2008	138.7	138.5	36.0	34.3
10세	1998	141.2	142.0	36.4	35.9
	2008	143.5	144.6	40.1	38.6
11세	1998	147.3	148.8	40.6	40.9
	2008	150.2	151.0	45.5	44.0
12세	1998	153.6	153.7	45.9	45.8
	2008	158.1	155.9	50.8	48.1
13세	1998	160.8	156.8	51.5	49.6
	2008	164.3	158.4	56.7	51.5
14세	1998	166.3	158.7	56.0	52.2
	2008	169.1	159.7	61.4	53.3
15세	1998	169.8	159.3	60.0	53.4
	2008	172.0	160.5	63.8	53.8
16세	1998	172.0	159.9	62.3	54.1
	2008	173.3	160.8	65.8	54.4
17세	1998	172.6	160.5	64.1	54.8
	2008	173.9	161.2	67.7	55.1

※출처: 보건복지가족부(2009), 「2009 아동·청소년백서」

2008년 우리나라 청소년의 신체발육에서도 비슷한 성차가 나타나고 있다. <표 2-1>을 보면 9세까지의 아동기에는 남자의 신체발육이 여자보다 앞서지만, 사춘기가 시작되는 10세경부터 여자의 신체발육이 남자보다 다소 앞서기 시작한다. 그러나 12세부터 남자의 급격한 신체발육이 시작되면서 남자가 여자보다 다시 앞서기 시작한다. 2008년 우리나라 17세 청소년의 평균 신장은 남자 173.9cm,

여자 161.2cm인 것으로 나타났다. 17세의 신장을 10년 전인 1998년과 비교해 보면, 남학생의 경우는 1.3cm, 여학생의 경우는 0.7cm 증가하였다. 또한 1998년에는 13세부터 성차가 관찰된 것에 비해 10년 후인 2008년에는 12세부터 성차가 관찰되고 있다. 이는 우리나라 청소년의 2차 성징이 빨라지고 있음을 보여주는 것이라 할 수 있다. 한편 체중은 17세 남자의 경우 평균 67.7kg, 여자의 경우 55.1kg이었다. 10년 전인 1998년과 비교해 보면 남자는 3.6kg, 여자는 0.3kg 증가하였다.

(2) 성적 성숙과 심리적 변화

사춘기에 일어나는 성적 변화는 청소년들을 매우 곤혹스럽게 한다. 그러나 이런 변화가 청소년들을 불안하고 걱정스럽게 만들지만 대부분의 청소년들은 이 시기를 무난하게 넘긴다. 성적 발달속도는 개인차가 크지만, 발달순서는 비교적 고정적이다. 남자 청소년의 경우 성적 성숙의 순서는 음경과 고환의 발육, 음모(직모)의 출현, 목소리의 미세한 변화, 첫 사정(주로 자위나 몽정을 통해 일어남), 곱슬한 음모의 출현, 신장과 체중의 급증, 겨드랑이 털의 출현, 목소리의 큰 변화, 수염의 출현 순으로 진행된다. 남자청소년에서 가장 두드러진 성적 변화는 음경의 성장, 고환의 발달, 수염의 출현이라고 할 수 있다. 반면에 여자청소년의 경우 성적 성숙의 순서는 가슴의 발육, 음모의 출현, 겨드랑이 털의 출현, 둔부의 발육, 신장과 체중 급증, 초경 순으로 진행된다. 여자청소년에서 가장 뚜렷한 성적 변화는 음모의 출현과 가슴의 발달이라고 할 수 있다.

이러한 청소년기의 신체적 변화와 함께 심리적 변화도 많이 일어난다 (Sarigiani & Petersen, 2000). 신체적 변화의 심리적 측면 중 분명한 것은 청소년들이 자신의 신체에 관심이 많고, 자신의 신체에 대해 나름대로의 개인적 이미지를 발달시킨다는 것이다. 이와 같은 자신의 신체상에 대한 몰두는 청소년기 내내 지속되지만, 청소년 후기보다 자신의 신체에 불만이 더 많은 사춘기에 특히 심하다 (Wright, 1989). 자신의 신체에 대한 청소년들의 지각에는 성차가 있다. 일반적으로 사춘기 동안 여학생들은 남학생들보다 자신의 신체에 덜 만족하고 더 부정적인 신체상을 갖는다. 또한 사춘기에 신체변화가 진행될수록 여학생들은 체지방이 증가하기 때문에 자신의 신체에 더 만족하지 못하게 되고, 남학생들은 근육이 발달하기 때문에 자신의 신체에 더 만족하게 된다(Santrock, 2002에서 인용).

사춘기의 성적 성숙이 이루어지면서 청소년들이 자신의 신체 및 성적 발육이 또래집단과 다르거나 바람직하지 않다고 느낄 때 심리적 적응상의 문제가 발생하게 된다. 따라서 성숙 속도가 지나치게 빠른 청소년과 지나치게 늦은 청소년은 심리적 부적응을 경험할 수 있다. 이에 대한 연구결과는 일반적으로 두 유형으로 보고되고 있다. 하나는 조기성숙이 남자청소년들에게는 긍정적이지만 여자청소년에게는 부정적이라는 것이다. 즉 남자청소년의 경우 조기성숙은 긍정적 신체상을 증대하며 사회적 적응에 바람직한 영향을 미치는 반면, 조기성숙한 여자청소년들은 문제행동 경향이 보다 높고 이성관계에 빨리 몰입하기 쉽다는 연구결과들이 있다. 또 하나는 조기성숙 청소년들은 성별에 관계없이 부정적인 특성과 관련이 있다는 것이다. 즉 조기성숙한 여자청소년들은 물론 남자청소년들도 우울증과 같은 심리적 문제와 음주, 흡연, 폭력과 같은 문제행동을 더 많이 보인다는 연구결과들이 있다. 따라서 조기성숙의 긍정적 및 부정적 영향에 대해서는 현재로서는 결론을 내리기 힘들다. 그러나 다른 또래들보다 너무 빨리 혹은 너무 늦게 성숙한 청소년들은 자신에 대해 긍정적으로 혹은 부정적으로 지각할 수 있다는 점을 감안한다면, 학교에서 교사들은 사춘기에 학생들마다 어떤 신체적 변화를 겪고 있는지에 대해 지속적으로 점검하고 학생들을 대상으로 꾸준한 상담과 지도를 해야 할 것이다.

2) 청소년기의 인지발달

(1) 형식적 조작 사고의 발달

청소년기의 인지발달은 Piaget의 인지발달이론으로 설명될 수 있다. Piaget에 따르면 아동기인 구체적 조작기에는 실제로 존재하고 있거나 존재하였던 구체적 사물이나 사건에 대해서만 논리적인 추론을 할 수 있었던 반면에, 청소년기인 형식적 조작기에 접어들게 되면 추상적 대상이나 가상의 상황에 대해 상당히 논리적인 추론을 할 수 있게 된다. 형식적 조작기의 인지발달 특징은 다음과 같다.

첫째, 청소년기에는 가설을 설정하고 그 검증을 통해 결론을 도출하는 가설 연역적 추론(hypothetico-deductive reasoning)을 할 수 있게 된다. 청소년들은 여러 현상에 대해 가설을 설정할 수 있으므로 구체적이고 현실적인 아동기 사고의 한계에서 벗어나 가능성(possibility)에 대해 생각할 수 있다. 가설설정능력이 시작되면 가능성이 전면에 표출되어 청소년기 사고를 지배하게 된다. 청소년들은 아동기와는 반대로 먼저 가능한 것에 대한 가설을 설정하고, 가능한 것으로부터 현실적인 것으로 사고가 진전된다(Inhelder & Piaget, 1958; 송명자, 1995).

둘째, 청소년기에는 추상적인 개념을 사용해서 논리적으로 사고하는 능력인 추상적 사고(abstract thinking)가 가능하다. 즉 '사고에 대한 사고'가 가능하고 사고 내용에 대해 성찰할 수 있다. 사고에 대한 사고, 즉 내적 성찰(internal reflection)의 과정을 반성적 추상화(reflective abstraction)라고 한다. 이 시기에 자신의 사고 내용에 대해 숙고할 수 있는 것은 이러한 반성적 추상화가 가능하기 때문이다. 형식적 조작기에서는 반성적 사고를 통해 지식을 새로운 장면에 쉽게 적용할 수 있고, 문제를 해결하기 위한 대안적인 전략을 강구할 수 있다(권대훈, 2009).

셋째, 청소년기에는 명제적 사고(propositional thinking)가 가능하다. 명제적 사고란 'A인 동시에 B', 'A이지만 B는 아님', 'A도 아니고 B도 아님'과 같은 세 개의 명제를 바탕으로 가설을 설정하고 논리적으로 추론해가는 능력을 의미한다. 청소년은 현실 세계의 상황을 고려하지 않고도 명제의 논리를 평가할 수 있다. 이에 반해 구체적 조작기의 아동은 현실 세계에서 찾을 수 있는 구체적인 증거에 입각해서만 진술의 논리를 평가할 수 있다.

넷째, 청소년기에는 문제를 해결할 수 있는 모든 가능성에 대해 논리적이고 체계적으로 시험해 보는 사고인 조합적 사고(combinational thinking)를 할 수 있다. 형식적 조작기의 청소년들은 문제해결을 위해 사전에 계획을 세우고, 체계적으로 해결책을 구하려고 한다. 반면에 구체적 조작기의 아동들은 시행착오에 의해 문제를 해결하는 편이다.

(2) 청소년기의 자기중심성

형식적 조작 사고의 발달과 더불어 다양한 가능성을 생각하게 되면서 청소년들은 자신의 생각과 관념 속에 사로잡히게 된다. Piaget는 형식적 조작기인 청소년기에 자신과 타인에 대한 추상적인 관점을 구분하지 못하는 새로운 형태의 자기중심성이 나타난다고 보았다(Inhelder & Piaget, 1958). 청소년기의 자기중심성은 청소년들의 강조된 자기의식을 다루는데, 자기가 자신에게 관심을 갖는 것처럼 다른 사람들도 자신에게 관심을 가질 것이라는 신념과 개인적 독특성에 대한 그들의 인식이 반영된다. 이러한 청소년기의 자기중심성은 청소년 초기에 나타나기 시작하여 15세경에 정점에 도달했다가 다양한 대인관계의 경험을 통해 차츰 자신에 대한 객관적인 이해가 이루어지면서 사라지게 된다. Elkind (1978)는 청소년기 자기중심성이 나타나는 특성을 '개인적 우화'와 '상상적 청중'으로 설명하고 있다(송명자, 1995).

첫째, 개인적 우화(personal fable)란 청소년들이 자신은 특별하고 독특한 존재이므로 자신의 감정이나 경험 세계는 다른 사람과 근본적으로 다르다고 믿는 비합리적이고 허구적인 관념을 의미한다. 청소년들은 자신의 우정, 사랑 등은 다른 사람이 결코 경험하지 못하는 것으로 생각하며, 다른 사람들이 경험하는 죽음, 위험, 위기는 자신에게 일어나지 않으며, 혹시 일어나더라도 피해를 입지 않을 것으로 확신한다. 이러한 개인적 우화는 청소년들에게 자신감과 위안을 부여하는 긍정적인 측면도 있지만, 심해지면 자신의 존재에 대한 영속성과 불멸성을 믿게 됨으로써 과격한 행동에 빠져들게 될 위험도 있다. 청소년들이 흔히 음주운전, 폭주, 약물남용, 성문란 등 파괴적 행동을 범하는 것은 자신이 특별한 존재이므로 그러한 행동이 가져다 줄 부정적 결과는 타인에게 해당되는 것이지 자신의 몫이 아니라는 개인적 우화에 기인한 것이다. 둘째, 상상적 청중(imagenery audience)이란 자신의 관심이 자기 자신에게 쏠려 있듯이 모든 사람이 자신에게 똑같은 관심을 가진다고 생각하는 청소년기 자기중심성의 형태이다. 즉 청소년들이 실제로 존재하는 청중이 아닌 가상 속에서의 청중을 만들어내고 그들이 모두 자신에게 관심을 가지고 있다고 믿는 현상을 말한다. 청소년들은 이러한 상상적 청중을 즐겁게 하기 위해 많은 힘을 들이고, 타인이 눈치 채지도 못하는 작은 실수로 번민하며, 상상적 청중에 대한 자신의 위신을 손상시킨다고 생각되면 작은 비난에도 심한 분노를 보인다.

3) 청소년기의 자아발달

(1) Erikson의 정체성 위기이론

Erikson에 따르면 모든 인간은 기본적으로 같은 욕구를 갖고 있으며, 성격발달은 이러한 욕구를 충족하는 과정에서 일어난다고 보았다. 발달은 단계별로 진행되고, 각 단계별로 심리사회적 위기(psychosocial crisis)가 존재한다. 매 단계마다 그 단계의 위기를 성공적으로 수행하느냐 그렇지 못하느냐에 따라 긍정적인 결과나 부정적인 결과가 나타날 수 있다. 즉 각 단계의 심리사회적 위기를 건강하게 해결하면, 다음 단계에서도 위기의 해결이 건강하게 이루어질 가능성이 높다. 이러한 맥락에서 Erikson은 청소년기 성격발달을 자아정체성의 위기에 직면하고 이를 극복해가는 과정으로 설명하고 있다.

Erikson에 따르면 청소년기의 가장 중요한 발달과업은 자아정체성의 확립으로 보았다. 이 시기에 많은 청소년들은 "나는 누구인가?", "나에게 무엇이 중요하고 의미 있는 가치는 무엇인가?", "나는 어떤 사람이 될 것인가?"와 같은 근본적인 문제에 대해 고민을 하며, 자신의 지적·사회적·성적·도덕적인 여러 측면을 통일된 자아정체성으로 통합하려 노력한다. 그러나 청소년 시기에는 신체적 변화와 성적 성숙이 급격하게 이루어질 뿐만 아니라 아이도 성인도 아닌 주변인으로서의 존재적 특징 때문에 새롭게 부과되는 다양한 사회적 요구에 양가적 상황에 처하게 되며, 진학과 전공선택의 문제나 이성문제 등과 같은 상황에서 수많은 선택과 의사결정을 해야 하기 때문에 자아정체감 위기를 경험할 수 있다. Erikson은 이와 같은 청소년기의 심리사회적 위기를 '자아정체성 대 역할혼미'라고 불렀다.

청소년들은 수많은 영역에서 자신의 가능성을 탐색하고 발견하는 동시에 예전에 가졌던 이상적 자기상에 담았던 자아기대를 포기해 가는 과정에서 자신의 한계를 인정함으로써 자아정체성을 서서히 확립해 가게 된다. 이러한 자아정체성이 확립되기 전 탐색 기간을 심리적 유예기(psychological moratorium)라고 한다. 즉 청소년기는 진정한 자아를 찾기 위한 노력을 기울이는 시기로서 자신들의 능력을 시험해 보면서 새로운 역할을 실험하거나 가치 혹은 신념 체계에 대한 끊임없는 탐색 활동을 하게 된다. 따라서 이 시기는 정체성 탐색을 위해 아동기와 성인기 사이에 자신에 대한 결정을 잠시 보류하고 주변으로부터 일시적으로 해방되는 시기이기도 하다. 오랜 기간의 정체성 탐색은 고통스러운 것이긴 하지만, 결국 그것은 보다 높은 차원의 인격적 통합을 가능하게 해준다. 자아정체성 대 역할혼미의 위기를 잘 극복하면 '충실(fidelity)'이라는 덕목을 갖게 된다. 충실은 다양한 가치체계 간의 불가피한 충돌에도 불구하고 성실을 유지하는 능력으로서 정체감을 유지하는 데 도움이 된다.

이러한 측면에서 청소년의 건강하고 원만한 성격발달을 위한 교사의 역할을 살펴보면 다음과 같다. 청소년기는 학생들이 신체적, 정서적, 지적 변화를 겪게 되는 시기이지만, 정신적 성장이 신체적 성장을 따라가지 못한다. 즉 청소년들은 종종 자신의 새로운 성적 충동에 대해 어떻게 반응해야 할지 혼란스러워 한다. 이들은 다른 사람들이 자신을 어떻게 생각하는지에 대해 관심이 많고 외모에 신경을 많이 쓴다. 청소년들은 한편으로 독립성을 획득하고자 하지만, 다른 한편으로는 제재와 규율이 주는 안정성을 원하기도 하는 모순을 가지고 있다. 또한 반항하고 싶어 하기도 하지만, 견고하게 확립된 무언가를 원하기도 한다. 이러한 청소년들의 심리적 특성을 이해한다면 교사는 이들의 변덕스러운 행동에 보다 잘 대응할 수 있다. 예를 들어 유행을 좇는 특이한 옷과 머리 모양은 자신이 속한 집단과 동일시하면서도 동시에 자기만의 개성을 추구하려는 청소년들의 욕구를 반영한다. 그들의 행동이 학습을 방해하거나 다른 학생의 권리를 침해하거나 불편을 끼치지 않는다면 이를 심각하게 받아들일 필요는 없다. 교사는 학생과 마음을 열고 진실된 대화를 나눔으로써 학생에게 도움을 줄 수 있을 것이다. 이와 같이 중·고등학교 시기에 학생들에게 필요한 교사는 확고한 신념을 가지고 있으면서도 자애로운 교사라 할 수 있다. 이러한 교사는 수용가능한 행동의 한계를 명확하게 제시함으로써 학생들에게 안정감을 주는 동시에 학생들과 잘 공감할 수 있을 것이다.

(2) Marcia의 정체성 확립이론

Marcia는 청소년기 동안에 나타나는 정체성 상태를 정체성 혼미, 정체성 상실, 정체성 유예, 정체성 확립 등 네 가지로 분류했다(Marcia, 1980).

첫째, 정체성 혼미(identity diffusion)는 자신에 대해 알고자 하는 탐색 노력도 하지 않고 어떤 활동이나 과업에도 전념하지 못한 상태를 의미한다. 이 상태에 있는 청소년들은 자신이 누구인지, 인생에서 무엇을 하기 원하는지에 대해 어떤 결론에도 도달하지 못하며, 분명한 삶의 방향도 결여되어 있다. 정체성 혼미를 경험하는 청소년은 미래에 대한 희망이 거의 없이 무관심하고 위축되어 있거나 혹은 반항적일 수 있다. 이 상태는 청소년 초기에 가장 보편적이지만, 일정한 직업을 갖지 못하거나 지속적으로 일하지 못하는 성인들에게서도 찾아볼 수 있다. 정체성 혼미는 정체성 탐색 과정의 가장 낮은 단계에 속하며, 그대로 방치해 두면 부정적 정체성으로 빠져들 위험이 있다.

둘째, 정체성 상실(identity foreclosure)은 자신에 대해 알고자 하는 탐색 노력은 하지 않은 채 어떤 활동이나 과업에 전념하고 있는 상태를 의미한다. 즉 충분한 자아정체성의 탐색 없이 지나치게 빨리 정체성 결정을 내린 상태를 말한다. 따라서 이 상태에 있는 청소년들은 더 이상 대안을 탐색하지 않으면서 삶의 목표와 가치를 설정하고 그 목표와 가치에 따라 행동한다. 이들은 대체로 부모나 교사 등 권위 있는 사람들이 자신에게 선택해 준 이미 만들어진 정체성을 받아들인다. 정체성 상실 상태에 있는 청소년들은 겉으로 보기에 청소년기를 매우 안정적으로 보내는 것으로 보이지만, 성인기에 뒤늦게 정체성 위기를 경험하는 경우도 적지 않다.

셋째, 정체성 유예(identity moratorium)는 자신에 대해 알고자 하는 탐색 노력은 꾸준히 하고 있지만 구체적인 과업에 전념하지 못한 상태를 의미한다. 이 상태에 있는 청소년들이 자신의 정체성에 대해 가장 적극적으로 탐색한다. 대체로 이들은 겉으로 보기에 안정감이 없는 것으로 보이나 많은 경우 시간이 흐르면서 정체성을 확립하게 된다. Erikson과 Marcia에 따르면 건강한 청소년은 정체성 확립을 추구하면서 아직 완전히 결정한 상태가 아닌 정체성 유예의 시기를 거친다고 주장했다. 유예기간은 복잡하고 다양한 사회의 수많은 가능성 가운데 어떤 삶을 살아야 할지 선택해야 하는 청소년들에게 특히 중요한 과정이다.

넷째, 정체성 확립(identity achievement)은 자신에 대해 알고자 하는 탐색 노력도 했고 구체적인 과업에 전념하고 있는 상태를 의미한다. 이 상태에 있는 사람들은 자신의 정체성을 갖기 위해 노력을 했으며, 이러한 노력의 결과 개인적, 교육적, 혹은 직업적 목표와 가치에 전념한다. 그러나 대체로 고등학교가 끝날 무렵까지 정체성을 확립한 학생들은 많지 않다. 오늘날 많은 사람들이 고등학교 졸업 후에 대학에 가거나 평생교육의 길을 가므로 20대 초반까지 유예 상태가 계속되는 것은 흔한 일이다. 일부 성인들은 인생의 어느 한 시기에 확고한 정체성을 확립할 수도 있지만, 그 정체성을 거부하고 후에 새로운 정체성을 얻을 수도 있다. 따라서 자신의 정체성이 확립되었다 할지라도 그 정체성은 다시 변화할 수 있는 것이다(Kroger, 2000; Nurmi, 2004).

2 청소년기의 사회적 맥락과 발달

1) 청소년기의 가정

(1) 청소년기 부모-자녀관계

많은 부모들은 순종적이던 자녀가 청소년기에 비순종적이고 반항적이 되며 부모의 규준에 저항하게 된다고 생각한다. 부모들은 종종 자녀 단속을 철저히 하고 자신의 규준에 청소년 자녀가 순응하도록 압력을 가한다. 그러나 아동기에서 성인기로 전환하는 과정에서 청소년들은 부모의 규준에 즉각적으로 순응하게 되지는 않는다. 청소년들이 올바르게 행동하는 데 오랜 시간이 걸린다는 것을 인식하는 부모들은 대개 부모의 기대에 즉각적으로 순응하도록 강요하는 부모들보다 청소년들의 위반을 보다 유능하고 조용하게 다룬다. 부모들은 사실 청소년기 자녀와 겪게 되는 모든 갈등이 나쁘다고 생각할 수 있지만, 청소년기에 부모와 적절한 수준의 갈등이 있는 것은 필연적일 뿐 아니라 긍정적인 발달적 기능을 가지고 있다(Santrock, 2002).

청소년기 부모-자녀관계에 대한 종래의 발달심리학자들의 견해는 두 가지로 특징지울 수 있다(송명자, 1995). 첫째, 청소년기는 아동기까지 지속되던 부모에 대한 의존과 동일시로부터 벗어나 자율성과 책임감을 획득해야 하는 시기이다. 흔히 청소년기를 심리적 이유기(psychological weaning)로 부르는 것은 이러한 연유에서이다. 둘째, 청소년기 부모-자녀관계는 갈등을 수반하며, 이러한 갈등은 청소년기 발달에 바람직하지 못한 영향을 미친다. 청소년기의 바람직하지 못한 갈등은 부모로부터 독립하려는 청소년들의 욕구와 성급한 자율의 욕구를 인정하지 않으려는 부모들의 상반된 욕구 사이에서 나타나는 필연적인 결과이다. 부모들은 자율적인 판단과 의사결정능력을 갖기에는 청소년들의 지식이나 경험이 지나치게 한정적이라고 생각하는 반면에, 청소년들은 자신이 충분히 그러한 능력을 가졌다고 믿는다. 따라서 전통적인 관점에서 볼 때 청소년기 부모-자녀관계는 필연적으로 갈등과 단절을 전제로 하는 관계이다.

그러나 청소년기에 자율성을 획득하고 행동에 대한 통제력을 얻는 능력은 청소년들의 통제에 대한 욕구에 부모가 적절하게 반응해 줌으로써 형성될 수 있다. 청소년기가 시작될 때에는 일반적으로 삶의 모든 영역에서 성숙하거나 적절한 결정을 하기 위한 지식과 능력을 가지고 있지 못하다. 청소년들이 자율성을 얻고자 노력할 때, 현명한 부모라면 청소년들이 합리적인 결정을 할 수 있는 영역에서는 통제를 철회하고, 청소년들의 지식과 능력이 제한되는 영역에서는 그들을 안내해 주는 역할을 계속해야 한다. 청소년들은 점차 자기 스스로 성숙한 결정을 할 수 있는 능력을 획득하게 된다(Santrock, 2002).

이러한 맥락에서 근래에 많은 발달심리학자들은 종래의 청소년기 부모-자녀관계와는 관점을 달리하고 있다. 첫째, 청소년기는 모든 영역에서 반드시 부모로부터 독립과 자율성을 획득해야 하는 시기가 아니라 부모와 안정된 애착관계를 유지하며, 의사결정능력이 부족한 분야에서는 부모로부터의 계속적인 조언을 받는 것이 도움이 되는 시기이다. 둘째, 청소년기 부모-자녀 간에 나타나는 가벼운 갈등은 청소년들의 심리적 발달에 긍정적인 영향을 미친다. 청소년기 부모-자녀 간의 갈등은 귀가시간, 옷차림 등 사소한 문제를 둘러싸고 나타나는 것이 대부분이다. 이러한 갈등은 사춘기가 시작하는 청소년 초기에 증가하며, 고등학교 시기 동안 지속되다가 17~20세경에 이르면 감소한다. 청소년들이 부모-자녀 간의 갈등을 해결하기 위해 노력하는 것은 부모로부터 독립하여 성인으로 이행하는 과정을 촉진시켜주는 힘이 된다(송명자, 1995).

우리가 자녀에게 남길 수 있는 두 가지 영속적인 유산은 뿌리와 날개뿐이라는 말이 있다. 이는 청소년들이 세상에 성공적으로 적응하는 데 애착과 자율성이 중요하다는 것을 의미한다(Santrock, 2002). 성인기로 진입하기 전인 청소년기는 자율적이고 자기통제적인 생활을 요구한다. 이와 동시에 청소년기는 학교생활 적응 문제, 교우관계 문제, 진로 문제 등 여러 가지 문제에 직면하게 되고, 자신의 문제에 대해 신중하게 고민하여 선택하고 책임을 져야 하는 시기라 할 수 있다. 이 과정에서 특히 청소년기의 부모에 대한 애착은 심리적 적응, 안녕감에 중요한 영향을 미치며(Armsden & Greenberg, 1987; McCormick & Kennedy, 1994), 정서적 적응과도 밀접한 관련이 있는 것으로 밝혀지고 있다(Allen, Moore, Kupermine, & Bell, 1998; Wilkinson & Walford, 2001). 전통적 애착이론에 따르면 부모에 대한 애착이 낯선 환경의 탐색 시에 안전기지(secure base)의 역할을 하기 때문에 부모에 대한 애착은 청소년기 동안에도 새로운 환경의 탐색을 가능하게 하고 심리적으로나 정서적으로 적응을 하는 데 도움이 될 것으로 기대할 수 있다. 즉 청소년기에 부모와의 애착은 청소년들이 새로운 환경에 적응하고, 자신의 세계를 넓혀감에 있어 안전기지로서 역할을 한다. 따라서 부모-자녀관계에 있어서 안정된 애착을 유지하는 것은 청소년기의 긍정적인 심리적 발달에 중요한 요인이라고 할 수 있다.

(2) 가족구조의 변화

예전에 비해 현재 우리나라의 가족구조에는 커다란 변화가 오고 있는 게 사실이다. 우선 눈에 띄는 것은 핵가족비율의 증가, 1인가구의 증가, 출산율 저하 등으로 인해 전통적인 대가족이 해체되고 있고 점차 소가족화되고 있다는 점이다.

〈표 2-2〉 연도별 가구수 및 가구원수

연도	총가구수	일반가구수	집단가구수	평균 가구원수(명)
1995	12,974,194	12,958,181	16,013	3.34
2000	14,326,224	14,311,807	14,417	3.12
2005	15,988,274	15,887,128	16,551	2.88
2010	17,574,067	17,339,422		

※출처 : 통계청, 「인구주택총조사보고서」, 각 년도.

<표 2-2>에서 보는 바와 같이 우리나라 가구당 평균 가구원수는 1995년 3.34명에서 2005년 2.88명으로 감소하였다. 또한 2005년 가구수 현황을 가구원수별로 살펴보면, 4인 가구(27.0%)가 가장 높은 비율을 차지하고 있고, 2인 가구(22.2%), 3인 가구(20.9%)의 순으로 나타나고 있다(<표 2-3> 참고).

〈표 2-3〉 가구의 가구원수 현황

(단위: 1,000가구)

연도	계	1인	2인	3인	4인	5인	6인	7인 이상
2000	14,312 (100.0%)	2,225 (15.5%)	2,731 (19.1%)	2,988 (20.9%)	4,447 (31.1%)	1,443 (10.1%)	345 (2.4%)	135 (0.9%)
2005	15,887 (100.0%)	3,171 (20.0%)	3,521 (22.2%)	3,325 (20.9%)	4,289 (27.0%)	1,222 (7.7%)	267 (1.7%)	93 (0.6%)

※출처 : 통계청, 「인구주택총조사보고서」, 각 년도.

2000년에 비해 전반적으로 대규모 가구는 줄어들고 소규모 가구는 점차 늘어나고 있는 실정이다. 이는 학교현장에서 지도해야 하는 학생들이 점차 외동아거나 형제자매가 극히 적음을 보여주고 있는 것이다. 따라서 교사는 이러한 가족구조의 변화를 충분히 고려하여 학교에서 제2의 부모역할을 해야 하며, 특히 학생들이 학교에서의 또래관계를 잘 형성할 수 있도록 지도해야 함을 시사하고 있다.

또한 자녀가 부모 중 한명 하고만 사는 가족형태인 한부모가구는 최근 들어 이혼 증가 등의 사유로 인해 증가하고 있는 추세이다. 전체 가구 중 한부모가구가 차지하는 비중은 1995년 7.4%(96만 가구)에서 2000년에는 7.9%(112만 가구)로 증가하였고, 2005년에는 8.6%로 137만 가구에 이르고 있다(<표 2-4> 참고).

〈표 2-4〉 한부모가족 현황

(단위: 1,000가구)

연도	총가구수	한부모가구		
		계	모자가구	부자가구
1995	12,958	960(7.4%)	788(82.0%)	172(18.0%)
2000	14,312	1,124(7.9%)	904(80.0%)	220(20.0%)
2005	15,887	1,370(8.6%)	1,083(79.0%)	287(21.0%)

※출처 : 통계청(2005), 「2005 인구주택총조사」

특히 한부모가구의 약 80%가 어머니와 자녀로 구성된 모자가구이다. 한부모가구의 증가에 따라 자녀양육의 문제가 심각하게 대두되고 있는데, 모자가구의 경우 가장 큰 문제는 경제적 어려움으로 지적되고 있다. 이와는 달리 부자가구의 경우에는 가사노동 및 자녀양육을 가장 큰 어려움으로 지적하고 있다. 한부모가구에서는 특히 자녀양육 중 사교육비 부담이 가장 많이 지적되고 있는데, 이러한 측면에서 제도적인 차원에서나 혹은 학교 차원에서 한부모가구의 학생들을 위한 사회적·교육적 지원 대책이 절실히 요구된다고 할 수 있다.

한부모가구의 형성요인을 살펴보면 배우자의 사망으로 인한 사별은 1995년 54.8%에서 2000년 44.7%, 2005년 36.6%로 계속적으로 감소하고 있는 반면, 배우자와의 이혼은 1995년 12.9%에서 2000년 21.9%, 2005년 29.1%로 급격하게 증가하고 있는 상황이다(<표 2-5> 참고). 한편 유배우자의 경우에도 한부모가구의 비율이 1995년과 2000년에 22.5%에서 2005년 23.9%로 증가되고 있는데, 이는 배우자의 가출, 혹은 경제적 문제로 인한 장기출타·별거 등 다양한 이유에 따른 것으로 추정된다.

〈표 2-5〉 한부모가구 형성요인별 현황

(단위: 1,000가구)

연도	총가구수	한부모가구				
		계	유배우자	사별	이혼	미혼
1995	12,958	960 (100.0%)	216 (22.5%)	526 (54.8%)	124 (12.9%)	94 (9.8%)
2000	14,312	1,124 (100.0%)	252 (22.5%)	502 (44.7%)	245 (21.9%)	122 (10.9%)
2005	15,887	1,370 (100.0%)	328 (23.9%)	501 (36.6%)	399 (29.1%)	142 (10.4%)

※출처 : 통계청(2005), 「2005 인구주택총조사」.

최근 우리나라 사회에서 가장 급속하게 증가하여 사회적 관심이 증폭되고 있는 가족유형은 다문화가족이다. 다문화가족이란 한 가족 내에 다양한 문화가 공존하고 있는 가족을 의미한다. 여기에는 한국인 남성과 결혼한 이주여성 가족, 한국인 여성과 결혼한 이주남성 가족, 이주민가족(노동자, 유학생) 등이 포함된다(보건복지가족부, 2009).

〈표 2-6〉 다문화가족 자녀수

(단위: 명)

연도	만6세이하	만7세~ 만12세이하	만13세~ 만15세이하	만16세~ 만18세이하	계
2007	26,445	14,392	2,080	1,341	44,258
2008	33,140	18,691	3,672	2,504	58,007
비율	57.1%	32.2%	6.3%	4.3%	100.0%

※출처 : 행정자치부(2008), 「2008년 지방자치단체 외국인주민 실태조사」

<표 2-6>을 살펴보면 2007년 다문화가족 자녀수가 4만4천여 명이었는데 2008년에는 무려 1만4천여 명이 증가한 5만8천여 명으로 나타났다. 특히 이 중 만 6세 이하의 취학전 유아들이 전체의 약 57%임을 감안한다면 몇 년 후에는 초등학교와 중학교에 진학하는 다문화가족 자녀들이 상당히 증가될 것으로 추정할 수 있다.

〈표 2-7〉 다문화가족 아동·청소년 재학 현황

(단위: 명)

연도	국제결혼가족				외국인근로자가족			
	계	초	중	고	계	초	중	고
2006	7,998	9,795	924	279	1,391	1,115	215	61
2007	13,445	11,444	1,588	413	1,209	755	391	63
2008	18,778	15,804	2,213	761	1,402	981	314	107
비율	100.0%	84.2%	11.8%	4.1%	100.0%	70.0%	22.4%	7.6%

※출처 : 교육과학기술부(2008)

다문화가족 아동·청소년의 재학 현황을 살펴보면, <표 2-7>에서 보는 바와 같이 국제결혼가족은 2008년 기준 18,778명이고 외국인근로자가족은 1,402명으로 총 2만여 명에 달하고 있다. 최근 들어 다문화가족 아동·청소년수도 급증하여 2007년 대비 2008년은 무려 39.7%나 증가하였다.

향후에도 높은 출생성비로 인해서 신부 부족현상이 발생하여 국제결혼은 증가할 것으로 보이고, 이에 따라 다문화가족 아동·청소년수도 당분간은 꾸준히 증가할 것으로 예상되고 있다. 2015년에는 10만7천명, 2020년에는 14만2천명 정도에 이를 것으로 추정하고 있다(보건복지가족부, 2009). 따라서 학교 내에서나 학교 밖에서 대두되고 있는 이들의 정체성 문제, 또래관계 문제, 낙인감, 사회적 편견 등을 우리 사회가 해결하고 다문화가족 자녀들이 학교생활에 잘 적응할 수 있도록 하는 구체적인 방안 마련과 함께 교사들의 세심하고 주의 깊은 지도가 시급한 시점이라 할 수 있다.

2) 청소년기의 또래관계

(1) 또래관계의 기능

청소년기의 생활에 있어서 또래는 매우 중요한 역할을 한다. 좋은 또래관계는 청소년기의 정상적인 사회성 발달에 필수적이라 할 수 있다. 사회적으로 고립되거나 사회적 관계망에 접속능력이 없으면 비행이나 음주 문제에서부터 우울증까지 여러 가지 문제나 장애의 위험이 높아진다. 긍정적인 또래관계는 청소년기의 긍정적인 적응과 관련이 있으며 그 이후의 발달과도 관계가 깊다.

청소년들은 또래들을 통해 도덕적 판단과 가치를 형성하는 데 필요한 인지적·사회적 자원을 얻는다. 청소년들은 주로 또래집단을 통해 사회적 기술을 연마하고, 그들이 성인이 되었을 때 할 수 있는 사회적 역할을 시연하기도 한다. 친구들과의 끝없는 대화 속에서 청소년들은 동료애, 피드백, 현실적인 정보와 정서적 지지를 얻으며 서로 의지한다. 또래집단은 청소년의 자아존중감을 고양시킬 수 있는 지위, 인정, 인기 등을 제공하는 강력한 사회적 보상의 원천이며, 또래관계는 또한 정체감을 형성하는 데 매우 중요한 역할을 한다. 청소년들은 또래관계를 통해 서로 유사한 삶의 경험을 공유하는 누군가와 자유롭게 대안적 관점을 확인하고, 검증하고, 표현하는 기회를 갖는다. 또한 청소년들은 또래관계를 통해 친밀한 관계에서 발생하는 갈등을 해결하는 기술, 보살핌, 신뢰, 자기공개, 상호이익의 중요성을 배울 수 있다(한국청소년개발원, 2004).

한편 또래집단의 동조압력(pressure for conformity)은 여러 가지 형태로 청소년의 생활 여러 측면에 영향을 미친다. 동조압력은 타인으로부터 실제 혹은 가상의 압력을 받음으로써 개인이 다른 사람의 태도나 행동을 채택할 때 일어난다. 또래에 동조하라는 압력은 청소년기에 매우 강한 압력이 될 수 있는데, 이와 같이 또래 압력에 동조하는 것은 청소년기에 긍정적일 수도 있고 부정적일 수도 있다(Santrock, 2002). 또래집단의 바람직한 가치규범에 동조하는 것은 성인기 집단 내에서의 사회생활을 준비하는 데 도움이 되는 긍정적인 가치가 있다. 예를 들어 학업성적이 낮아서 좌절감에 빠져 있는 청소년들이 서로의 아픔에 공감하여 또래집단을 이룰 때 우리감정의 공유 정도와 집단정체성은 높아지게 되며, 집단에의 동조압력 또한 높아지게 된다. 그러나 집단의 가치규범이 잘못 설정될 경우 또래집단의 높은 동조압력은 비행집단을 형성하는 가장 빠른 통로가 될 수 있다는 점에 유의해야 한다.

이러한 맥락에서 부모와 교사는 또래집단의 동조압력을 다룰 수 있도록 도움을 주어야 한다. 청소년들은 자기 자신이 관련된 사회적 세계나 압력에 대해 또래와 부모 양쪽 모두와 이야기할 기회를 필요로 한다. 청소년기의 발달적 변화로 인해 청소년들은 종종 불안정감을 느끼게 되는데, 특히 청소년 초기의 청소년들은 이 불안정감과 자기 삶에서 일어나는 발달적 변화 때문에 더욱 취약하다 할 수 있다. 이러한 스트레스를 잘 극복하기 위해 청소년들은 학교 내에서나 학교 밖에서의 성공 경험을 필요로 하며, 이를 통해 스스로 통제가 가능하다는 자기통제감이 증가하게 된다. 이에 따라 청소년들은 자신의 사회적 세계가 상호보완적으로 통제 가능하다는 것을 배울 수 있을 것이고, 타인들이 자기를 통제하려 할 수도 있지만 자신의 행위나 타인의 영향력으로부터 점차 스스로 통제할 수 있음을 알게 될 것이다.

(2) 가족과 또래

대부분의 청소년들은 가족과 함께 지내는 것보다 또래와 같이 시간을 보내는 것을 선호한다. 이러한 현상은 아마도 청소년들이 자신의 부모가 자기들을 지배한다고 생각하기 때문에 부모와 함께 시간을 보내는 것보다 또래와 같이 있는 것을 좋아할 수 있다. 그 이유는 또래들이 부모보다 덜 위압적이고 덜 비판적이며, 잔소리를 하지 않고, 기꺼이 자신이 원하는 것을 주기 때문이다. 또한 청소년들은 아동보다 부모의 통제를 더 많이 느끼고 이에 반항하기 시작하며 평등한 부모-자녀관계를 원하는데, 이에 비해 또래관계는 부모-자녀관계보다 훨씬 평등하기 때문으로 볼 수 있다.

그렇다고 해서 대부분의 청소년들이 가족 구성원에게 소외되거나 부모에게 고통을 주려는 생각은 없다. 비록 가족과의 접촉 빈도가 감소하긴 하지만, 청소년들이 가족에 대한 친밀감이 감소하거나 가족관계의 질이 저하된다는 의미는 아니다. 대부분의 청소년들은 가족이 가장 가까운 사람들이라는 것을 잘 알고 있다. 비록 또래가 현재 활동이나 여가 생활에 큰 영향을 미치기는 하지만, 교육이나 진로 지도 등과 같은 미래지향적인 영역에서는 여전히 부모의 영향은 크게 나타난다(한국청소년개발원, 2004).

부모는 청소년 자녀에게 또래와 관계를 맺는 방법의 모델이 되고 그들에게 교사와 같은 존재가 되며, 청소년 자녀들이 보다 긍정적인 또래관계를 발전시킬 수 있는 방법을 제시하기도 한다. 예를 들어 부모들은 논쟁이 벌어졌을 대 어떻게 중재를 할 것이며 수줍음을 어떻게 극복할 있는지 등을 청소년기 자녀들과 대화한다. 또한 자녀들에게 또래의 압력을 견디고 저항하도록 격려한다. 이와 아울러 부모와의 안정된 애착이 청소년의 긍정적인 또래관계 형성과 관련이 깊다(Fraley & Davis, 1997; Trinke & Bartholomew, 1997)는 연구결과들이 계속 보고되고 있다.

중요한 것은 부모가 청소년기 자녀의 사회적 생활에 대해 많이 알수록 자녀들이 일탈행동을 저지를 가능성이 줄어든다는 것이다. 또한 부모가 또래관계에 대해 많은 관심을 가질수록 청소년 자녀들은 성인이 제시하는 규범과 행동에 준수할 가능성이 증가한다는 것이다. 따라서 자녀들이 부모의 통제에서 벗어나 자율성을 추구하는 청소년기에 부모가 자녀의 또래관계를 인정하고 자녀와 함께 토의하는 것은 원만한 부모-자녀관계를 유지하는 데 많은 도움이 될 수 있다(한국청소년개발원, 2004).

3 청소년과 스트레스

1) 스트레스의 원인

스트레스는 생활을 하면서 피할 수 없는 개념이다. 사람들은 스트레스에 직면하게 되면 정서적으로 흥분하면서 정신적으로나 행동적으로 어려움을 겪게 된다. 일반적으로 스트레스의 원인으로는 좌절, 과잉부담, 갈등, 생활의 변화 와 일상의 골칫거리들, 탈핍성 스트레스, 내·외부의 압력, 상황 요인, 개인차 요인 등을 들 수 있다.

(1) 좌절(frustration)

좌절은 원하는 목표가 지연되거나 차단될 때 경험하는 부정적 정서상태이다(이민규, 2001). 즉 좌절은 우리가 하려고 원하는 어떤 행동을 못하게 될 때 나타나며, 정서적으로는 좌절에 대해 분노와 공격 감정으로 반응한다. 예를 들면 교통체증으로 인해 약속시간에 도착할 수 없게 될 때, 혹은 고장이 난 컴퓨터를 고칠 수 없을 때, 그리고 중간고사나 기말고사를 실패하거나 대학입시에 떨어졌을 때 등과 같은 좌절을 통해 스트레스를 받게 된다.

(2) 과잉부담(overload)

과잉부담이란 주변의 요구수준이 그 요구를 실현시킬 자신의 능력을 벗어난 상태를 말한다(조은숙, 1994). 그 예로는 직장 내에서의 업무처리와 관련된 지나친 부담, 과도한 책임감이나 사명감, 자신과 주위 사람들의 지나친 기대, 학생들의 지나친 학습량 등을 들 수 있으며, 이러한 경우 사람들은 심한 스트레스 상황에 직면하게 된다.

(3) 갈등(conflict)

두 가지 이상의 동기가 갈등을 일으킬 때도 스트레스를 받는다. 이러한 갈등에는 접근-접근형 갈등, 회피-회피형 갈등, 접근-회피형 갈등의 세 가지 유형이 있다. 이를 구체적으로 살펴보면 다음과 같다.

1 접근–접근형 갈등

접근-접근형 갈등은 두 가지 모두 하고 싶은데 그 중 하나를 선택해야 되는 갈등을 의미한다. 예로는 학업을 계속하는 것과 직장을 다니고 싶은 것 사이의 갈등을 들 수 있다.

2 회피-회피형 갈등

회피-회피형 갈등은 두 가지 모두 하기 싫은데도 하나를 선택해야 되는 갈등을 말한다. 예로는 학생들이 공부하기도 싫고 F학점 받기도 싫을 때 경험하게 되는 갈등을 들 수 있다.

3 접근-회피형 갈등

접근-회피형 갈등은 하고 싶은 것과 하고 싶지 않은 것이 공존할 때 경험하게 되는 갈등을 의미하며, 이 유형이 가장 많이 경험되는 갈등 유형이다. 그 예로는 부모로부터 간섭을 받고 싶지 않지만 경제적으로는 의존하고 싶을 때 경험하게 되는 갈등을 들 수 있다.

(4) 생활의 변화(life change)와 일상의 골칫거리들(daily hassles)

생활의 변화는 스트레스를 유발시키는 중요한 요인 중 하나이다. 입학, 전학, 이사, 결혼, 출산, 승진 등 생활상의 변화가 모두 여기에 포함된다. 긍정적인 변화이든 부정적인 변화이든지간에 생활 상의 변화는 우리들에게 적응을 요구한다. 즉 가족의 죽음, 개인적 상해나 질병, 실직 등 부정적인 변화는 물론 진학, 승진, 결혼 등 긍정적인 변화도 스트레스를 유발한다는 것은 생활의 변화 자체가 스트레스가 될 수 있음을 보여주는 것이다. 또한 우리는 생활의 변화와 같은 사건이 아니라도 일상생활에서 사소한 골칫거리로 인해서도 스트레스를 받게 된다. 아침에 등교하려고 하는데 어제 세탁했던 교복이 마르지 않았다거나 버스를 타려고 바쁘게 뛰어갔는데 버스가 막 떠나버린다든지, 선생님께 제출할 과제나 학습 준비물을 깜박 잊어버리고 안 가져오는 등은 수시로 우리 청소년들은 물론 일반인들도 일상적으로 겪게 되는 일이다.

(5) 탈핍성 스트레스(deprivational stress)

사람들은 적정 수준의 감각자극이나 흥분을 경험하기를 원한다. 따라서 너무 할 일이 없어서 원하는 정도의 자극이 없을 경우에도 스트레스를 받게 되며,

이를 탈핍성 스트레스라고 한다. 이와 같이 무료함이나 외로움과 같은 경험도 스트레스의 원인으로 작용한다. 무료함과 권태감은 자존심을 저하시키고 약물에 탐닉하거나 심한 경우에는 자살행동을 유발시키기도 한다(이민규, 2001). 독신자, 미망인, 이혼한 사람들이 배우자와 함께 사는 사람들보다 사망률이 높고 대인관계에서 불행감과 사랑의 결핍, 인간적인 외로움을 더 많이 호소하는 이유도 탈핍성 스트레스에 기인하는 것으로 보인다.

(6) 내·외부의 압력(pressure)

압력이란 우리가 어떤 방식으로 행동하기를 원하는 기대나 요구를 말한다. 압력에는 수행과 관련된 수행압력(performance pressure)과 동조를 요구하는 동조압력(conformity pressure) 등 두 가지 하위유형으로 나눌 수 있다(이민규, 2001). 누군가로부터 신속하고 성공적으로 과제와 책임을 수행하도록 요구를 받는다면 수행압력을 받고 있는 것이다. 예로는 학생들이 부모로부터 좋은 성적을 받으라는 압력을 받는 것 등을 들 수 있다. 반면에 어떤 집단이나 사회로부터 규칙, 규범, 관습 등을 준수하도록 하는 압력을 받는다면 동조압력을 받고 있는 것이다. 그 예로는 청소년들이 부모들의 가치와 규범을 지지해야 한다는 압력을 부모로부터 받는 것 등을 들 수 있다. 또한 자기가 자신에게 스스로 부과한 압력도 스트레스의 원인이 된다. 이러한 내적 압력은 자신의 요구나 기대에 대한 것으로 자기기대에 부응하기 위하여 겪는 압력이다.

(7) 상황 요인

상황 요인으로는 예측가능성과 통제가능성을 들 수 있다. 일반적으로 사람들은 무슨 일이 언제 어떻게 일어날 것인지를 예측할 수 없는 상황에서 스트레스를 더 받는다. 그 예로는 시험일이 정해진 때보다 예고 없이 갑자기 치르는 시험을 볼 때 등을 들 수 있다. 또한 어떤 상황을 자신이 통제할 수 없다고 생각할 때 사람들은 스트레스를 받는다. 예를 들면 어떤 학생이 혼자서 조용하게 공부하는 상황이 아니라 도서관에서 다른 사람들과 함께 공부하는 경우 옆 사람의 기침

소리, 중얼대는 소리 등을 들어야 되는 상황에서 스트레스를 더 받는다.

(8) 개인차 요인

개인차 요인으로는 인지적 특성과 성격적 특성을 들 수 있다. 우선 개인의 인지적 특성이 스트레스의 원인이 된다. 어떤 일을 부딪쳤을 때 어떤 사람은 긍정적으로 해석하는 반면, 어떤 사람은 부정적으로 해석하는 경우가 있다. 스트레스는 어떤 사건 그 자체보다 그것을 각 개인이 어떻게 해석하느냐 하는 사고방식 혹은 인지체계에 따라 차이가 있을 수 있다. 이에 대해서는 이후 제14장 합리적 정서행동치료와 제15장 인지치료에서 자세히 다루고자 한다. 그리고 개인의 성격적 특성 또한 스트레스의 주요 원인이 되는데, 이에 대해서는 A유형 성격, C유형 성격, 강인한 성격을 중심으로 살펴본다.

1 A유형 성격

A유형 성격은 스트레스나 건강과 관련해서 가장 많이 연구된 성격유형으로서 미국의 심장병 전문의인 Friedman과 Rosenman(1959)에 의해 처음으로 명명된 성격유형이다. 이 성격유형의 사람들은 대체로 성취지향적이고 적극적이며, 경쟁적이고 승부에 집착하며, 빠르게 말하고 느린 것에 참지 못하며, 한꺼번에 여러 가지 일을 하고 시간을 철저하게 지키며, 항상 긴장감과 긴박감을 느끼고 심미안과 감정이 결여되어 있는 경향이 있다. 따라서 이러한 A유형 성격은 자기 자신에게 과도한 목표와 요구를 부과하며, 어떤 일이 생기기 전에 미리 걱정하는 특성으로 많은 스트레스를 유발하게 된다. 이와 반대로 느긋하고 여유있는 성격은 B유형 성격이라 한다. Friedman과 Rosenman(1974)은 A유형 성격이 B유형 성격에 비해 심장질환에 걸릴 가능성이 2배 이상 된다고 하였다.

2 C유형 성격

적대적인 A유형처럼 너무 화를 많이 내는 것도 정신건강에 해롭지만, 화를 너무 참는 것도 정신건강에 해롭다. 과도한 인내, 지나친 유화와 협력, 억압에 의한 극복 등과 같이 정서를 통제하는 억제적 양식이 특징인 C유형 성격은 A유형 성격과는 다른 방식으로 스트레스에 취약하다. 이들은 자기주장이 약하며, 자신의 요구보다는 타인의 기대를 만족시키기 위해 더 노력하는 경향이 있다. 정서적 충격으로 당황하게 될 때 감정을 드러내기보다는 체념적이고 절망적 반응을 보이며, 그 결과 우울, 불안, 무기력에 빠지기 쉽다(김정호 외, 2010).

3 강인한 성격

미국 시카고대학의 Kobassa(1979)가 제안한 강인한 성격(hardy personality)은 A유형 성격과 대비해서 스트레스와 질병을 물리치는 데 도움이 되는 성격이다. 강인한 성격의 사람들은 세 가지 성격 특징을 가지고 있었는데, 그것은 헌신성(commitment), 통제감(control), 도전감(challenge)이다. 이들은 인생에 대한 목적과 의미를 분명히 갖고 있었고, 자신이 자기 인생을 통제하는 주인공이라 생각하고 있었으며, 변화를 도전으로 생각하고 융통성 있게 적응하는 특징이 있었다. 강인한 성격의 이런 특징들이 스트레스에 대한 완충장치 역할을 하는 것이다(김정호 외, 2010).

2) 스트레스에 대한 심리적 반응

스트레스는 우리의 신체 뿐 아니라 심리적인 측면에서도 다양한 영향을 미친다. 대체로 스트레스에 대한 심리적 반응으로는 인지적 손상, 과제수행의 손상, 불안, 분노와 공격, 우울과 무감동, 긍정적 효과 등을 들 수 있다(이민규, 2001).

(1) 인지적 손상

정서적으로 흥분하게 되면 인지적 손상이 일어날 수 있다. 예를 들면, 주의집중이 안 된다거나 자기파괴적이 되거나 여러 가지 가능성을 포괄적으로 검토할 수 있는 능력이 현저하게 줄어드는 것 등이다. 스트레스를 받으면 공격적인 사람은 더 공격적이 되고 조심스러운 사람들은 더 위축된 행동을 보일 수 있는데, 이러한 현상을 터널시야 현상(tunnel vision phenomena)이라 한다. 즉 터널 안에 들어갔을 때 시야가 갑자기 좁아지는 것처럼 가능한 장기적인 부담을 예측하기가 힘들어지며 즉각적이고 강한 단서에 좌우되기 때문에 충동적인 행동이나 모험을 행할 가능성이 높아진다.

(2) 과제 수행의 손상

스트레스가 심해지면 주어진 과제를 효과적으로 수행하는 능력이 방해되는 것이 일반적이다. Roy Baumeister의 이론(1984)은 잘해야 한다는 수행에 대한 압력을 받으면 사람들은 지나치게 자의식적이 되며, 상승된 자의식(self-consciousness)이 그들의 주의집중력을 저해할 것이라고 가정한다. 그는 주의집중력이 두 가지 방식으로 왜곡될 수 있다고 주장한다. 첫째는 상승된 자의식 때문에 수행하고 있는 과제 수행에 요구되는 주의집중력이 분산된다는 것이다. 둘째는 학습이 너무 잘되어 있어 자동적으로 수행할 수 있는 과제를 수행할 때도 자의식이 높아지면 과제에 지나치게 주의를 기울이기 때문에 오히려 과제 수행에 방해가 될 수 있다는 것이다.

(3) 정서적 반응

스트레스 상황에서는 다음과 같이 불안, 분노와 공격, 우울과 무감동 등 다양한 정서적인 반응 양상을 보일 수 있다.

1 불안

불안을 느낀다는 것은 그 위험 상태에서 도피(flight response)하고 싶다는 것을 말한다. 이러한 불안은 위험을 경고해 주는 신호로 정의될 수 있는데, 우리는 아무 일에서나 불안해 하는 것이 아니라 자아가 위협받는다고 느낄 때 불안을 체험한다. 또한 그 위협의 정체를 제대로 파악하고 거기에 대처할 수 있을 때는 불안이 없어지지만, 그렇지 않을 때는 불안이 지속되거나 커진다.

2 분노와 공격

분노와 공격은 투쟁욕구(fight response)와 직결된 감정이다. 분노는 스트레스에 대한 가장 흔한 정서적인 반응 중 하나로서 공격행위로 발전되는 정서다. 나를 좌절시키는 혹은 공격하는 외부근원인 도발자극을 확인하면 공격을 해서 상처를 주거나 다른 식을 피해를 입히려는 충동히 자연스럽게 일어난다.

3 우울과 무감동

스트레스 반응의 또 다른 유형으로는 무감동이나 우울을 들 수 있다. 스트레스가 반복되고 이에 대해 효과적으로 대처할 수 있는 능력이 없으면 우울감을 경험하게 되며 무력감에 빠지게 된다. 심한 경우는 아무런 감정표현을 할 수 없는 무감동 상태에 빠지게 된다.

(4) 긍정적 효과

스트레스라고 해서 항상 부정적인 효과만 나타나는 것은 아니다. 심리적 및 신체적 건강 상태나 과제 수행에 긍정적인 영향을 줄 수 있는 스트레스를 '적정 수준의 스트레스(eustress)'라고 한다. 스트레스의 긍정적 효과는 다음과 같이 세 가지로 설명될 수 있다.

1 스트레스 상황은 자극을 받고 도전을 하려는 우리의 욕구를 자극한다. 대부분의 사람들은 삶에서 아무런 스트레스가 없는 상태보다 적정 수준의 자극을 선호한다. 만약에 스트레스가 없는 상태로 산다면 숨이 막힐 정도로 권태감을 느낄지 모른다.

2 스트레스는 개인적 성장이나 자기향상을 증진시키는 기능을 할 수 있다. 스트레스에 도전하고 이를 극복함으로써 특정한 대처능력을 향상시킬 수 있으며 자아개념이 고양된다.

3 스트레스를 경험함으로써 앞으로 닥쳐올 미래의 더 큰 스트레스에 대한 면역기능이 생길 수 있다. 스트레스가 과도하지 않는 한 스트레스에 노출시키는 것이 스트레스에 대한 내성(tolerance)을 증가시킬 수 있다.

제3장

청소년의 심리적 부적응

1·부적응의 정의와 진단기준
2·청소년기의 주요 심리적 부적응

1 부적응의 정의와 진단기준

심리적 부적응이란 한 개인이 갖고 있는 사고, 정서, 행동양식이 왜곡되거나 부적절해서 그 사람의 사회적 적응에 문제가 발생하는 상태를 말한다. 한 개인의 심리적 부적응의 여부와 정도를 판단하는 데는 하나의 기준이 사용될 수 없고 여러 가지의 사항이 고려되어야 한다.

특정한 행동이 부적응 행동인지 아닌지를 구별하는 것은 아주 어려운 문제다. 다만 정상과 이상, 혹은 부적응 행동과 정상 행동을 통계적 관점과, 조작적 관점 및 절대적 관점 등 몇 가지 관점에서 비교하여 살펴볼 뿐이다. 일반적으로 부적응 행동을 진단하는 기준으로는 다음과 같은 관점이 활용될 수 있다(정용부 외, 1998).

1 통계적 관점

정상 행동이란 대부분의 사람들에게 빈번하게 일어나는 행동을 의미하는 반면에, 부적응 행동이란 대부분의 사람들에게는 드물게 나타나는 행동을 의미한다. 인간의 행동을 양적으로 측정해서 분포를 나타내어 보면, 평균을 중심으로 하여 중앙에 몰려 있고 양쪽 극단으로 갈수록 그 빈도가 줄어드는 분포곡선을 이루게 된다. 이런 정상분포곡선에서 중앙에 몰려있는 대다수를 정상이라고 하고, 양쪽의 극단을 비정상, 이상 또는 부적응이라고 부르는 것이 통계적 관점에서의 적응과 부적응에 대한 해석기준이 된다.

2 정신의학적 관점

의학에서는 증후가 전혀 없고 질병이 없는 상태를 정상이라고 보며, 이상은 곧 정상 상태가 파괴된 상태를 말한다. 그리고 이 기준에서는 어떤 증후가 현저하게 나타났을 때 이 증후는 개체가 저변에 깔려있는 장애로부터 시달리고 있음을 뜻한다. 부적응 행동을 정의하는 데서 오는 어려움은 단지 그 행동이 적응적이냐 아니냐를 넘어서 부적응 행동을 분류하고 체계화하는 것이다. 미국정신의학회에서 질병의 유목을 공식적으로 체계화해 놓고 있는데, 그것이 오늘날 임상장면에서 널리 사용되고 있는 '정신장애의 진단 및 통계 요강(Diagnostic and Statistical Manual of Mental Disorders; DSM)'이다.

3 사회적 관점

사회적 관점에서는 한 개인이 주어진 환경과 성공적으로 상호작용을 하면서 잘 지낼 수 있는가의 정도에 따라 그의 정상성을 판단하게 된다. 즉 사회적 규범을 어기는 행동을 하면 부적응으로 간주한다. 여기서 사회적 규범이란 범죄 행동을 규정하는 법률이 아니라 사회적 행동의 규율이다. 사회적 규범과 규율은 다른 사람에게 기대되고 요구되는 표준을 말한다. 따라서 이 기준은 절대적인 것이 아니고 개인이 속해 있는 사회집단에 따라 크게 달라진다.

4 주관적 관점

한 개인이 주관적으로 얼마나 큰 심리적 불편과 고통을 느끼는 정도가 부적응의 문제를 판정하는 기준이 된다. 이 관점에서는 한 개인이 자기의 심리나 행동, 그리고 생활에 대해 어떻게 느끼고 지각하느냐가 관건이 되는데, 외적으로 특별히 비정상적이거나 부적응적인 행동이 나타나지 않는다 하더라도 한 개인이 불편하고 고통스럽게 느낀다면 이는 부적응의 범주에 포함될 수 있다.

이와 같은 부적응 행동을 보는 여러 관점에 의거한 판별기준은 각각 그 나름대로의 타당성과 정당성을 가지고 있으나 인간의 사고나 감정, 행동은 워낙 복잡하고 다양하기 때문에 어느 하나의 관점에 의해 이해한다는 것은 불가능한 일이다. 특히 아동 및 청소년의 행동과 심리를 이해하는 데 있어서 어느 한 관점에 의거하여 성급히 판단을 하여 별로 문제가 없는데 부적응으로 단정하거나, 아니면 부적응 문제가 심각하여 적절한 지도나 상담이 필요한데 흔히 일어날 수 있는 행동으로 간주하여 안일하게 방치하는 일이 있어서는 안 될 것이다.

2 청소년기의 주요 심리적 부적응

청소년기는 급격한 신체적·인지적 변화와 함께 정신건강상의 균형을 잃어버리기 쉬운 시기이다. 이 시기는 정서적으로 불안정하며 스트레스와 내적 갈등이 많은 시기이기도 하다. 이 절에서는 현재 전 세계적으로 가장 널리 사용되고 있는 분류기준인 DSM-Ⅳ에 따라 청소년기에 나타나기 쉬운 대표적인 심리적 부적응에 대해 구체적으로 살펴보고자 한다.

1) 불안장애(Anxiety Disorders)

불안장애란 불안이 주된 양상이거나 또는 두려운 대상이나 상황에 직면하여 불안을 경험하거나 혹은 강박사고, 강박행동에 저항할 때 불안을 경험하는 장애이다. 불안장애 중 아동 및 청소년 시기에 나타나는 대표적인 불안장애는 범불안장애, 공황장애, 특정공포증, 사회공포증, 강박장애, 외상후 스트레스 장애를 들 수 있다.

(1) 범불안장애(Generalized Anxiety Disorder)

일상생활의 아주 사소한 많은 일에 대해 끊임없이 지나치게 걱정을 하며 그것이 불필요하고 오히려 방해가 된다는 것을 깨달아도 걱정을 멈출 수 없을 정도로 불안과 걱정이 심각한 정도로 나타나게 될 때 범불안장애로 분류된다. DSM-Ⅳ에서는 이러한 지나친 불안과 걱정이 적어도 6개월 이상 지속될 때 진단기준으로 제시하고 있다.

(2) 공황장애(Panic Disorder)

공황장애는 공황발작이 주요 증상으로 나타나는 불안장애이다. 공황발작은 갑작스럽게 강한 공포감 혹은 불안감이 시작되어 일정시간 지속(보통 1시간 이내)되는 것인데, 이 동안 여러 신체적, 인지적 증상이 수반된다. 공황발작이 공황장애로 발전하기 위해서는 '예기치 않은 공황발작(어떤 특정 상황에 의해 유발되지 않은, 예상치 않게 갑자기 일어난 발작)'을 경험해야 하고, 동시에 이후 한 달 이상의 기간 동안 발작이 앞으로 다시 일어날지 모른다는 것에 대해 강한 불안감이 수반되어야 한다.

(3) 특정공포증(Specific Phobia)

특정공포증이란 특정 대상이나 상황에 대한 공포가 개인의 기능에 현저히 지장을 줄 정도로 심하고 비합리적인 경우를 말한다. DSM-Ⅳ에서는 특정공포증의 대상과 상황의 종류에 대해 4가지로 분류하고 있다.

① 동물 유형은 동물과 곤충에 대한 공포이다.
② 자연환경 유형은 폭풍, 높은 장소, 물 등과 같은 자연환경과 관련된 공포이다.
③ 혈액, 주사, 상해 유형이다. 이는 피, 상해, 혹은 주사나 그 밖에 날카로운 의학용 기구를 볼 때 공포감을 갖는 경우이다.
④ 대중교통, 터널, 다리, 엘리베이터, 비행기, 막힌 공간과 같은 특정 상황에 의해 공포반응이 일어나는 경우이다.

DSM-Ⅳ에서는 이러한 증상이 18세 이하에서 그 기간이 최소한 6개월 이상 지속될 때 진단기준으로 제시하고 있다.

(4) 사회공포증(Social Phobia)

사회공포증은 사람들 가운데서 겪는 불편감이나 불안이 매우 심한 경우인

데, 이로 인해 사회적, 직업적 기능이 크게 지장을 받는다. 이러한 사회공포증은 사람들 간의 상호관계를 맺는 것이 주 어려움인 경우 외에도 사람들 사이에서(혹은 앞에서) 어떤 특정한 일을 수행해야 할 때의 심한 불편감과 불안의 형태로도 나타난다. DSM-Ⅳ에서는 이러한 증상이 18세 이하에서 그 기간이 최소한 6개월 이상 지속될 때 진단기준으로 제시하고 있다.

(5) 강박장애(Obsessive Compulsive Disorder)

강박장애는 반복적이고 지속적인 불합리한 사고나 충동으로 인해 현저한 불안이나 고통을 일으키는 경우를 말한다. 개인이 저항하거나 제거하고 싶어 하나 지속적으로 침범해 들어오는 불합리한 사고나 충동을 강박관념이라 하고, 이러한 강박관념을 억압하기 위해 혹은 강박관념과 관련된 어떤 위험한 사태를 예방하기 위해 고안된 행동을 강박행동이라 한다. 강박관념 중에서 자주 등장하는 내용은 오염에 대한 생각, 공격적 충동, 성에 관한 것, 신체적 걱정, 대칭을 이루려는 욕구, 종교에 관한 것 등이고, 대표적인 강박행동으로는 정돈하기, 씻기, 확인하기 등이 있다.

(6) 외상후 스트레스 장애(Posttraumatic Stress Disorder)

외상후 스트레스 장애는 비교적 근래에 진단적 분류를 받은 장애로서 여러 다양한 외상성 사건 후에 나타나는 장기간 지속되는 심각한 불안장애를 말한다. 이 진단이 내려지기 위해서는 거의 대부분의 사람들에게 치명적인 심한 정서적 스트레스 사건을 경험해야 한다. 전쟁, 강간, 심한 사고(자동차 사고, 화재 등), 자연재해(홍수, 지진 등), 사랑하는 사람의 죽음과 같은 것이 이에 해당된다. 이런 외상을 직접 경험하거나 혹은 목격한 사람들은 공포, 무력감, 두려움을 느끼게 된다.

2) 기분장애(Mood Disorders)

기분장애란 현실적인 여건과는 맞지 않게 일정 기간 우울하거나 들뜬 기분의 장애가 주문제로 나타나는 정신장애이다. 이 때 저조한 기분에 처해 있는 상태를 우울증이라 하고 들뜬 기분의 상태를 조증이라 한다. 우울증은 특히 청소년기에 두드러지게 나타나는 대표적인 정신건강 문제이다. 우울증은 다시 주요 우울증, 기분부전장애, 양극성장애, 순환성장애로 구분된다. 하지만 우울 증상뿐 아니라 조증이 함께 나타나는 양극성장애와 순환성장애는 청소년들에게 어떻게 나타나고 있는지에 대해서 별로 알려진 바가 없으므로 여기에서는 생략하기로 한다.

(1) 주요 우울증(Major Depression)

주요 우울증은 DSM-Ⅳ에서 우울증을 정의하는 기본적인 범주로서 우울한 기분 또는 과민한 기분, 흥미나 즐거움의 상실, 체중이나 식욕의 변화, 수면장애, 운동성 흥분 또는 지체, 피로감 또는 활력상실, 무가치한 느낌 또는 죄책감, 생각하거나 정신을 집중하거나 결정을 내리기 어려움, 죽음 또는 자살생각 등에서 5가지 이상이 2주 이상 지속되면 진단된다.

(2) 기분부전장애(Dysthymic Disorder)

기분부전장애는 우울증에 비해 증상이 덜 심각한 상태로 슬픔이나 침체감이 나타나고 만성적인 피로감으로 매사에 흥미나 기쁨을 느끼지 못하며 자존감이 약화되어 있고 때로 자살의 생각을 하는 것이 주 증상이다. 이들은 지속적으로 자신의 고통스러움을 호소하며 주변에 대한 불편함을 드러내 주변 사람에게는 불만이 많고 매사에 비관적인 사람으로 보여지기도 한다. 증상은 청소년의 경우 적어도 1년 이상 지속되며 간헐적으로 몇 일 또는 몇 주간 정상기간이 나타나기도 한다.

3) 섭식장애(feeding disorders)

섭식장애는 체중증가에 대한 지나친 두려움이나 마른 몸매에 대한 강한 욕구, 다이어트에 대한 과도한 집착, 계속 굶거나 약을 먹는 부적절한 체중조절 행위

등의 질환을 말한다. 이 장애의 특징은 최근에 보고되는 사례수와 준임상적 수준의 장애를 보이는 사례들이 점차 증가하고 있고, 초발연령이 점차 낮아지고 있다는 것이다. 대표적인 유형으로는 신경성 식욕부진증과 신경성 폭식증이 있다.

(1) 신경성 식욕부진증(Anorexia Nervosa, 거식증)

이 장애의 필수 증상은 나이와 키에 비해 최소한의 정상 수준보다 낮은 체중(정상 체중의 85% 이하)을 유지하고, 체중증가나 비만에 대한 극심한 두려움을 가지고 있으며, 체중과 체형에 대한 경험과 의미, 지각이 크게 왜곡되어 있다는 것이다. 실제로는 말랐음에도 불구하고 자신이 비만이라고 걱정하여 지나치게 체중을 측정하고 체중을 빼기 위해 설사약이나 이뇨제를 사용하거나 과도한 운동을 하기도 한다. 또한 자신의 체형과 체중에 따라 자존심이 심하게 좌우되어 체중감소는 성취와 자기통제의 표시로 받아들여지는 반면 체중증가는 용납될 수 없는 자기조절의 실패로 인식된다. 신경성 식욕부진증의 초발연령은 평균 17세이지만, 특히 위험한 연령은 청소년 시기인 14~18세이다.

(2) 신경성 폭식증(Bulimia Nervosa, 과식증)

이 장애의 필수 증상은 체중증가를 막기 위한 부적절한 보상행동을 시도하는 것이다. 가장 흔한 보상행동으로는 구토제나 이뇨제 남용, 단식이나 금식, 과도한 운동 등을 들 수 있다. 폭식증이 있는 사람들은 극도로 마르지는 않고 대개 평균 혹은 평균 이상의 체중을 보인다. 또한 자신의 비정상적인 섭식행동을 지각하고 있으며, 먹는 것을 멈출 수 없는 자신에 대해 두려워하고, 그러는 자신을 비난하고 우울해 한다. 폭식은 일정한 시간, 일반적으로 2시간 이내의 제한된 기간에 대부분의 사람들이 유사한 상황에서 먹는 양보다 분명하게 훨씬 많은 양을 먹는 것으로 정의된다. 신경성 폭식증으로 진단을 내리기 위해서는 폭식과 이에 대한 부적절한 보상행동이 평균적으로 적어도 주 2회씩 3개월 동안 일어나야 한다.

4) 아동기·청소년기 장애

미국정신의학회의 DSM-Ⅳ에서 제시하고 있는 아동기·청소년기 장애는 주로 아동기나 청소년기에 처음 발생하는 이상행동을 말한다. 아동기·청소년기 장애는 학습장애, 자폐성장애, ADHD, 품행장애, 반항성장애, 틱장애 등의 하위유형으로 분류되고 있다.

(1) 학습장애(Learning Disorders)

학습장애는 정신지체, 정서장애, 환경 및 문화적 결핍과는 관계없이 읽기, 쓰기, 셈하기 등의 능력을 습득하거나 활용하는 데 있어 한 분야 이상에서 어려움을 보이는 장애이다. 즉 정신지체나 신체적인 장애를 지니고 있지 않으며, 특별히 학습 환경의 문제가 있는 것도 아니고, 지능이 낮거나 발달상 성숙하지 않아서가 아니라 단지 특정 분야에 기능 결손으로 인해 학업성취도가 현저하게 낮은 경우를 의미한다. 학습을 수행하는 데 있는 있어서 구체적으로 나타나는 학습장애의 형태는 <표 3-1>과 같다.

〈표 3-1〉 학습장애의 형태

구분	학업 수행에서의 학습장애
읽기	- 제대로 읽지 못함, 단어를 거꾸로 읽음 - 읽던 곳을 자주 잊어버리고 혼돈함
쓰기	- 맞춤법을 자주 틀림, 글씨를 줄에 맞춰 제대로 쓰지 못함 - 쓰기를 마치는데 매우 오랜 시간이 소요됨 - 칠판에 판서한 내용을 보고 적는데 어려움을 보임
셈하기	- 수학적인 개별지식 암기에 어려움을 느낌 - 계산에서 자릿수를 혼돈함 - 서술 형식의 문제 이해를 매우 어려워함

(2) 자폐성장애(Autistic Disorder)

자폐증(autism)이란 "자기 자신만의 세계 속에 고립된 증세"라는 의미로 심각한 부적응을 나타내는 전반적 발달장애의 대표적인 질환이며, 이상 증상은 3세 이전에 분명히 보이는 것으로 보고되고 있다. 주된 공통적인 증후는 다음과 같다.

1 대인관계 형성의 장애

타인을 의식하는 행동이 나타나지 않고 무관심하며 타인접촉과 눈맞추기를 회피하는 증세가 나타난다.

2 언어와 의사소통의 장애

자폐아의 절반 정도가 말을 하지 못한다. 언어를 사용한다 할지라도 같은 단어의 반복 사용, 의미없는 말, 상대방 말의 반복, 반향언어 경향이 나타난다.

3 동일성의 유지 및 특이한 반복적 행동

동일성에 대한 강한 집착을 보인다. 어떤 행동유형을 한번 확립하게 되면 그 행동을 의식적으로 반복하는 상동증적 행동이 나타난다.

한편 자폐아동들이 주로 보이는 부적응 행동은 다음과 같다.

1 혼란행동(disruptive behaviors)

혼란행동은 사회적 기대 수준을 넘어서는 각종 반사회적 행동을 말한다. 자신보다는 타인에게 부적절하거나 불쾌한 영향을 주는 행동군이다. 흔한 행동으로는 텐트럼(tantrum) 행동, 침 뱉기 행동, 던지기 행동, 자리이탈 행동, 부적절한 착석 행동, 부적정한 사물 다루기 행동, 무의미한 소리내기 행동, 부적절한 언어 사용 행동, 부적절한 울음 행동 등이 있다.

2 공격행동(aggressive behaviors)

공격행동은 타인에게 행하는 폭력적인 행동을 말한다. 흔한 행동으로는 때리기와 차기 행동, 물기 행동, 할퀴기 행동, 사람에게 던지기 행동, 머리카락 당기기 행동, 밀치는 행동, 꼬집는 행동 등이 있다.

3 파손행동(destructive behaviors)

파손행동은 사물에 대한 파괴적인 행동으로 다음과 같은 파손행동 양상을 보인다. 주변 가구 및 집기 파손 행동, 개인 소지품 손상 행동, 타인의 물품 손상 행동, 공공기물 파손 행동을 하게 된다.

4 자기자극행동(self-stimulatory behaviors)

자기자극행동은 신체 내의 촉각, 시각, 미각, 후각과 같은 대부분의 감각기관을 통한 매너리즘적인 행동군을 나타낸다. 흔한 행동으로는 상체흔들기 자기자극행동, 손 혹은 손가락 자기자극행동, 빛 응시 자기자극행동, 성기 만지기 혹은 자위행동, 몸돌리기 자기자극행동, 까치발 걸음 자기자극행동, 부적절한 입 동작과 혀놀림 자기자극행동 등이 있다.

5 자해행동(self-injurious behaviors)

과격한 행동의 대상이 자기 자신인 중증 부적응 행동의 일환으로서 흔한 행동으로는 자신을 무는 행동, 자기 머리 치기 행동, 자신을 할퀴는 행동, 자신 때리기 행동, 자기 머리카락 당기기 행동, 자기 눈 찌르기 행동, 자신을 꼬집는 행동 등이 있다.

6 지시불이행(non-compliance)

지시불이행은 지시를 따르기 위한 기본적인 인식력 부족과 미성숙, 수용언어 능력 부족, 동기 부족 등으로 인해 나타나는 행동이다. 자폐아동이 보이는 지시불이행은 수동적 지시불이행(집중력이나 미성숙으로 인한 경우), 거부언어 사용(예, 안 해, 싫어 등), 능동적 지시불이행(의도적이거나 집착적인 경우)으로 나타난다.

7 반사적 반복행동(perseverative behaviors)

한번 시작하면 중단하기 어렵고, 심리적으로 평온하지 못한 상황에서 다발적으로 관찰된다. 반사적 반복행동은 주로 소리내기의 반사적 반복행동, 말의 반사적 반복행동, 근육 움직임의 반사적 반복행동으로 나타난다.

8 부적절한 언어사용(inappropriate speech)

자신이 그 의미를 이해하지 못한 상태에서 반복적으로 사용하는 유형에서 상대를 음해하려는 의도로 사용하는 부적절한 용도나 방법으로 언어를 사용하는 행동군이다.

9 부적절한 식사행동(inappropriate eating behaviors)

자폐아동들은 식사하는 데 독특한 양상을 보인다. 식사거부 행동, 과잉취식 행동, 심한 편식, 취식불가 사물섭취, 부적절한 취식속도 등을 보이기도 한다.

10 수면 혼란(night-time disruptions)

다른 가족들의 수면에 방해를 끼칠 뿐 아니라 자신에게도 심한 육체적 고통과 부담감을 가중하게 하고 학습이나 인지에는 가장 큰 부정적인 영향을 미친다. 흔한 행동으로는 야간 텐트럼, 야간 소리지르기, 야간에 혼자 장시간 놀이하기, 반복적으로 원을 그리며 돌기, 집안 배회하기, 야간 파손행동, 침대 및 침실 이탈 행동 등이 있다.

(3) 주의력결핍 및 과잉행동장애(Attention-Deficit/Hyperactivity Disorder)

ADHD는 동등한 발달수준에 있는 아동들에게 관찰되는 것보다 더 빈번하고 심하며 지속적인 부주의 또는 과잉행동 충동성을 보이는 경우로서 이러한 증상은 일반적으로 7세 이전에 나타나며 적어도 2가지 상황(예, 가정, 학교, 작업장)에서 증상을 잘 보여준다. DSM-Ⅳ에서 제시하고 있는 ADHD의 진단기준은 다음 <표 3-2>와 같다.

〈표 3-2〉 주의력결핍 및 과잉행동장애의 진단기준

A. (1) 또는 (2) 중에 한 가지.

(1) 부주의에 관한 다음 증상 가운데 6가지(또는 그 이상) 증상이 6개월 동안 부적응적이고 발달수준에 맞지 않는 정도로 지속된다.

▶ 부주의

(a) 흔히 세부적인 면에 대해 면밀한 주의를 기울이지 못하거나 학업, 작업 또는 다른 활동에서 부주의한 실수를 저지른다.
(b) 흔히 일을 하거나 놀이를 할 때 지속적으로 주의를 집중할 수 없다.
(c) 흔히 다른 사람이 직접 말을 할 때 경청하지 않는 것으로 보인다.
(d) 흔히 지시를 완수하지 못하고, 학업, 잡일, 작업장에서의 임무를 수행하지 못한다(반항적 행동이나 지시를 이해하지 못해서가 아님).
(e) 흔히 과업과 활동을 체계화하지 못한다.
(f) 흔히 지속적인 정신적 노력을 요구하는 과업(학업 또는 숙제와 같은)에 참여하기를 피하고 싫어하고 저항한다.
(g) 흔히 활동하거나 숙제하는 데 필요한 물건들을 잃어버린다.
(h) 흔히 외부의 자극에 의해 쉽게 산만해진다.
(i) 흔히 일상적인 활동을 잊어버린다.

(2) 과잉행동 : 충동에 관한 다음 증상 가운데 6가지(또는 그 이상) 증상이 6개월 동안 부적응적이고 발달수준에 맞지 않는 정도로 지속된다.

▶ 과잉행동

(a) 흔히 손발을 가만히 두지 못하거나 의자에 앉아서도 몸을 옴지락거린다.
(b) 흔히 앉아 있도록 요구되는 교실이나 다른 상황에서 자리를 떠난다.
(c) 흔히 부적절한 상황에서 지나치게 뛰어다니거나 기어오른다.
(d) 흔히 조용히 여가활동에 참여하거나 놀지 못한다.
(e) 흔히 '끊임없이 활동하거나'마치'자동차(무엇인가)에 쫓기는 것'처럼 행동한다.
(f) 흔히 지나치게 수다스럽게 말을 한다.

▶ 충동성

(g) 흔히 질문이 채 끝나기 전에 성급하게 대답한다.
(h) 흔히 차례를 기다리지 못한다.
(i) 흔히 다른 사람의 활동을 방해하고 간섭한다

B. 장해를 일으키는 과잉행동충동 또는 부주의 증상이 7세 이전에 있었다.

(4) 품행장애(Conduct Disorder)

품행장애란 반사회적, 공격적 또는 도전적 행위를 반복적이고도 지속적으로 행함을 특징으로 한다. 이러한 행동이 가장 심한 형태로 나타날 때에는 그 나이에 합당한 사회적 기대를 크게 어기는 상태까지 도달해야 하며, 보통 관찰되는 아동의 장난기나 청소년의 반항보다는 더 심한 것이어야 한다. 단발적인 반사회적 또는 범죄적 행위는 그 자체만으로 이 진단을 내릴 수 없고 그런 행동이 지속적일 때라야만 내릴 수 있다. DSM-Ⅳ에서 제시하고 있는 품행장애의 진단기준은 다음과 같다.

〈표 3-3〉 품행장애의 진단기준

A. 다른 사람의 기본 권리나 나이에 적합한 사회규준이나 규율을 위해 하는 행동양상이 반복적이고 지속적으로 있으며, 다음 항목 중 3개 또는 그 이상이 지난 12개월간 있으면서 최소한 한 항목은 지난 6개월 동안에 나타난다.

▶ 사람과 동물에 대한 공격
(1) 자주 다른 사람을 못살게 굴거나 협박하거나 겁먹게 한다.
(2) 자주 싸움을 건다.
(3) 다른 사람에게 심한 신체손상을 줄 수 있는 무기를 사용한다.
(4) 사람에게 신체적으로 잔인하게 대한다.
(5) 동물에게 잔인하게 대한다.
(6) 피해자와 맞서서 도둑질한다(예: 노상강탈, 지갑날치기, 강도)
(7) 다른 사람을 강제로 성행위를 하게 한다.

▶ 재산파괴
(8) 심각한 파괴를 일으킬 작정으로 고의로 불을 지른다.
(9) 다른 사람의 재산을 고의로 파괴한다.

▶ 사기 또는 절도
(10) 다른 사람의 집, 건물 또는 자동차를 파괴한다.
(11) 물품이나 호의를 취득하거나 의무를 피하려고 자주 거짓말을 한다.
(12) 피해자와 마주치지 않고 사소한 것이 아닌 물건을 훔친다.

▶ 중대한 규칙 위반
(13) 부모가 금지하는데도 자주 외박을 하며, 이는 13세 이전부터 시작되었다.
(14) 부모나 대리부모와 집에서 같이 살면서 최소한 두 번 이상 가출, 외박을 한다.
(15) 무단결석을 자주 하며, 이는 13세 이전부터 시작하였다.

B. 행동장애가 사회, 학업 또는 작업기능에 중대한 지장을 초래한다.

청소년기에 이르러 품행장애를 보이는 경우 반사회적 성격장애로 발전되는 경우는 적으나, 아동기부터 일찍 품행장애를 보이는 경우에는 반사회적 성격장애로 발전될 가능성이 매우 높아서 품행장애를 보이는 아동의 25~40%가 성인이 되었을 때 반사회적 성격장애를 갖게 되거나 범죄를 저지르고 대인관계나 직장생활과 같은 중요한 사회적 기능을 효율적으로 수행하는데 어려움을 겪게 된다.

(5) 반항성장애(Oppositional Defiant Disorder)

반항성장애의 필수 증상은 권위 인물에 대해 거부적, 도전적, 불복종적, 적대적 행동이 적어도 6개월 이상 지속되는 것이 특징이며, 품행장애에서 흔히 보이는 심각한 신체적 공격성은 나타나지 않는다. DSM-Ⅳ에서 제시하고 있는 반항성장애의 진단기준은 다음과 같다.

〈표 3-4〉 반항성장애의 진단기준

A. 거부적, 적대적이고 반항적 행동양상이 최소한 6개월 지속되며, 다음 중 4개(또는 4개 이상)의 증상이 있다.
(1) 자주 성을 내고 발끈 화를 낸다.
(2) 어른과 말다툼을 자주 한다.
(3) 어른의 요구에 응하거나 규칙에 따르는 것에 자주 반항하거나 거절한다.
(4) 자주 다른 사람이 화낼 일을 일부러 한다.
(5) 자신의 실수나 나쁜 행실에 대해 다른 사람을 자주 비난한다.
(6) 다루기 힘들고, 다른 사람 때문에 쉽게 성을 자주 낸다.
(7) 자주 화를 내고 성질을 잘 부린다.
(8) 자주 심술을 부리거나 복수심이 강하다.
▶ 주의 : 나이와 발달 정도가 같은 사람들에 비해 문제행동이 더 빈번할 때만 진단기준에 맞는다고 생각한다.

B. 행동장애가 사회, 학업 또는 작업 기능에 중대한 지장을 초래한다.

이 장애에 속하는 아동이나 청소년들은 거의 집에서 주로 이런 행동을 보이며, 학교나 그 밖의 상황에서는 나타나지 않을 수 있다. 또한 본인은 자신을 반항적이거나 도전적이라고 생각하지 않고, 자신의 행동은 불합리한 요구나 환경에 대한 정당한 반응이라고 주장한다. 반항성장애는 양육자가 자주 바뀜에 따라 자녀에 대한 보살핌이 결여된 가정에서, 또는 가정불화가 있는 가정, 자녀양육이 엄격한 가정, 자녀양육이 소홀한 가정에서 흔히 발병된다. 이 장애는 적어도 부모 가운데 한쪽 부모가 기분장애, 반항성장애, 품행장애, ADHD, 반사회성 성격장애, 물질관련장애를 갖고 있을 경우에 발병율이 높다.

(6) 틱장애(Tic Disorder)

틱장애란 얼굴 근육이나 신체 일부를 갑자기 움직이거나 갑자기 이상한 소리를 내는 행동을 반복적으로 나타내는 경우를 말한다. 틱은 갑작스럽고 빨리 일어나는 비목적적인 행동이 동일하게 반복되는 현상을 말하며, 스트레스나 불안이 이러한 틱 증상을 악화시킨다. DSM-Ⅳ에서는 틱장애를 뚜렛장애(Tourette's disorder), 만성운동 및 음성 틱장애(chronic motor or vocal tic disorder), 일과성 틱장애(transient tic disorder)로 분류하고 있다.

1 뚜렛장애

다양한 운동 틱과 하나 또는 하나 이상의 음성 틱이 1년 이상 지속되는 경우를 말한다. 운동 틱과 음성 틱은 동시에 나타나기도 하고 따로 나타나기도 한다. 발병은 아동기에 시작되고 음성 틱이 생기기 전에 운동 틱이 생기는 것이 보통이며, 청소년기에 자주 증상이 악화되고 성인이 되어서도 지속되는 것이 일반적이다.

2 만성 운동 및 음성 틱장애

운동틱, 음성틱 중 한 가지의 틱이 적어도 1년 이상 나타나는 경우이다. 이 틱 장애는 1년 이상의 기간 동안 매일 간헐적으로 하루에도 몇 차례씩 일어나며, 운동 틱과 음성 틱이 함께 나타나지는 않는다.

3 일과성 틱장애

운동틱이나 음성틱이 일시적으로 나타나는 경우를 말한다. 한 가지 이상의 틱이 하루에 여러 번 거의 매일 최소 4주 이상 12개월 이내로 지속해서 나타난다. 이 틱 장애는 대개 1년 내에 없어지며, 발생시기는 7세경이고 대개 10세 이전에 나타나는 것이 일반적이다.

제4장

생활지도와 심리검사

1·표준화검사

2·투사법검사

1 표준화검사

표준화검사(standardized test)란 언제, 어디서, 누가 실시해도 검사의 실시, 채점, 해석이 동일하도록 표준화 절차를 거쳐 모든 과정이 엄격하게 통제된 검사를 말한다. 즉 표준화 검사는 검사도구의 표준화, 절차의 표준화, 채점 및 해석의 표준화를 거친 검사로서 검사지와 검사요강(test manual)이 함께 출판되어 있는 검사를 의미한다. 이 절에서는 학생들의 생활지도를 위해 활용될 수 있는 표준화 검사로서 Wechsler지능검사, MMPI, MBTI에 대해 살펴보고자 한다.

1) Wechsler 지능검사

Wechsler는 1939년에 Wechsler-Bellevue Intelligence Scale을 개발한 이래 1991년 WISC-III(Wechsler Intelligence Scale for Children-III)가 나오기까지 약 50여 년 동안 8개의 지능검사를 개정하거나 개발하였다. 이러한 8가지 Wechsler 검사는 몇 가지 공통점이 있다. 첫째, 1937년판 Binet 검사에서는 측정단위로 연령척도를 사용한 반면, Wechsler 검사에서는 점수척도(point scale)라는 새로운 개념을 도입했다. 둘째, Wechsler 검사에는 동작성척도(performance scale)라는 새로운 형태의 검사가 추가되었다(김영환 외, 2007).

Wechsler 지능검사에는 수검자의 연령에 따라 취학 전후의 유아 및 아동을 위한 WPPSI(Wechsler Preschool and Primary Scale of Intelligence), 5~15세 아동을 위한 WISC(Wechsler Intelligence Scale for Children), 16세 이상을 위한 WAIS Wechsler Adult Intelligence Scale)가 있다. 다음에서는 우리나라에서 표준화된 가장 최근의 Wechsler 지능검사를 설명하고자 한다.

(1) KEDI-WISC와 K-WISC-III

KEDI-WISC는 WISC의 개정판인 WISC-R(1974)을 박경숙 등(1991)이 우리나라의 실정에 맞게 수정·보완해서 표준화한 검사로서 5~15세 아동을 대상으로 한 지능검사이다. 이 검사는 전체 IQ, 언어성 IQ, 동작성 IQ 등 3개의 IQ를 산출할 수 있으며, 12개의 소검사로 구성되어 있다. 6개의 소검사는 언어성 검사로서 아동의 언어적 능력을 주로 측정하며, 상식, 이해, 산수, 어휘, 공통성, 숫자로 이루어져 있다. 또한 나머지 6개의 소검사는 아동의 동작과 관련된 능력을 주로 측정하며, 동작성검사로서 빠진 곳 찾기, 차례 맞추기, 토막 짜기, 모양 맞추기, 기호 쓰기, 미로찾기로 구성되어 있다. 이 중 언어성검사의 숫자와 동작성검사의 미로는 보충검사로 사용된다. 따라서 지능지수를 산출하는 데는 두 개의 보충검사를 제외한 10개의 소검사만을 사용한다. 반면 K-WISC-Ⅲ는 WISC-R의 문제점을 보완한 WISC-Ⅲ(1991)를 곽금주 등(2001)이 우리나라 실정에 맞게 표준화한 검사이다. KEDI-WISC에서와 마찬가지로 10개의 소검사를 포함하며 새로운 보충검사인 동형 찾기를 추가하여 보충검사는 3개이다. K-WISC-Ⅲ 또한 언어성 IQ, 동작성 IQ, 전체 IQ를 산출할 수 있고 그 외에도 언어이해, 지각조직, 주의집중, 처리속도라는 네 가지 지표를 산출할 수 있도록 되어 있다.

(2) K-WPPSI

K-WPPSI는 3~7세 유아의 지능을 측정하기 위해 미국의 WPPSI-R을 박혜원 등(1996)이 우리나라의 실정에 맞게 수정·보완한 표준화 검사이다. 이 검사는 KEDI-WISC로 측정할 수 없는 더 어린 유아를 대상으로 하며, 다른 Wechsler 지능검사와 마찬가지로 언어성 소검사와 동작성 소검사로 구성되어 있다. 6개의 언어성 소검사는 상식, 이해, 산수, 어휘, 공통성, 문장으로 이루어져 있고, 6개의 동작성 소검사는 빠진 곳 찾기, 토막 짜기, 모양 맞추기, 도형, 미로, 동물 짝짓기로 구성되어 있다. 검사를 실시할 때는 위의 12개의 소검사를 모두 사용하지만 지능지수를 산출하는 데는 두 개의 보충검사인 문장과 동물 짝짓기를 제외한 10개의 소검사만이 사용된다.

2) MMPI

MMPI(Minnesota Multiphasic Personality Inventory; 다면적 인성검사)는 세계적으로 가장 널리 사용되고 있는 진단용 성격검사이다. 원래 MMPI는 1930년대에 미네소타대학의 임상심리학자인 Hathaway와 정신과의사인 McKinley에 의해 비정상적인 행동을 객관적으로 측정하기 위한 수단으로 만들어졌다. MMPI는 1943년에 처음 개발된 이후 근래에 MMPI-2(Butcher, Dahlstrom, Graham, Tellegen, & Kaemmer, 1989), 청소년을 대상으로 만들어진 MMPI-A(Butcher, Williams, Graham, Archer, Tellegen, Ben-Porath, & Kaemmer, 1992)와 같이 두 가지 검사로 개정되었다.

MMPI-2는 원판 MMPI에서와 마찬가지로 4개의 타당성척도와 10개의 임상척도로 구성된 기본적인 프로파일을 제공하면서 동시에 15개의 내용척도, 21개의 보충척도, 28개의 Harris-Lingoes 하위척도를 별도의 프로파일로 제공하고 있다. MMPI-2는 567문항으로 구성되어 있고, 청소년 대상인 MMPI-A는 468문항으로 이루어져 있다. 한국판 MMPI는 1963년에 정범모, 이정균, 진위교에 의해 원판 MMPI가 처음으로 표준화되었고, 1989년에 한국임상심리학회에 의해 다시 원판 MMPI가 재표준화되었으며, 최근에 MMPI-2와 MMPI-A는 김중술, 한경희, 임지영, 이정흠, 민병배(2005)가 표준화하였다.

여기에서는 MMPI의 하위척도 중 타당도 척도와 임상 척도에 대해 김중술 등(2005)의 MMPI II 매뉴얼에서 제공하고 있는 내용을 중심으로 소개하고자 한다.

(1) 타당도 척도

MMPI에서 타당도의 개념은 수검자의 검사태도를 의미한다. 즉 MMPI의 타당도는 실제로 수검자가 솔직하고 일관성 있게 검사문항에 응답했는가를 의미하는 것이다. MMPI-2에는 기존의 ?, L, F, K척도에 더하여 VRIN, TRIN, F(B), F(P), S의 5개 타당도 척도가 추가되었으며, 이를 통해서 보다 체계적이고 정확하게 수검자의 검사태도를 평가할 수 있다. MMPI-2에서는 ?(무응답), VRIN, TRIN척도를 통해서 수검자가 제대로 문항을 읽고 일관성 있게 응답하였는지를 검토하고, F, F(B), F(P)척도를 통해서 과대보고(over-reporting)의 경향을 탐색하며, L, K, S척도를 통해서 과소보고(under-reporting)의 경향을 탐색할 수 있다.

1 ?(무응답 척도)

?척도는 수검자가 응답하지 않았거나 '그렇다'와 '아니다'에 모두 답한 문항의 총합이다. 무응답 문항이 많으면 잠재적으로 전체 프로파일 및 그 문항이 속한 척도의 높이를 낮추게 된다. 따라서 무응답 문항의 수를 최소한 줄이는 것이 중요하다.

2 VRIN척도

무선반응 비일관성(Variable Response Inconsistency, VRIN)척도는 수검자가 문항 응답을 하면서 무선적으로 반응하는 경향을 탐지한다. 이 척도는 서로 내용이 유사하거나 혹은 상반되는 문항쌍으로 구성되어 있으며, 이들 각 문항쌍에에서 내용에 비추어 서로 불일치하는 비일관적인 반응이 나타날 경우 척도의 원점수가 1점 높아진다.

3 TRIN척도

고정반응 비일관성(True Response Inconsistency, TRIN)척도는 수검자가 문항 응답을 하면서 모든 문항에 '그렇다'로 반응하거나 혹은 모든 문항에 '아니다'로 반응하는 경향을 탐지한다. 이 척도는 서로 내용이 상반된 문항쌍만으로 구성되어 있기 때문에 수검자가 특정 문항쌍에 대하여 모두 '그렇다'라고 응답하거나 혹은 모두 '아니다'라고 응답한다면, 이는 문항의 내용에 비추어 불일치하는 비일관적인 반응을 한 것이 된다.

4 F척도

이 척도는 비전형적인 방법으로 응답하는 사람들을 탐지하기 위한 것으로서 일반 대중의 생각이나 경험과 다른 정도를 측정한다. F척도 점수가 높을수록 대부분의 정상적인 사람들이 하는 것처럼 반응하지 않은 것으로서 피검사자가 가지고 있는 문제영역이 많고 문제의 정도가 심함을 나타낸다.

5 F(B)척도

비전형-후반부(Back F, F(B))척도는 검사 후반부에서의 비전형적인 반응을 탐지하는 것이며, MMPI-2 검사를 실시하는 과정에서 발생하는 수검자의 검사태도 변화를 알아내는 데 도움이 된다.

6 F(P)척도

비전형-정신병리(Infrequency-Psychopathology, F(P))척도도 비전형적인 반응을 측정하는데, F 척도에 비해서 심각한 정신병리에 덜 민감하다. F(P)척도 점수는 F 척도의 상승이 실제 정신병적 문제로 인한 것인지 아니면 의도적으로 자신을 부정적으로 보이려는 태도로 인한 것인지를 판별하는 데 도움이 된다.

7 L척도

L척도는 수검자가 자신을 좋은 모양으로 나타내 보이려는 다소 고의적이고도 부정직하며 세련되지 못한 시도를 측정하려는 척도이다. 이 척도에 포함된 문항들은 여러 가지 사소한 결점들과 성격적 결함에 대해 묻는 것들로, 대부분의 사람들은 별 망설임 없이 인정할 수 있을만한 내용들이다.

8 K척도

K척도는 검사문항에 방어적으로 응답하는 정도를 측정하고, 이러한 방어적 태도가 임상척도 점수에 미치는 영향을 교정하기 위해서 개발된 것이다. 이 척도는 L척도에 반영되는 것보다는 조금 더 세련되고 교묘한 방어성를 탐지하기 위한 것이다.

9 S척도

과장된 자기제시(Superlative Self-Presentation, S)척도와 K척도는 높은 상관을 보이고 두 척도 모두 방어성을 측정하는 지표라는 점에서 동일하다. 하지만 K척도의 문항들은 검사의 앞부분에 국한되어 있으나 S척도 문항들은 검사 전반에 걸쳐 퍼져 있다는 차이점이 있다.

(2) 임상 척도

MMPI-2의 임상 척도는 몇 개의 문항들이 내용에 문제가 있어 삭제되었지만 본질적으로 원판 MMPI와 동일하다.

1 척도 1 : 건강염려증(Hypochondriasis, Hs)

이 척도는 건강에 대해서 과도하게 걱정을 하고, 기질적인 원인이 없거나 미미한데도 다양한 신체적 호소를 하며, 신체적으로 아무런 문제가 없다는 사실을 받아들이지 않는 신경증 환자들의 집단을 사용하여 개발되었다. 이 척도의 문항들에는 특별한 증상이나 구체적인 병과 관련된 문항들도 있지만, 대부분은 전반적인 신체에 대한 집착과 자기중심성과 연관된 것들이다.

2 척도 2 : 우울증(Depression, D)

이 척도는 다양한 형태의 우울증 증상을 가진 정신과 환자들을 사용하여 개발되었다. 이 척도의 일부 문항들은 우울한 사람들의 임상적 특징인 의기소침, 비관주의, 절망적인 감정을 반영하며, 다른 문항들은 신체적 불편, 걱정이나 긴장, 적대적 충동 부인, 사고과정 통제의 어려움을 포함하는 다양한 증상과 행동들에 대한 것이다.

3 척도 3 : 히스테리(Hysteria, Hy)

이 척도는 기질적인 원인이 분명치 않은 감각 장애 혹은 운동 장애를 보이는 환자들을 사용하여 구성되었다. 일부 문항들은 구체적인 신체적 불편이나 장애들을 반영하지만, 다른 많은 문항들은 일상생활에서의 문제들을 부인하고 사회적 불안을 부인하는 것과 관련이 있다.

4 척도 4 : 반사회성(Psychopathic Deviate, Pd)

이 척도는 정상적인 지능이면서 문화적 결손이나 심각한 신경증 혹은 정신병이 없음에도 불구하고 지속적으로 위법행위를 하여 정신과에 의뢰된 사람들을 사용하여 개발되었다. 일부 문항들은 학교나 사회에서 규칙이나 법을 지키는데 어려움이 있었음을 인정하는 것과 관련이 있으며, 다른 일부 문항들은 행동에 대한 사회적·도덕적 규범의 무시, 가정 문제, 삶에 대한 만족감 결여를 반영한다.

5 척도 5 : 남성성-여성성(Masculinity-Femininity, Mf)

이 척도는 동성애적 느낌으로 당황하고 자신의 성역할에 대해 혼란스러워하는 남자들을 사용해서 구성되었다. 이 척도에서 일부 문항이 명백하게 성적인 내용이기는 하지만, 대부분의 문항은 성적인 내용과는 관계가 없고 직업, 여가에 대한 관심, 걱정과 두려움, 과민성, 가족 관계 등 다양한 주제를 다루고 있다.

6 척도 6 : 편집증(Paranoia, Pa)

이 척도는 편집성 상태에 있는 환자들을 사용하여 개발되었다. 이 척도의 일부 문항은 명백하게 정신병적 행동들(예, 의심, 관계사고, 피해망상, 과대망상)을 다루고 있고, 다른 문항들은 민감성, 냉소, 반사회적 행동, 과도한 도덕적 미덕, 다른 사람들에 대한 불평과 같은 다양한 주제를 다루고 있다.

7 척도 7 : 강박증(Psychasthenia, Pt)

이 척도는 강박적인 걱정, 강박적인 의식, 과도한 두려움을 보이는 환자들을 사용하여 구성되었다. 이 척도의 일부 문항은 통제되지 않는 강박적인 사고, 두려움과 불안, 자신의 능력에 대한 의심을 다루고 있으며, 다른 문항들은 불행감, 신체적 질병, 집중력의 문제와 관련이 있다.

8 척도 8 : 정신분열증(Schizophrenia, Sc)

이 척도는 다양한 유형의 정신분열병 증상을 보이는 환자들을 사용해서 구성되었다. 이 척도의 일부 문항은 기이한 정신상태, 지각의 기묘함, 피해망상, 환각과 같은 명백한 정신병적 증상들을 다루고 있고, 다른 문항들은 사회적 소외, 가족관계 문제, 성적 문제, 충동 통제 및 집중의 어려움, 두려움, 걱정, 불만족을 포함한 내용을 다루고 있다.

9 척도 9 : 경조증(Hypomania, Ma)

이 척도는 조울증의 조증 증상 발현의 초기 단계에 있는 환자들을 사용해서 개발되었다. 이 척도의 일부 문항은 경조증(예, 활동수준, 흥분성, 과장됨)의 특징을 다루고 있으며, 다른 문항들은 가족관계, 도덕적 가치와 태도, 신체적 문제와 같은 주제를 다루고 있다.

0 척도 0 : 내향성(Social introversion, Si)

이 척도는 사회적 내향성과 외향성 척도에서 극단적인 점수를 받은 대학생들을 사용하여 개발하였다. 이 척도의 일부 문항은 대인관계, 사회적 상황에 대한 참여와 관련이 있으며, 다른 문항들은 일반적인 신경증적 부적응 및 자기비하와 관련이 있다.

3) MBTI

MBTI(Myers-Briggs Type Indicator)는 오늘날 전 세계적으로 가장 많이 사용되고 있는 성격유형검사로서 개인 상담, 진로 및 직업 상담, 학습양식, 갈등 관리, 팀 빌딩 등에 널리 활용되고 있다(Aviles, 2001; Fairhurst & Fairhurst, 1995; Keirsey, 1998; McCaulley & Martin, 1995; Moore, Jenkins, Dietz & Feuerbaum, 1997; Pearman & Albritton, 1997). 이러한 MBTI는 Jung의 심리유형론을 근거로 Briggs와 Myers가 개발한 성격유형검사로서 인간 이해를 위한 비진단적 성격검사이다. Briggs와 Myers는 1942년부터 20여년에 걸친 인간 관찰을 통해 Jung의 심리유형의 신뢰성과 타당성을 확증하고, 이러한 확증에 따라 1962년에 인간의 성격 유형을 구분할 수 있는 도구인 MBTI를 개발하였다.

원래 Jung의 심리유형론에서는 외향(Extraversion)과 내향(Introversion), 감각(Sensing)과 직관(Intuition), 사고(Thinking)와 감정(Feeling)에 대해 명확하게 기술하고 이에 따라 8가지 성격유형만이 제시되었지만, MBTI에서는 Jung이 함축적으로 기술만 하고 지나간 인간의 외부세계에 대한 태도에 해당하는 판단(Judgement)과 인식(Perception)의 기능을 확장시켜 16가지의 성격유형으로 분류하였다.

MBTI에서는 개인이 쉽게 응답할 수 있는 자기보고를 통해 인식하고 판단할 때 각자가 선호하는 경향을 찾고, 이러한 선호경향들이 각각 또는 여러 개가 합쳐져서 인간의 행동에 어떠한 영향을 미치는가를 파악할 수 있기 때문에, 자기와 타인에 대한 이해는 물론 진로지도 및 직업선택, 학습양식에 따른 교수-학습 방법의 개선 등에 실질적인 도움을 줄 수 있는 도구로 활용되고 있다. 우리나라에서 MBTI는 김정택과 심혜숙(1990)에 의해 1987년부터 1990년까지 4년간에 걸쳐 우리 문화에 맞게 표준화 작업이 이루어졌고, 그 이후 교육 장면, 상담 장면, 진로지도 등 다양한 분야에 널리 활용되고 있다.

(1) MBTI의 네 가지 선호지표

MBTI에서는 Jung의 심리유형론에서 설명한 외향(E)과 내향(I), 감각(S)과 직관(N), 사고(T)와 감정(F)에 판단(J)과 인식(P) 기능을 확장시켜 네 가지 선호지표로 개발되었다. 이 네 가지 선호지표는 에너지의 방향이 외부 세계로 향하는지 아니면 내부 세계로 향하는지, 즉 개인이 세상과 어떻게 상호작용하는가에 따라 외향(E)과 내향(I), 인식하려고 할 때 어떤 종류의 인식을 선호하는지, 즉 정보를 어떤 방식으로 수집하느냐에 따라 감각(S)과 직관(N), 의사결정을 내릴 때 어떤 종류의 판단을 더 신뢰하는지, 즉 정보를 어떤 방식으로 처리하느냐에 따라 사고(T)와 감정(F), 외부세계에 대한 적응과 생활양식에 따라 판단(J)과 인식(P)으로 구분된다(<표 4-1> 참조).

〈표 4-1〉 MBTI의 네 가지 선호경향

지표	선호경향	주요활동
외향(E) – 내향(I)	• 인식과 판단이 주로 외부세계(E)로 향하는가 또는 주로 내부세계(I)로 향하는가	주의초점
감각(S) – 직관(N)	• 인식하려고 할 때 어떤 종류의 인식을 선호하는가	인식기능
사고(T) – 감정(F)	• 의사결정을 내릴 때 어떤 종류의 판단을 더 신뢰하는가	판단기능
판단(J) – 인식(P)	• 외부세계에 대처해 나갈 때 판단(J)적 태도를 취하는가 또는 인식(P)적 태도를 취하는가	생활양식

※출처 : Belanger, M. D. (2001). An investigation of the utility of the Myers-Briggs Type Indicator as a predictor of academic performance among technical training students에서 재인용.

1 외향-내향(Extraversion-Introversion)

MBTI에서 외향과 내향 척도는 세상에 대한 개인의 에너지 원천과 세상에 대한 초점의 방향을 측정한다(Myers & McCaulley, 1985; Myers & Myers, 1995). 즉 외향과 내향 지표는 Jung이 말한 의미대로 외향적인 사람인가 내향적인 사람인가를 밝히기 위해 제작되었다. Jung은 외향성과 내향성이 상호보완적인 태도로서 개인이 사회생활을 해 나갈 때 관심의 방향이 외부세계 또는 내부세계인가를 결정짓는다고 말한다. 외향적인(E) 사람은 주로 외부세계로 나아가려고 하기 때문에 자신 외부의 사람이나 사물에 대해 자기 인식과 판단을 사용하려는 경향을 띤다. 반면에 내향적인(I) 사람은 주로 자기 내부세계로 향하려고 하기 때문에 자기 자신의 마음 속의 개념이나 아이디어에 인식과 판단을 사용하려는 경향을 띤다.

2 감각-직관(Sensing-Intuition)

MBTI에서 감각과 직관 척도는 정보를 인식하고 획득하는 방식을 측정한다(Myers & McCaulley, 1985; Myers & Myers, 1995). 즉 감각과 직관 지표는 양극단의 두 가지 인식 방법 중에서 어느 것을 선호하는가를 밝히기 위해 제작되었다. 어떤 사람은 주로 감각(S)을 통해 인식하려는 경향을 가지고 있기 때문에 오감을 통한 관찰 가능한 사실이나 사건을 더 잘 인식한다. 그러나 어떤 사람은 감각보다는 덜 분명한 직관(N)을 통해 인식하려는 경향을 가지고 있기 때문에 의식의 영역을 넘어서서 어떤 사실이나 사건의 이면에 감추어진 의미나 관계 또는 가능성을 더 잘 인식한다.

3 사고-감정(Thinking-Feeling)

MBTI에서 사고와 감정 척도는 정보를 평가하는 방식을 측정한다(Myers & McCaulley, 1985; Myers & Myers, 1995). 즉 사고와 감정 지표는 판단을 할 때 양 극단의 두 경향 중 어느 것을 더 선호하는가를 밝히기 위해 제작되었다. 어떤 사람은 인정에 이끌리지 않고 주로 사고(T)를 통한 논리적인 결과를 바탕으로 하여 결정하려고 한다. 한편 어떤 사람은 주로 개인적 또는 사회적 가치를 바탕으로 한 감정(F)에 따라 결정하려는 경향을 가지고 있다.

4 판단-인식(Judgement-Perception)

MBTI에서 판단과 인식 척도는 의사결정의 선호도, 그리고 외부세계와의 상호작용 선호도를 측정한다(Myers & McCaulley, 1985; Myers & Myers, 1995). 즉 판단과 인식 지표는 외부세계에 대처해 나갈 때, 우리 삶에 있어서의 외향적 측면에서 주로 사용하는 과정을 기술하기 위해 제작되었다. 판단(J)을 선호하는 사람은 외부세계에 대처해 나갈 때 판단과정(사고나 감정)을 주로 사용한다. 인식(P)을 선호하는 사람은 외부세계에 대처해 나갈 때 인식과정(감각이나 직관)을 주로 사용한다.

(2) MBTI의 16가지 성격유형

MBTI 이론에 따르면 네 가지 지표(E-I, S-N, T-F, J-P)마다 양극을 이루는 두 가지 선호경향이 있고, 이를 조합하면 모두 16가지의 MBTI 유형이 나온다. 각 지표의 선호경향은 나머지 세 지표의 선호경향과 무관하게 작용한다. 예를 들어 외향성과 내향성 중 하나를 선호할 때, 다음 지표의 감각과 직관 중 어느 것을 선호하는가에 대해서는 영향을 미치지 못한다. 따라서 네 가지 지표에서 한 가지씩 선호할 때 16가지의 유형이 나오며, 이 유형은 ISTJ, ENFP와 같이 네 개의 문자로 표시된다.

모든 사람은 감각과 직관, 사고와 감정이라는 네 가지 심리기능을 사용하며, 사람들은 이 네 가지 심리기능을 사용하는데 있어서 한 가지 방향을 다른 방향보다 더 선호하고, 그 선호하는 패턴에는 특정한 질서가 있다. 이것을 유형역동(type dynamics)이라고 한다. 각 유형마다 어떤 한 기능이 주도적이거나 지배적인 과정으로 작용하면 다른 한 기능은 보조적 기능으로 작용하게 된다.

선호되는 기능 중 가장 의식적이고 잘 발달된 기능을 주기능이라고 하는데, 이 주기능은 성격에 전반적인 방향을 제시하며 사람들이 가장 많이 의지하는 정신적 기능이다. 그 다음 두 번째로 선호되는 기능을 부기능이라고 하는데, 이 부기능은 인식과 판단, 외향성과 내향성 간의 균형을 유지시켜 주는 기능을 한다. 또한 주기능과 부기능에 비해 훨씬 덜 발달되어 있는 기능을 3차기능이라 하고 이는 부기능의 반대 기능에 해당된다. 그리고 주기능의 반대 기능으로서 가장 덜 발달된 기능을 열등기능이라고 한다. 이론상으로 볼 때, 각자가 선호하는 기능을 발달시키고 또 이러한 기능을 선호하는 태도를 발달시킬 수 있을 때 가장 잘 적응할 수 있는 것이다. 각 유형의 특징은 이러한 네 가지 심리기능의 역동적인 상호작용에 따라 다르게 나타난다. 아래에는 심리기능을 통해 나타나는 16가지 성격유형이 제시되어 있다.

〈표 4-2〉 MBTI의 16가지 성격유형

ISTJ (1) 감각(주기능) (2) 사고(부기능) (3) 감정(3차기능) (4) 직관(열등기능)	ISFJ (1) 감각(주기능) (2) 감정(부기능) (3) 사고(3차기능) (4) 직관(열등기능)	INFJ (1) 직관(주기능) (2) 감정(부기능) (3) 사고(3차기능) (4) 감각(열등기능)	INTJ (1) 직관(주기능) (2) 사고(부기능) (3) 감정(3차기능) (4) 감각(열등기능)
ISTP (1) 사고(주기능) (2) 감각(부기능) (3) 직관(3차기능) (4) 감정(열등기능)	ISTP (1) 감정(주기능) (2) 감각(부기능) (3) 직관(3차기능) (4) 사고(열등기능)	INFP (1) 감정(주기능) (2) 직관(부기능) (3) 감각(3차기능) (4) 사고(열등기능)	INTP (1) 사고(주기능) (2) 직관(부기능) (3) 감각(3차기능) (4) 감정(열등기능)
ESTP (1) 감각(주기능) (2) 사고(부기능) (3) 감정(3차기능) (4) 직관(열등기능)	ESFP (1) 감각(주기능) (2) 감정(부기능) (3) 사고(3차기능) (4) 직관(열등기능)	ENFP (1) 직관(주기능) (2) 감정(부기능) (3) 사고(3차기능) (4) 감각(열등기능)	ENTP (1) 직관(주기능) (2) 사고(부기능) (3) 감정(3차기능) (4) 감각(열등기능)
ESTJ (1) 사고(주기능) (2) 감각(부기능) (3) 직관(3차기능) (4) 감정(열등기능)	ESFJ (1) 감정(주기능) (2) 감각(부기능) (3) 직관(3차기능) (4) 사고(열등기능)	ENFJ (1) 감정(주기능) (2) 직관(부기능) (3) 감각(3차기능) (4) 사고(열등기능)	ENTJ (1) 사고(주기능) (2) 직관(부기능) (3) 감각(3차기능) (4) 감정(열등기능)

2 투사법검사

투사법검사란 우리가 의식하고 있는 행동이나 생각들보다는 스스로 인식하지 못하는 내면의 욕구나 갈등을 알아내기 위해 애매한 자극을 제시한 후 수검자로 하여금 자기 나름대로 해석하여 반응하도록 함으로써 개인의 성격을 진단하는 검사이다.

이러한 투사법검사는 자극자료가 모호하기 때문에 표준화검사와는 달리 수검자가 검사반응을 왜곡하기 어렵고 검사반응 또한 사회적 가치의 영향을 적게 받는다는 장점이 있다. 특히 투사법검사는 성격의 무의식적 동기나 갈등에 관한 정보를 많이 제공해 주기 때문에 성격을 전체적으로 이해할 때 유용한 도구이다(김영환 외, 2007).

그러나 유의해야 할 점은 투사법검사에서 투사(projection)라는 개념이 정신분석학적 개념과는 다소 차이가 있다는 점이다. 정신분석학에서 투사란 자신이 받아들이기 어렵고 수용할 수 없는 바람직하지 못한 감정이나 생각을 타인이나 외부의 탓으로 돌려 그 책임을 전가하려는 무의식적인 방어기제를 말한다. 그런데 투사법검사에서 투사라는 개념은 엄격하게 말하면 개인에게 내재된 성격특성이 검사자료를 통해 밖으로 드러난다는 의미이다. 이런 의미에서 모호한 자극일수록 개인의 성격특성이 더 잘 투사될 것이라고 가정한다(Frank, 1939).

이 절에서는 투사법검사에 속하는 검사 중 Rorschach검사, TAT, CAT, HTP, BGT, 문장완성검사를 소개하고자 한다.

1) Rorschach검사

Rorschach검사는 투사법검사 중 가장 대표적인 심리검사로서 Rorschach (1921)가 소개한 이후 지금 다양한 임상장면에서 개인의 성격특성을 이해하고 진단하는 데 널리 적용되고 있다. 이 검사는 아래 <그림 4-1>과 같은 10장의 대칭형 잉크반점 카드로 구성되어 있으며, 10장 중 5장은 전부 또는 부분적으로 색채가 들어 있는 색채카드이고 나머지 5장은 회색 또는 검정색으로 구성된 비색채카드이다.

[그림 4-1] 대칭형 잉크반점카드 I

이와 같이 Rorschach검사에서는 잉크반점을 자극자료로 사용하고 수검자는 비교적 비구조화된 자극자료에 대하여 다양한 방식으로 자유롭게 반응할 수 있다. 따라서 Rorschach검사에서는 수검자가 검사반응을 왜곡하기 어렵고, 성격의 동기적 및 갈등적 측면을 잘 밝힐 수 있으며, 반응과정에서 수검자가 자신의 욕구, 태도, 경험 등에 따라 선택적으로 지각하고 조직화하기 때문에 개인의 전체적인 성격특성을 이해하는 데 매우 유용한 검사이다(김영환 외, 2007).

2) TAT와 CAT

TAT(Thematic Apperception Test; 주제통각검사)는 Murray와 Morgan(1935)

이 제작한 검사로서 Rorschach검사와 함께 가장 널리 사용되고 있는 투사법검사 중 하나이다. TAT 도판은 회색 그림이 있는 30개의 도판과 한 장의 백지도판으로 구성되어 있다. 대부분의 도판은 다음 <그림 4-2>와 같이 한 인물이나 여러 인물이 등장하여 일상생활에서의 모호한 장면으로 묘사되어 있다.

[그림 4-2] TAT 도판 #1·#2

이 검사에서는 개인의 기본적인 성격구조나 특성에 대한 정보를 얻을 수 있는 Rorschach검사와 달리 대인관계, 사회적 상호작용, 동일시 양식 등과 같은 정보를 얻을 수 있다.

반면 TAT 도판의 자극장면이 성인에게는 유용하지만 아동들에게는 적합하지 않다는 이유로 Bellak(1949)은 3~10세의 아동들을 위한 CAT(Children's Apperception Test; 아동용 주제통각검사)를 제작하였다. CAT 도판은 다음 <그림 4-3>과 같이 아동들에게 동일시가 잘되는 동물들이 주인공으로 등장이 되며, 도판의 자극장면도 아동의 성장과정이나 일상생활과 관련된 여러 가지 심리적 문제들이 쉽게 투사될 수 있는 장면으로 구성되어 있다.

[그림 4-3] CAT 도판1

3) HTP 검사

HTP(House-Tree-Person; 집-나무-사람) 검사는 집, 나무, 사람을 자유롭게 그리도록 하는 투사법검사이다(Buck, 1948, 1981). 나무 그림은 수검자의 개인적 변화과정을 의미하고, 사람 그림은 이보다 더 깊이 있는 은유적 측면을 나타내고, 집 그림은 수검자의 현실감을 의미한다. 이 세 가지 대상을 그리도록 하는 HTP는 세 가지 요소 간의 상호작용과 이를 통해 수검자의 내적 심리 상태를 이해하려는 검사이다(장연집, 김중술, 1999).

Buck(1947)는 HTP 검사가 연령과 관계없이 폭넓게 적용할 수 있는 이유를 다음의 세 가지로 설명하고 있다. 첫째, 이 검사에서 그리는 집, 나무, 사람은 나이가 어린 아동들에게도 친숙하다. 둘째, 수검자의 입장에서 볼 때 모든 연령이 그릴 수 있는 주제로 다른 대상을 그리는 것보다 받아들이기 쉽다. 셋째, 집, 나무, 사람은 다른 것을 그리는 것보다 그린 것들에 대해 솔직하고 자유롭게 이야기할 수 있다. 동시에 이 그림들은 개인의 무의식과 관련하여 풍부한 상징을 나타내준다.

수검자들은 자신들에게 가장 익숙한 것을 표현한다. 아무리 어린 수검자라도 집, 나무, 사람을 그릴 때는 자신이 접해왔던 것, 자신과 연관된 상징적이고 의미 있는 것을 그리게 마련이다. 수검자가 그린 나무가 큰 나무인지, 시든 나무인지, 손상받은 나무인지에 따라 자신의 내재적 모습을 유추해 볼 수 있다. 또한 사람의 경우 무서운 얼굴을 하고 있는지, 웅크리고 앉아 있는지, 활력 있게 뛰어가는 모습인지 등은 수검자의 자신에 있어 의미 있는 정보를 그림을 통해 말해주고 있다고 할 수 있다. 이러한 점에서 HTP 검사는 Rorschach검사, TAT와 마찬가지로 수검자들의 현재 모습뿐 아니라 내면의 모습과 욕구가 투사된다는 점에서 유사하다(강문희 외, 2003).

4) BGT

BGT는 1938년에 Bender가 제작한 검사로서 Gestalt 심리학자인 Wertheimer가 개인의 지각을 형태심리학에 입각하여 설명하기 위해 만든 여러 도형들 중 9개의 도형을 택하여 만든 검사이다. Bender가 사용한 BGT 도형은 <그림 4-4>와 같이 카드에 각각 1개씩 그린 9장의 카드가 1세트로 이루어져 있다.

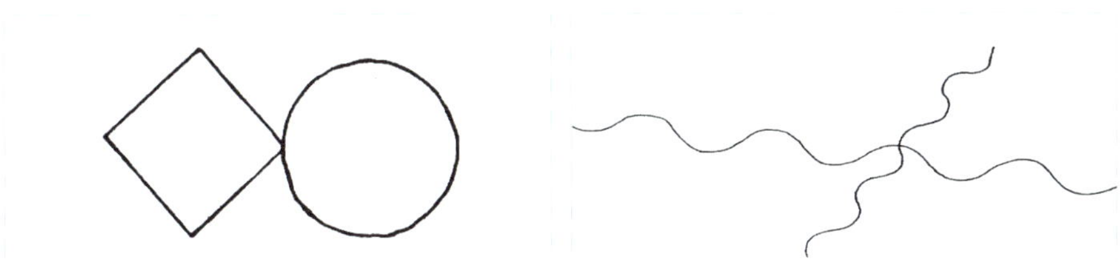

[그림 4-4] BGT 도판

BGT는 심리검사를 종합적으로 실시할 경우 검사시행 절차에서 제일 먼저 시행하는 것이 일반적이다. 이는 BGT가 수검자와 검사자 간의 래포 형성에 도움이 될 뿐아니라 수검자가 도형을 보고 이를 그대로 그리는 검사라는 점에서 수검자에게 심리적 부담도 덜하고 긴장을 해소하는 데도 효과적이기 때문이다. 검사 시행 과정에서 검사자는 수검자의 그림 그리는 방식이나 검사 행동을 잘 관찰하여 기록해 둠으로써 검사해석 시 수검자의 행동의 의미나 특징을 보충적으로 활용할 수 있다(강문희 외, 2003).

5) 문장완성검사(SCT)

문장완성검사(Sentence Completion Test; SCT)는 수검자에게 일련의 미완성 문장을 제시하고 그 문장을 완성하도록 하는 검사이다. 다른 투사법검사와 마찬가지로 수검자가 문장을 완성하는 과정에서 자신의 기본적인 동기, 태도, 갈등, 공포 등을 반영한다고 가정하고 있다. 그러나 문장완성검사는 Rorschach검사나 TAT보다 검사자극이 더 분명하고 수검자가 검사자극의 내용을 감지할 수 있도록 구성되어 있다는 점에서 차이가 있다. 따라서 다른 투사법검사보다 의식 수준의 심리적 현상이 잘 반응되는 경향이 있다. 임상실제에서 문장완성검사는 면접과정에서 잘 나타나지 않는 개인의 갈등이나 병리적 내용에 대한 정보를 제공해 줄 뿐만 아니라 다른 검사에서 나타난 역동적 내용을 확인해 주는 매우 유용한 검사이다(김영환 외, 2007).

제5장

진로이론

1·특성요인이론

2·Holland의 인성이론

3·Roe의 욕구이론

4·Krumboltz의 사회학습이론

5·Blau 등의 사회학적 이론

6·Ginzberg의 발달이론

7·Super의 발달이론

8·Tiedeman과 O'Hara의 발달이론

9·Gottfredson의 직업포부 발달이론

1 특성요인이론

특성요인이론(trait and factor theory)은 직업선택 과정을 설명하려고 제일 먼저 시도했던 이론으로 1960년대 후반까지 미국과 유럽에서 가장 유명하게 받아들여진 이론이며, 우리나라에서는 1970년대 말까지 많이 인용되었던 전통적인 진로이론이다. 이 이론은 Parsons(1909)에 의해 제시되어 Williamson(1939)에 의해 정교화 되었다.

특성요인이론에서는 개인의 흥미, 능력 또는 직업에서 요구되는 특성과 관련된 개인의 특성에 초점을 맞추고 있는데, 이러한 개인의 특성은 청소년기 후기 이후에도 좀처럼 변하지 않은 흥미, 능력, 성격과 같은 안정적인 특징을 가지고 있다고 가정한다. 따라서 개인이 가지고 있는 특성을 심리검사 등과 같은 객관적인 수단으로 밝히고, 각 직업에서 요구되는 제 요인을 분석하여 각 개인이 자신의 특성에 적합한 직업을 선택하도록 해야 한다고 주장한다.

Parsons(1909)는 직업선택과 관련된 세 가지 주요 요인을 다음과 같이 제시하고 있다.

1 자기 자신에 대한 명확한 이해

: 자신의 흥미, 능력, 적성 등에 대한 이해

2 직업에 대한 지식

: 여러 직업에 대한 자격요건, 근무환경, 장·단점, 보수, 취업기회 등

3 개인의 특성과 직업 간의 연계

: 개인의 특성에 관한 자료와 직업에 관한 자료를 중심으로 직업 선택

따라서 특성-요인이론에 의한 진로지도에서는 개인의 특성을 이해하기 위해 성격, 흥미, 적성 등과 관련된 각종 심리검사를 실시하고 이에 대한 해석을 하며,

개인이 자신의 특성에 적합한 직업을 선택할 수 있도록 하기 위해 다양하고 광범위한 직업정보를 수집하여 제공하면서 상담을 하는 일이 주된 활동이 된다. 특성요인이론에 기초한 진로상담은 Williamson(1950)에 의해 다음과 같이 구체화되었다.

1. **분석:** 개인의 특성에 관한 여러 자료를 수집한다. 표준화검사나 각종 심리검사를 통해 개인에 관한 분석자료를 수집한다.
2. **종합:** 개인의 장단점, 욕구, 문제 등을 종합적으로 분류하기 위해 앞 단계에서 수집한 자료를 조정한다.
3. **진단:** 개인의 교육적·직업적 능력과 특성을 비교하여 문제의 원인을 객관적으로 파악한다.
4. **예측:** 선택 가능한 직업에 대한 성공여부를 예측한다.
5. **상담:** 앞의 네 단계를 통해 얻어진 자료를 중심으로 내담자의 의사결정을 도와준다.
6. **추수지도:** 새로운 문제가 발생했을 때 내담자가 바람직한 행동계획을 수행할 수 있도록 계속적으로 도와준다.

한편 특성요인이론은 진로지도나 진로상담을 전개할 때 개인의 여러 가지 특성을 고려하도록 한 점, 이 이론에 의해서 강조된 표준화 검사도구와 직업세계의 분석과정은 진로상담에 매우 유용하게 활용되고 있다는 점 등은 공헌점이라 할 수 있다. 그러나 이 이론에서 중요시하는 심리검사에서 밝혀진 결과가 어떤 직업에서의 성공 여부를 정확하게 예언해 주지 못한다는 점, 직업선택을 일회적인 행위로 간주하여 장기간에 걸친 인간의 직업적 발달을 도외시하고 있다는 점, 개인의 특성과 직업 간의 관계를 기술하지만 개인의 특성이 어떻게 발달하였는지, 개인이 왜 그러한 특성을 가지게 되었는지에 대한 설명이 없다는 점 등은 이 이론의 한계점이라고 볼 수 있다.

2 Holland의 인성이론

Holland(1985)의 인성이론은 최근 진로 및 직업 상담 장면에 널리 활용되고 있다. Holland는 직업적 성격유형을 현장형(Realistic: R), 탐구형(Investigative: I), 예술형(Artistic: A), 사회형(Social: S), 진취형(Enterprising: E), 사무형(Conventional: C) 등 여섯 가지로 가정하였고, 이 여섯 가지 성격 유형의 구조적 배열을 R-I-A-S-E-C의 육각형으로 나타내었다(<그림 5-1> 참고). 이러한 Holland의 육각형 모형은 진로나 직업과 같은 환경을 특징지우는 데 이용되고 있고, 개인 및 조직의 특성을 평가하는 데 적합한 도구로 추천되고 있으며, 실제로 교육 상담, 진로 및 직업 상담 분야에 매우 유용한 도구로 적용되고 있다.

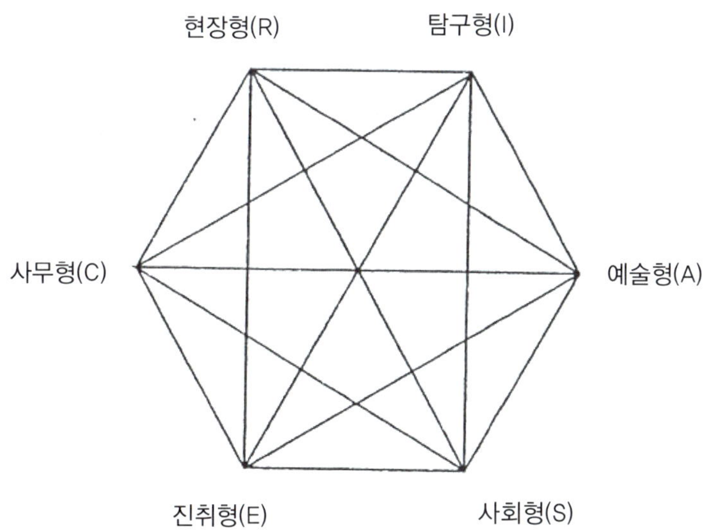

〈그림 5-1〉 Holland의 육각형(R-I-A-S-E-C) 모형

Holland 이론의 핵심적 가정은 사람들이 자신의 직업적 성격유형과 유사한 환경을 찾고, 행동은 성격유형과 환경 간의 상호작용에 의해 결정된다는 것이다. 개인의 직업적 성격유형과 직업 환경에 RIASEC 분류 체계를 이용하여 직업적 성격 유형과 직업 환경 간의 연계를 구체화하였다. 즉 사람들은 자기와 유사한 직업적 성격을 가진 사람들이 일하고 있는 직업 분야에 종사하려는 성향이 강하며, 이에 따라 사람들은 자신의 소질과 흥미, 환경 여건 등을 고려하여 직업을 선택하게 된다는 것이다.

Holland에 따르면 개인의 유형과 직업 환경의 유형은 직업 만족에 중요한 요인이다. Holland의 이론에서는 직업과 관련하여 다음과 같이 가정한다(Holland, 1997에서 재인용).

1. 대부분의 사람들은 여섯 가지 성격유형, 즉 현장형(R), 탐구형(I), 예술형(A), 사회형(S), 진취형(E), 사무형(C) 중 어느 하나로 분류될 수 있다. 각 성격유형은 동료, 생물학적 유전, 부모, 사회계층, 문화, 물리적 환경을 포함한 개인적인 요인과 다양한 문화 간의 상호작용에 의한 결과이다. 사회생활과 경험을 통해 사람들은 특정 대상이나 행동을 선호하는 것을 학습하게 된다. 그리고 선호활동은 강한 흥미를 형성하게 되고, 강한 흥미는 특수한 능력을 발달시킨다. 이러한 과정을 통해 형성된 흥미와 능력으로 인해 개인 특유의 관심분야와 기질이 형성되어 독특한 방식으로 생각하고 지각하며 행동하게 된다.
2. 대부분의 환경 또한 여섯 가지 환경, 즉 현장적(R), 탐구적(I), 예술적(A), 사회적(S), 진취적(E), 사무적(C) 환경으로 분류될 수 있다. 각 환경은 주어진 성격 유형에 의해 결정되며, 환경은 특정 문제와 기회를 포함한 물리적인 환경에 의해 특징지워진다. 예를 들면 현장적(R) 환경은 현장형(R) 성격유형의 사람들에 의해 지배된다. 즉 현장적(R) 환경에 있는 대다수의 사람들은 현장형(R) 성격유형과 유사하다. 그리고 사무적(C) 환경은 사무형(C)의 사람들에 의해 지배된다.
3. 사람들은 자신의 기술과 능력을 발휘할 수 있고, 자신의 태도와 가치를

표현할 수 있으며, 자신에게 적합한 역할을 수행할 수 있는 환경을 추구한다. 현장형(R) 성격유형을 가진 사람은 현장적(R) 환경을 찾으려 하고, 사회형(S) 성격 유형을 가진 사람은 사회적(S) 환경을 찾으려고 한다. 즉 사람들은 자신의 성격 유형에 따라 환경을 찾는다. 자신에게 맞는 환경을 찾고자 하는 사람들은 다양한 방법으로 다양한 지각 수준에서 오랜 기간 동안 환경을 탐색한다. 성격 유형은 사람들이 그들의 문화 속에서 성장해 오면서 익힌 익숙한 방법으로 정해진다. 뿐만 아니라 성격 유형은 개인이 발달해 오면서 갖게 된 자신의 목표, 직업 선택 및 변화를 일으켜 온 과정을 설명해 주기도 한다.

4 개인의 행동은 그 사람의 성격과 환경의 상호작용에 의해 결정된다. 만약 어떤 사람의 성격 유형과 그에 맞는 환경 패턴을 안다면, 성격유형과 환경에 관한 지식을 이용하여 이 두 요인의 조합 결과를 예측할 수 있다. 따라서 직업 선택, 직업 전환, 직업에서의 성취도, 개인능력, 교육적 행동과 사회적 행동에 관한 개인의 특징을 예측할 수 있다.

이러한 가정에 따라 Holland는 직업만족, 직업안정성은 개인의 성격과 직업환경이 일치하는 정도에 따라 좌우된다고 주장하였다. 이러한 개인의 성격과 직업환경의 일치는 보다 더 안정된 직업선택, 보다 더 높은 직업성취, 보다 더 높은 학업성취, 보다 더 나은 직업만족을 유도한다.

Holland의 이론에서는 직업 관련 성격과 흥미를 현장형(R), 탐구형(I), 예술형(A), 사회형(S), 진취형(E), 사무형(C) 등 여섯 가지 직업흥미 유형으로 분류하는데, 각 직업적 성격유형의 특징을 기술하면 다음과 같다(김정택 외, 2000).

1 현장형(실재형: Realistic)

현장형은 기계적 소질이 있는 반면에 사교 능력이 부족하고, 물질지향적·구체적·실용적이며, 기능성과 예측가능성을 선호한다. 사교 능력이 부족하다 보니 현장형 사람들은 가끔 자신에 대해서나 자신의 감정에 대해서나 자신의 감정에 관해 타인에게 말로 표현하기 어려워하기도 한다. 이 유형의 사람들은 현장에서 직접 신체적으로 하는 활동이나 기계를 조작하는 직업, 예컨대 일반적으로 공구나 기계를 다루는 업무, 현장 기술직과 관련된 직업과 관련이 있다. 현장형의 사람들이 사용하는 장비는 불도저나 크레인과 같은 중장비일 수도 있고, 엑스레이 촬영기나 현미경과 같은 정밀한 기계일 수 있다. 또한 현장형 직업은 종종 집, 기계, 도로, 다리와 구조물을 만드는 일이나 이런 구조물을 유지하는 일을 포함한다. 전반적으로 현장형은 실용성과 기능성을 중시하며, 구체성, 예측가능성, 질서정연함을 지향한다.

〈표 5-1〉 현장형의 특성

구분	현장형(Realistic)의 특성
직업적 및 비직업적 선호	- 현장적인 직업이나 상황을 선호함 - 예컨대 전기나 기계와 관련된 행동을 좋아하며 사회성이 필요한 직업이나 상황을 피하려는 경향이 있음
인생의 목표와 가치	- 전통적인 가치를 고집하는 경향이 있음 - 분명한 사실이나 실재적인 성격에 가치를 부여함 - 신념이나 행동을 좀처럼 바꾸려 하지 않는 등 폐쇄적인 신념체계와 가치체계를 갖고 있음
자기신념	- 기계적이고 기술적인 능력과 뛰어난 운동능력을 갖고 있다고 생각함 - 손이나 도구, 기계, 전기장비를 사용하여 일하기를 즐김 - 인간관계는 그다지 뛰어나지 못하며 가르치는 일과 같은 사회적인 일에 서툴다고 인식함
문제해결방법	- 명백하고 실재적이며 구조적인 전략으로 문제를 해결하는 경우가 많음 - 비판적이고 탐구적이며 창의적으로 문제를 해결하지 않으려고 함

※출처: Holland, J. L.(1997). Making vocational choices: A theory of vacational personalities and work environment(3th ed.). Odessa, FL: Psychological Assessment Resources. 안창규, 안현의(2004). 홀랜드 직업선택이론. 서울: 한국가이던스.

2 탐구형(Investigative)

과학자 직업을 가진 지적인 사람들은 대부분 이 유형이다. 탐구형은 사람보다는 아이디어를 강조하고, 추상적인 지능의 소유자이다. 사회적인 관계에는 별로 관심이 없고, 정서적인 상황에서 불화를 일으킬 수 있다. 다른 사람들이 보기에 차갑고 거리감을 느끼게 한다. 탐구형의 학력 수준은 여섯 가지 유형 중 가장 높다. 따라서 높은 지적 능력을 가지고 있는 것이 이 유형의 특징이 될 수 있다.

또한 탐구형 유형의 직업은 여섯 가지 유형 중 가장 높은 사회적 지위를 차지하고 있다. 군대에 현장형이 많은 반면에, 의사, 연구원 중에는 탐구형인 경우가 많다. 탐구형은 수학, 물리학, 생물학, 사회과학과 같은 학문적 분야에서 연구하는 것을 선호한다. 추상적인 문제를 풀기 좋아하며 분석적인 생각을 선호한다. 탐구형은 주위의 간섭없이 독립적으로 일하기를 좋아하지만, 필요할 경우에는 탐구형의 사람들과 연구팀을 구성하여 함께 일하기를 선호한다.

〈표 5-2〉 탐구형의 특성

구분	탐구형(Investigative)의 특성
직업적 및 비직업적 선호	- 탐구적인 직업이나 상황을 선호함 - 예컨대 생물학자나 의사와 같은 직업을 좋아하며 사회성이 필요한 직업이나 상황을 피하려는 경향이 있음
인생의 목표와 가치	- 과학적이고 탐구적인 활동과 그 활동을 성취해 나가는 것을 가치있게 생각함 - 지적이고 논리적이며 호기심이 많은 성격을 갖고 있으면서도 독립적으로 결정할 수 있는 능력을 갖는 것에 가치를 둠
자기신념	- 수학적인 재능뿐만 아니라 과학적이고 탐구적인 능력을 갖고 있다고 생각함 - 분석적이고 호기심 많고 학문적인 사람으로 스스로 평가하며 관심분야가 넓다고 생각함 - 타인을 설득하는 것을 어려워함
문제해결방법	- 탐구적인 신념이나 능력 또는 가치를 사용하여 문제를 해결하고자 함 - 생각하고 정보를 수집하며 객관적인 자료를 통해 분석하는 학문적인 과정을 신뢰함 - 인간의 감정이나 사회적 환경에 그다지 관심을 기울이지 않음

※출처: Holland, J. L.(1997). Making vocational choices: A theory of vacational personalities and work environment(3th ed.). Odessa, FL: Psychological Assessment Resources. 안창규, 안현의(2004). 홀랜드 직업선택이론. 서울: 한국가이던스.

3 예술형(Artistic)

예술형의 사람들은 창의성을 지향하며, 아이디어와 재료를 사용해서 자신을 새로운 방식으로 표현하는 작업을 한다. 예술형의 직업은 예술형의 사람들의 분포에 비해 상대적으로 적은 편이다. 예술가 유형의 사회적 지위는 중간 정도에서 높은 정도까지, 그리고 학력 수준은 여섯 가지 유형 중에서 두 번째로 높다. 예술형의 사람들은 자신을 표현할 수 있는 기회를 좋아하고 작가나 음악가, 연극인과 같은 예술적인 창의성을 가지고 있다. 이 유형의 사람들은 매우 구조화된 상황이나 틀에 박힌 환경을 좋아하지 않는 경향이 있다. 직관적이며 상상력이 풍부하고 창조적이며, 예술적인 재능과 심미적 성향을 발휘하는 일을 선호한다. 미술, 문학, 음악, 드라마 작품을 창작하는 직업과 관련이 있다. 예술형은 혼자 일하는 것을 좋아한다는 점에서 탐구형과 유사하지만, 탐구형 직업의 사람들보다는 자기표현에 대한 열망이 더 강하며 감성적이고 민감하다.

〈표 5-3〉 예술형의 특성

구분	예술형(Artistic)의 특성
직업적 및 비직업적 선호	- 예술적인 직업이나 상황을 선호함 - 예컨대 작가나 인테리어디자이너와 같은 예술적인 일을 좋아하지만, 관습적인 직업은 피하려는 경향이 있음
인생의 목표와 가치	- 심미적인 활동이나 성취를 중요한 가치로 생각함 - 상상력과 용기가 필요한 일을 하려는 특성을 갖고 있음 - 6가지 유형 중에서 가장 개방적인 신념체계를 갖고 있음 - 감정이나 생각 또는 기타 다른 현상에 대해 가장 수용적임
자기신념	- 표현력이 뛰어나고 개방적이며 창의적이고 직감적이며 자유롭고 비순응적이며 내향적이고 독립적이며 복잡한 사람으로 자신을 생각함 - 뛰어나 음악능력, 미술능력, 연기력, 집필력, 언어구사능력과 같은 능력을 갖고 있는 사람으로 자신을 평가함 - 자신의 능력과 특성을 살릴 수 있는 활동을 즐겨 하지만, 정교하고 분명하게 일을 처리하는 것을 힘들어 함
문제해결방법	- 예술적인 신념이나 능력 또는 가치를 사용하여 문제를 해결하고자 함 - 직감이나 표현력, 창의성과 같은 예술적인 재능과 성격특성을 통해 문제를 해결함

※출처: Holland, J. L.(1997). Making vocational choices: A theory of vacational personalities and work environment(3th ed.). Odessa, FL: Psychological Assessment Resources.
안창규, 안현의(2004). 홀랜드 직업선택이론. 서울: 한국가이던스.

4 사회형(Social)

사회형은 다른 사람들과 협력하여 일하는 것을 좋아하고 다른 사람들의 복지에 많은 관심을 갖고 있으며 교육하는 것을 선호한다. 대체로 협동적이며 친절하고 휴머니스트이며 사교성과 재치가 있는 편이다. 사회형인 사람들은 다른 사람들과 상호작용하는 것이 필요한 환경, 즉 사람들을 교육하거나 치료하는 직업 또는 사람들을 돕는 일에 관심이 있다. 대인관계와 관련된 일을 좋아하므로 사회형은 대인관계 기술이 좋을 뿐만 아니라 심리적으로 의존적인 사람들이다. 양육과 지원을 하되 리더십을 발휘하지 않는 것이 이 유형의 전형적인 특성이고 부드러운 사람이라는 평을 받는 경우가 많다. 사회형에게는 외적인 보상보다는 다른 사람을 육성하고 후원하고, 미래 세대의 형성에 도움을 주며, 문화적 규범을 전달할 수 있다는 내재적 가치와 중요성이 더 중요한 의미를 갖는다. 사회형과 연관된 직업은 다른 사람들과 어울려 일하는 것, 다른 사람을 돕는 것, 돌보고 이끌고 계도하는 것, 교육시키는 것과 관련이 있다. 사회형 업무는 다른 사람들에게 무엇인가를 설명하고, 다른 사람들을 즐겁게 해주고, 어려움을 겪는 사람들이 문제를 해결하도록 돕고, 자선사업을 주선하고, 사람들 간의 이견을 좁혀 주는 것 등이 포함된다.

〈표 5-4〉 사회형의 특성

구분	사회형(Social)의 특성
직업적 및 비직업적 선호	- 사회적인 직업이나 상황을 선호함 - 예컨대 교사나 상담가와 같이 사회성이 필요한 일을 좋아하지만, 현장적인 직업이나 상황은 피하려는 경향이 있음
인생의 목표와 가치	- 사회적이고 윤리적인 활동이나 성취를 중요한 가치로 생각함 - 논리적이고 지적이며 자극적인 일은 좋아하지 않음 - 자유로운 목표와 가치를 갖고 있음
자기신념	- 다른 사람을 돕기를 좋아하고 이해심이 많으며 가르치는 능력이나 사회적인 기술을 갖고 있는 사람으로 자신을 생각함 - 기계적이고 과학적인 능력은 부족하다고 생각함
문제해결방법	- 사회적인 신념이나 가치를 사용하여 문제를 해결하고자 함 - 사회적인 맥락에서 문제를 인식하고 인간관계 속에서 문제를 해결함

※출처: Holland, J. L.(1997). Making vocational choices: A theory of vacational personalities and work environment(3th ed.). Odessa, FL: Psychological Assessment Resources.
안창규, 안현의(2004). 홀랜드 직업선택이론. 서울: 한국가이던스.

5 진취형(설득형: Enterprising)

진취형은 물질이나 아이디어보다는 사람에 관심을 가지고 있다. 기업가적인 기질이 강한 진취형은 특정 목표의 달성을 위해 타인을 통제하고 지배하는데 관심이 있다. 진취형은 자신의 목표를 성취하기 위해 여러 사람들의 일을 조정하는 데 능숙한 편이다. 남보다 앞서 나가기를 좋아하며, 직장의 위계 구조에서 책임을 지는 직위에 올라가려고 한다. 과제를 성취하려고 골몰하는 것이 진취형의 본질적인 특징인데, 대개는 잘 정의되고, 모호하지 않는 목표를 선호한다. 따라서 지나치게 단순한 과제나 희망이 없는 과제는 이들을 동기화 시키지 못한다. 진취형은 각 개인의 지위와 위치가 분명하고, 권위나 권력의 위계가 잘 구조화된 체계에서 편안하게 일을 한다. 진취형은 개인이나 조직의 목적을 위해 다른 사람들을 지도, 통제 및 설득하는 곳에서의 활동을 선호한다. 판매업이나 정치, 혹은 매매업처럼 개인이나 조직의 목적 달성을 위해 다른 사람들을 설득하고 조정하는 직업과 관련이 있다. 진취형 직업은 다른 사람이 나와 같은 견해를 갖도록 설득하는 일과 관련이 있는 경우가 많다.

〈표 5-5〉 진취형의 특성

구분	진취형(Enterprising)의 특성
직업적 및 비직업적 선호	- 진취적 직업이나 상황을 선호함 - 예컨대 판매원이나 경영인과 같은 사람이 되고 싶어 하지만, 탐구적인 직업이나 상황은 싫어함
인생의 목표와 가치	- 타인을 통제할 수 있는 능력을 가치롭게 생각하지만, 남을 돕는 일은 잘 수행하지 못함 - 기업이나 지역사회의 지도자나 대중적인 업무를 함에 있어서 영향력을 미칠 수 있는 사람이 되고 싶어함
자기신념	- 대중적이며 자기효능감이 높고 사회성이 있는 사람으로 자신을 생각함 - 스스로 가장 만족할 수 있는 지위에 도달하고자 하기 때문에 남에게 전혀 영향을 줄 수 없는 일은 좋아하지 않음
문제해결방법	- 진취적인 신념이나 능력 또는 가치를 사용하여 문제를 해결하고자 함 - 진취적인 맥락에서 문제를 인식하고 사회에 영향을 줄 수 있는 자신을 통해 문제를 해결함

※출처: Holland, J. L.(1997). Making vocational choices: A theory of vacational personalities and work environment(3th ed.). Odessa, FL: Psychological Assessment Resources. 안창규, 안현의(2004). 홀랜드 직업선택이론. 서울: 한국가이던스.

6 사무형(관습형: Conventional)

이 유형은 일반적으로 잘 짜여진 구조에서 일을 잘하고, 세밀하고 꼼꼼한 일에 능숙하며, 정확하고 수리적인 과제를 잘 처리해낼 수 있다. 사무형은 일의 목표나 수단이 명백하게 제시되는 구조화된 상황에서 가장 일을 잘한다. 즉 그들은 자신에게 기대되는 것이 무엇인지, 자신에게 정해진 일이 무엇인지 정확히 알고 싶어 한다. 고정되어 있어 변화가 별로 없는 상태를 선호하며 체계적이고 인내심이 있다. 사무직처럼 세부적이고 질서정연하며, 자료의 체계적인 정리와 같은 업무와 관련된 직업을 선호한다. 사무형은 자신에게 맡겨진 일을 묵묵히 수행해 나가는 것을 좋아하며, 규칙적인 업무 시간과 편안하게 실내에서 하는 일을 선호한다. 사무형은 대기업 같은 큰 조직에 잘 적응하지만, 조직 내에서 리더십을 발휘하기 보다는 잘 조직화된 명령 체계 아래에서 일하기를 좋아한다.

〈표 5-6〉 사무형의 특성

구분	사무형(Conventional)의 특성
직업적 및 비직업적 선호	- 사무적인 직업이나 상황을 선호함 - 예컨대 은행원과 같은 사람이 되고 싶어 하지만, 예술적인 능력을 요구하는 직업은 피하려고 함
인생의 목표와 가치	- 사업이나 경제와 관련된 활동이나 그것을 성취하는 것을 중요한 가치로 생각함 - 체계적인 조직 안에서 일하는 것을 원함 - 상상력을 요하는 일이나 예술적인 활동 또는 대인관계능력을 요하는 활동은 그다지 가치가 없다고 생각함 - 비교적 폐쇄적인 가치체계를 갖고 있음
자기신념	- 사무적인 능력을 갖고 있으며 질서정연한 것을 좋아하는 사람으로 자신을 생각함 - 사업에 관한 능력은 아주 높은 반면에 예술적인 능력은 매우 낮음 - 기록하고 계산하는 일을 즐겨 하지만 시를 쓰거나 남을 설득하는 일에 종사하는 것은 싫어함
문제해결방법	- 사무적인 신념이나 능력 또는 가치를 사용하여 문제를 해결하고자 함 - 실제적으로 문제를 해결할 수 있는 방법을 찾아 논리정연하게 해결계획을 세움

※출처: Holland, J. L.(1997). Making vocational choices: A theory of vacational personalities and work environment(3th ed.). Odessa, FL: Psychological Assessment Resources.
안창규, 안현의(2004). 홀랜드 직업선택이론. 서울: 한국가이던스.

3 Roe의 욕구이론

Roe(1956)는 다양한 직업에 종사하는 사람들 사이에 명확한 성격 차이가 있으며, 이러한 성격 차이는 인생 초기 부모와 자녀의 관계에 기인한다고 주장하였다. 즉 부모와 자녀 간의 상호작용에서 발달되는 심리적 욕구(psychological needs)의 충족에 따라 사람들마다 성격의 차이를 가져오고, 이것이 직업선택에 반영된다는 것이다. Roe는 부모의 양육태도, 즉 부모와 자녀 간의 상호작용을 다음과 같이 세 유형으로 분류하였고, 다시 각 유형을 두 개의 하위 유형으로 분류하였다.

1 정서집중형(emotional concentration on the child)

자녀에 대한 정서집중형의 양육태도에는 두 가지 유형이 있다. 하나는 과보호형(overprotective)이며, 다른 하나는 과요구형(overdemanding)이다. 과보호형 부모는 아동들에게 의존심을 키워주며, 호기심과 탐색을 제한한다. 과요구형 부모는 아동들에게 완벽하기를 바라고, 뛰어난 수행을 요구하며, 행동의 높은 기준을 설정한다.

2 회피형(avoidance of the child)

자녀에 대한 회피형 양육태도에는 거부형과 방임형이 있다. 거부형 부모는 아동에게 비판을 하거나 처벌을 하며, 사랑과 애정을 주지 않는다. 방임형 부모는 자신의 문제 혹은 직장 문제 등 여러 이유를 들면서 아동을 무시한다.

3 수용형(acceptance of the child)

자녀에 대한 수용형 부모는 의존심보다 독립심을 키워주며, 긴장감 없는 편안한 환경을 만들면서 자신의 아동을 거부하거나 무시하지 않는다. 이러한 수용형 양육태도에는 무관심형과 애정형이 있다. 무관심형 부모는 자녀를 수용하기는 하지만 감정을 잘 내색하지 않으면서 아동에게 최소한의 사랑과 애정을 준다. 반면에 애정형 부모는 아동에 대해 온정적인 양육태도를 보이며, 자녀의 요구에 민감하고 독립심을 길러준다.

Roe에 따르면 위에서 설명한 부모의 양육태도에 따라 아동은 특정 유형의 성격을 형성하게 된다. 과보호형이나 과요구형 가정에서 성장한 아동들은 자기 중심적인 성격이 되기 쉽다. 거부형 가정에서 자란 아동들은 인간지향적(person-oriented)이라기보다 비인간지향적(nonperson-oriented) 태도가 발달되기 쉽다. 이들은 공격적이거나 방어적일 수 있으며, 사람들과 함께 하는 것보다 데이터나 사물을 가지고 작업하는 것을 선호할 수 있다. 반면 애정형 부모의 양육태도에서 성장한 아동들은 공격적이지도 않고 방어적이지도 않으며, 데이터나 사물보다 사람들에 관심을 갖는다. Roe는 이와 같은 인간지향적 태도나 비인간지향적 태도를 8가지 직업군(occupational groups)의 일반적 패턴과 관련지었다.

Roe에 따르면 개인은 부모가 자녀를 양육하는 방식에 따라 인간지향적 태도나 비인간지향적 태도를 형성하게 되고, 나아가서는 이것이 개인의 직업선택에 영향을 준다고 주장하였다. 예를 들면 사회서비스직에 종사하는 사람들은 주로 자신이나 타인들에 대해 지향할 것으로 예측된다. 이들은 과보호형 부모 밑에서 양육되었거나 애정형 부모 밑에서 양육되었을 수 있다. 이와는 반대로 과학직을 선택한 사람들은 사람들보다 데이터나 사물을 선호할 것으로 예측되며, 거부형이나 방임형의 양육태도를 가진 부모 밑에서 자랐을 수 있다.

〈표 5-7〉 Roe의 직업분류체계

직업군	직업수준
Ⅰ. 서비스직(service)	1. 고급전문관리직 (professional and manageria 1)
Ⅱ. 비즈니스직(business contact)	2. 중급전문관리직 (professional and manageria 2)
Ⅲ. 단체직(organization)	3. 준전문관리직 (semiprofessional and small business)
Ⅳ. 기술직(technology)	4. 숙련직(skilled)
Ⅴ. 옥외활동직(outdoor)	5. 준숙련직(semiskilled)
Ⅵ. 과학직(science)	6. 비숙련직(unskilled)
Ⅶ. 일반문화직(general culture)	
Ⅷ. 예능직(arts and entertainment)	

Roe는 자신의 이론을 구축하기 위해 <표 5-7>과 같이 직업분류체계(occupational classification system)를 개발함으로써 부모-아동의 관계를 구체적 직업집단과 관련지을 수 있었다. 그는 직업을 8개의 직업군으로 나눈 다음, 각 직업에서 요구되는 책임, 역량, 기술의 정도에 따라 6개의 수준을 설정하여 위와 같은 8×6의 구조를 만들어 기존의 직업분류체계와는 다른 새로운 직업분류체계를 개발했다(Roe & Lunneborg, 1990). 8개의 직업군은 직업내용에 따라 인간지향적 직업군과 비인간지향적 직업군으로 구분된다. 즉 서비스직, 비즈니스직, 단체직, 일반문화직, 예능직은 인간지향적 직업군으로, 그리고 기술직, 옥외활동직, 과학직은 비인간지향적 직업군으로 분류된다. 또한 직업수준은 특정 직업과 관련하여 직무의 곤란도와 책임 정도에 따라 세분화된다. 이와 같은 Roe의 새로운 직업분류체계는 그 이후 직업선호도검사, 직업흥미검사, 직업명사전 개발에 영향을 주었다.

4 Krumboltz의 사회학습이론

Krumboltz는 진로의사결정과 관련하여 사회학습이론을 제안하였다(Krumboltz, Mitchell, & Gelatt, 1975; Mitchell & Krumboltz, 1990). 이 이론은 Bandura의 사회학습이론을 발전시킨 이론으로서 개인의 학습경험, 특히 모델에 대한 관찰과 직접적인 경험을 통한 학습은 개인의 진로 및 직업 결정에 직접 영향을 미친다고 주장한다. 즉 개인의 진로의사결정은 그 개인이 학습한 결과라고 보는 것이다.

개인이 소유하고 있는 개인적 성격과 행동적 레퍼토리는 선천적인 발달과정이나 심리과정보다는 주로 그 개인의 독특한 학습경험에서 나온 것이다. 이 학습경험은 긍정적인 강화 사건과 부정적인 강화 사건에 대한 인지적 분석으로 구성되어 있다. 이러한 사회학습이론에서는 인간을 환경적인 조건에 의해 통제되는 수동적인 유기체가 아니라, 오히려 자신이 받은 강화를 이해하려고 노력하고 자신의 목적과 욕구를 충족시키기 위해 자신의 환경을 통제할 수 있는 지적이고 문제해결을 할 수 있는 존재라고 생각한다(Mitchell & Krumboltz, 1990).

Krumboltz의 사회학습이론은 진로의사결정에 영향을 미치는 요인으로 다음 네 가지, 즉 유전적 요인, 환경적 조건과 사건, 학습경험, 과제접근 기술이 관련되어 있다고 본다. 진로발달에 관한 다른 이론에서는 유전적 요인과 환경적 조건에 관심을 두지만, 사회학습이론에서는 다른 이론에서 강조하지 않았던 학습경험과 과제접근 기술의 중요성을 강조한다. 진로의사결정의 네 가지 기본적 요인은 다음과 같다.

1 유전적 요인

유전적 요인은 학습된 것이 아니라 개인이 선천적으로 타고난 특성을 의미한다. 여기에는 신체적 용모(예, 키, 머리색깔, 피부색깔 등), 신체적 질병 경향(체질) 등이 포함된다. 게다가 어떤 개인들은 예술, 음악, 문학, 운동 등에 특별한 능력을 가지고 태어난다. 일반적으로 개인의 타고난 유전적 능력이 크면 클수록 그 개인이 학습과 교수에 보다 잘 반응하기 쉽다. 예를 들면, 음치와 같이 제한된 음악 능력을 가지고 있는 사람은 음악 수업에 잘 반응하기 어렵다. 특정 능력이 얼마나 많이 타고나느냐, 혹은 얼마나 많이 학습되느냐 하는 문제는 어려운 문제이다. 사회학습이론에서는 이 문제에 대해 직접적으로 다루지 않으며, 그보다는 기술과 능력의 학습에 초점을 둔다.

2 환경적 조건과 사건

매우 광범위한 조건이 개인에게 영향을 미친다. 이 요인들은 일반적으로 개인이 통제할 수 없는 것으로서 사회적, 문화적, 정치적, 경제적 조건과 관련되어 있다. 기후나 지리와 같은 요인들 또한 개인에게 중요한 방식으로 영향을 미친다. 오염된 환경이나 지진이 일어나기 쉬운 환경, 혹은 매우 추운 날씨에서 생활하는 것은 개인의 진로선택에 영향을 미친다. Krumboltz는 개인의 진로의사결정에 영향을 미치는 이러한 환경적 조건과 사건에 대해 사회적 요인, 교육적 조건, 직업적 조건으로 분류하여 설명하였다.

• 사회적 요인

사회의 변화는 진로의 선택에 큰 영향을 미친다. 예를 들면 의학의 발달, 수송의 발달 등과 같은 기술적 개선은 새로운 직업을 만들어낸다. 사회안전체제로서 군 인력 및 사회복지 프로그램과 같은 사회정책은 그에 적합한 인력을 필요로 하게 되며, 이는 개인의 진로 선택에 영향을 미치며, 이에 따라 새로운 직업이 창출되기도 한다. 이러한 사회적 조건은 또한 교육적 자원의 수요에 영향을 미친다.

• 교육적 조건

교육의 활용가능성은 사회적·개인적 요인에 의해 영향을 받는다. 예를 들면 부모가 고등교육에 어느 정도의 가치를 두고 있으며 재정적 지원을 해 줄 능력을 가지고 있느냐에 따라 교육적 조건은 달라질 수 있다. 게다가 교육의 기회는 다양하다. 대학교, 기술학교, 군대는 기회의 다양성을 제공한다. 어떤 진로나 직업을 수행하는 데 필요한 교육을 획득할 능력은 직업적 조건 중 하나이다.

• 직업적 조건

개인이 통제할 수 없는 직업과 직업시장에 영향을 미치는 수많은 요인이 있다. 가장 중요한 요인 중 하나는 직업 기회의 수와 내용이다. 벌목이나 어업 등과 같은 직업은 지리적 조건에 의해 제한된다는 면에서 계절에 의해 영향을 받을 수 있고, 또한 직업은 변화하는 경제적 조건에 의해 영향을 받을 수도 있다. 교육적 요구는 다양하다. 즉 어떤 직업에서는 자격증, 면허증이나 대학학위증 등을 요구할 수 있다. 어떤 직업에서는 그 직업을 수행하는 데 반드시 필요하지 않을 수 있는 대학학위증이나 이수증을 요구할 수도 있다. 게다가 직업의 봉급과 지위는 공급, 수요, 문화적 가치에 따라 다양하다.

3 학습경험

어떤 개인의 진로선호는 자신이 이전의 학습경험 결과이다. 사람들은 결국에 자신의 진로결정에 영향을 미칠 수많은 이전의 학습경험을 가질 수 있다. 사람들마다 경험의 다양성이 매우 크기 때문에 각 개인의 학습경험은 다른 사람의 학습경험과 매우 다르다. 학습경험의 두 가지 기본적 유형인 도구적 학습경험과 연상적 학습경험은 진로선택에 중요하다.

• 도구적 학습경험

도구적 학습경험은 세 가지 요소, 즉 선행사건(antecedents), 행동(behaviors), 결과(consequence)로 구성되어 있다. 선행사건은 유전적 요인, 특별한 능력, 환경적 조건과 사건, 과제 혹은 문제를 포함하는 여러 유형의 조건을 의미한다. 사람들은 행동으로 선행사건에 반응한다. 행동은 다른 것들에 영향을 미칠 수도 그렇지 않을 수도 있다. 아마도 도구적 학습경험을 이해하기 위한 핵심은 개인의 행동에 초점을 맞추는 것이다. 도구적 학습경험의 예로는 시험 치루기, 시험 준비를 위해 공부하기, 직업에 대해 읽기, 혹은 자신의 직업에 대해 다른 사람과 이야기하기를 포함한다. 만약 행동의 결과가 긍정적이라면 개인은 그 행동 혹은 유사한 행동을 더 잘 반복하기 쉽다. 예를 들어, 만약 어떤 사람이 시험에서 A학점을 받는다면 그 사람은 낮은 성적을 받을 때보다 더 잘 계속해서 공부하기 쉽다.

• 연상적 학습경험

연상적 학습경험은 이전에 중립적이었던 상황을 긍정적이거나 부정적인 상황과 연결시킬 때 일어난다. 두가지 유형의 연상적 학습경험은 관찰적 조건화와 고전적 조건화이다. 고전적 조건화는 어떤 사건이 한 범주의 경험으로 일반화될 때 일어나는 연상적 학습경험이다. 예를 들면, 엘리베이터에서 한시간 동안 갇혀 있었던 사람은 모든 엘리베이터에 대해 공포를 가질 수 있다. 그 후에 안전하고 문제없는 엘리베이터에 탑승하는 것은 공포를 변화시키는 데 도움이 될 수 있으며, 엘리베이터에 대한 이전의 중립적인 연상으로 돌아갈 수 있다. 또 하나의 연상적 학습은 타인, 예를 들어 부모, 교사, 연예인, 운동선수에 대한 관찰을 통해 일어날 수 있다. 보다 수동적인 연상적 경험은 읽기와 듣기를 통해 일어난다. 직업과 관련된 정보를 읽고, 직업에 대해 토론하는 것을 듣는 것은 직업정보를 학습하는 방법이다. 직업에 대한 고정관념은 강력한 연상적 경험으로부터 개발될 수 있다. 예를 들면 어떤 아동이 "치과의사는 사람들에게 고통을 주기를 좋아한다" 혹은 "은행원은 돈을 훔치고 싶어한다"는 이야기를 듣는다면 부정확한 정보가 학습될 수 있다.

4 과제접근 기술

개인이 과제에 어떻게 접근하는지를 이해하는 것은 진로의사결정에 중요하다. 과제접근기술로는 목표 수립, 가치 명료화, 대안 생성, 직업정보 수집이 있다. 유전적 요인, 환경적 조건, 학습경험 간의 상호작용은 다양한 과제를 수행하는 기술을 이끌 수 있다. 어떤 사람의 학습기술, 작업습관, 학습방식, 감정반응방식은 유전적 특성, 특별한 능력, 환경적 조건, 도구적·연상적 학습경험의 결과인 것이다. 개인이 과제에 어떻게 접근하느냐 하는 것은 이전의 경험에 달려 있고 과제수행 결과에 영향을 미친다. 예를 들면 어떤 개인이 불어숙제를 어떻게 수행하느냐 하는 것은 자신의 타고난 능력, 불어를 학습했던 방식, 선행학습 정도에 달려 있다. 불어시험을 어떻게 준비하느냐와 관련된 이 요인들은 시험결과에 영향을 미칠 것이다. 어떤 과제기술들은 진로의사결정에 특히 중요하다. 이 기술들은 목표의 수립, 가치의 명료화, 미래 사건의 예측, 대안 생성, 직업정보 탐색을 포함한다. 이러한 과제접근 기술의 발달은 진로의사결정에 대한 Krumboltz의 사회학습이론에서 주요 강조점이다.

다음은 내담자가 새로운 기술을 학습하고 잘못된 신념을 수정하도록 도와주는 행동적 및 인지적 기법을 소개하고자 한다.

1 행동적 기법

행동적 기법으로는 강화, 역할모델의 활용, 역할연기 등이 있다.

• 강화(reinforcement)

강화는 진로의사결정 상담의 모든 측면에서 적용할 수 있는 가장 중요한 기법이다. 사람들은 자신의 행동에 대해 정적으로 강화를 받는다. 어떤 행동에 대해 정적 강화로서 보상을 받는다면 사람들은 보상을 받지 않았을 때보다 그 행동을 계속해서 보다 많이 수행하기 쉽다. 이러한 정적 강화의 경험은 누적적이며, 또한 개인 자신의 능력, 흥미, 가치에 대한 관찰에도 영향을 준다. 내담자들은 상담자의 전문성을 높이 평가하기 때문에 그들에게 도움을 요청한다. 따라서 상담자의 정적 강화는 내담자의 친구나 지인의 강화보다 더 가치가 있다.

• 역할모델(role model)

역할모델을 활용함으로써 내담자들은 가치가 있는 연상적 학습을 경험할 수 있다. 상담자는 내담자에게 직접 역할모델로 행동함으로써, 혹은 역할모델을 제공함으로써 도움을 줄 수 있다. 즉 진로문제를 다루는 적절한 방법을 설명함에 있어서 상담자는 내담자를 위해 역할모델이 될 수 있으며, 진로관련 의사결정을 하는 사람과 관련된 오디오테이프나 비디오테이프를 활용함으로써 내담자들에게 다른 역할모델을 제공할 수 있다. 진로와 관련한 집단 상담에서 상담자는 진로발달에 대해 논의하기 위해 취업된 사람이나 최근의 졸업자를 초대할 수 있다. 어떤 직업에 종사하는 사람에 관한 오디오테이프나 비디오테이프를 활용하는 것은 유용할 수 있다.

• 역할연기(role-playing)

역할연기에서 몇 가지 방법은 내담자들이 새로운 행동을 학습하는 데 도움이 될 수 있다. 상담자는 내담자의 역할을 수행하고, 내담자는 또다른 사람의 역할을 수행할 수 있다. 역할연기 후에 정보를 효과적으로 요구하고 질문에 효과적으로 대답하는 데 사용했던 상담자의 방법에 대해 내담자의 피드백을 요청할 수 있다. 역할연기 동안에 오디오테이프와 비디오테이프를 활용하는 것은 효과적인 방법이 될 수 있다. 내담자와 상담자는 그 행동을 관찰하고 내담자의 강점에 대해 논의할 수 있다.

2 인지적 기법

인지적 기법으로는 목표명료화, 고질적 신념 제거, 인지적 시연이 있다.

• 목표명료화(goal clarification)

Krumboltz(1996)에 따르면 사람들이 여러 가지 진로문제에 적용하는 데 필요한 기술을 학습하기 위해서는 목표를 분명히 하고 명료화하는 것이 중요하다. 즉 상담자는 목표를 명료화함으로써 내담자와 상담자가 어떤 문제에 대해 탐색할지, 어떤 선택을 할지, 그리고 학습해야 할 기술은 무엇인지에 대해 합의할 수 있다. 간혹 내담자들은 자신이 무엇을 할지를 상담자가 자신에게 이야기해 줄 것이라고 기대한다. 상담자는 목표를 다시 진술하고 이에 따라 상담자와 내담자는 서로 동의할 수 있는 목표에 이를 수 있다.

- 고질적 신념 제거(counter a troublesome belief)

내담자들은 간혹 진로탐색에서 부적절하거나 방해할 수 있는 고질적 신념을 가질 수 있다. 예를 들면, 내담자는 "직업을 갖기 위해서는 누군가를 알고 있어야 한다"고 말하는 경우가 있다. 어떤 직업에서 아는 사람이 없이도 직업을 가질 수 있는 다른 방법이 있다. 또 다른 고질적인 신념은 자신에 대한 생각일 수 있다. 예를 들면, 내담자는 "나는 의과대학에 진학할 만큼 머리가 좋지 않다"고 말하는 경우가 있다. 이에 대해 상담자는 그러한 신념에 대한 증거를 요구할 수 있다. 즉 상담자는 "당신이 의과대학에 지원하는 다른 지원자들과 경쟁할 수 없다는 이유가 반드시 당신이 머리가 좋지 않다는 것을 의미하지 않는다. 그 이유가 아니라 당신의 학점이 좋지 않기 때문일 수 있다"고 내담자에게 이야기할 수 있다.

- 인지적 시연(cognitive rehearsal)

사람들은 자신에 대해 갖고 있는 부정적인 생각 대신에 긍정적인 진술을 하도록 연습할 필요가 있다. 사람들은 종종 긍정적인 피드백보다는 부정적인 비판에 초점을 맞추는 경향이 있다. 다른 사람들에 대한 부정적 비판은 다시 자신에 대한 부정적인 신념으로 변하기도 한다. 인지적으로 부정적인 진술 대신에 긍정적인 진술을 연습하는 것은 내담자에게 매우 도움이 된다.

5 Blau 등의 사회학적 이론

사회학적 이론(sociological theories)은 인간의 행동을 설명하는데 있어서 사회적 요인을 중요시한다. 즉 개인을 둘러싼 사회·문화적 환경이 개인의 행동에 영향을 미친다는 사회학의 관점을 중시하고, 이를 진로발달의 개념에 적용하고 있다. 이 이론의 대표적인 학자로는 Blau(1956), Miller와 Form(1951) 등이 있다. 이들에 따르면 가정, 학교, 지역사회 등의 사회적 요인이 개인의 직업선택과 발달에 영향을 미친다는 것이다.

개인이 속해 있는 사회계층은 개인의 직업적 야망에 지대한 영향을 미친다. 이러한 현상은 사회계층 그 자체에 의한 것이 아니라 사회계층에 따라 그 속에서 생활하고 있는 대다수의 사회적 반응, 교육받은 정도, 직업적 야망, 일반지능 수준 등을 결정하는 독특한 심리적 환경을 조성하게 되는데, 이것이 결과적으로 직업선택 및 발달에 영향을 미치게 된다는 것이다. 따라서 저소득층 가정의 자녀들이 열망하는 직업과 그들이 실제로 가질 수 있으리라고 예상하는 직업 간에는 상당히 차이가 나타나게 된다. 이러한 현상은 그들의 빈약한 교육수준이나 무능력에 기인하는 수도 있지만, 더욱 근본적인 이유는 자신이 원하는 직업에 접근하는 것을 주위환경이 허용하지 않을 것이라는 생각에 기인한 것이다(김봉환 외, 2007).

이 이론에서 강조되는 진로선택에 영향을 주는 사회 환경적 요인을 제시하면 다음과 같다.

〈표 5-8〉 진로선택에 영향을 주는 사회환경적 요인

구분	요인
가 정	가정의 사회경제적 지위, 부모의 직업·지위·교육수준, 주거지역, 주거양식, 부모의 기대, 형제의 영향, 출생순위, 가정의 가치관 등
학 교	교사와의 관계, 동료와의 관계, 교사의 영향, 동료의 영향, 학교의 가치
지역사회	지역사회에서 주로 하는 일, 지역사회의 목적 및 가치관, 지역사회의 경제조건, 지역사회의 기술 변화 등

※출처: 김봉환 외(2007). 학교진로상담. 서울: 학지사.

6 Ginzberg의 발달이론

Ginzberg 등(1951)은 20세기 초기에 진로발달을 직업선택의 연속된 과정으로 이론화한 초기 선구자들이었다. 이들은 직업선택이란 오랜 시간에 걸쳐 계속하여 이루어지는 일련의 의사결정이며, 이러한 과정은 비가역적인(irreversible) 발달과정이라고 강조하였다. 이러한 측면에서 "직업선택이란 발달과정이다. 그것은 단 한 번의 결정이 아니라 계속해서 이루어지는 일련의 결정이다. 각 단계의 결정은 이전 단계뿐 아니라 다음 단계의 결정과 의미 있는 관계를 가지고 있다."고 주장하였다.

이들에 따르면 궁극적인 진로선택은 다음 네 가지 요인, 즉 개인적 가치, 정서적 요인, 교육의 양과 종류, 실제 상황적 여건의 상호작용으로 결정된다. 이러한 네 가지 요인의 상호작용으로 태도가 형성되고, 이와 같이 형성된 태도에 따라 직업선택이 결정된다. 사람들은 인생의 여러 단계에서 어떤 과제를 만나게 되는데, 그 때마다 소망(wishes)과 가능성(possibilties) 간에 타협을 계속적으로 하게 된다. 바로 이러한 이유 때문에 직업선택의 과정은 비가역적인 특성을 갖게 된다.

Ginzberg과 그의 동료들은 진로선택의 과정을 환상기, 잠정기, 현실기와 같이 세 단계로 구분하였다. 이 중 잠정기와 현실기는 다시 하위단계로 세분화된다. 즉 잠정기는 흥미, 능력, 가치, 전환의 단계로 구분되며, 현실기는 탐색, 구체화, 특정화의 단계로 나누어진다.

1 환상기(fantasy period: 6-10세))

주로 초등학교 시기에 해당하는 이 단계의 아동들은 자신의 능력이나 가능성, 현실여건을 고려하지 않고 자신이 원하면 무엇이든지 다 할 수 있다고 믿는다. 이에 따라 어떠한 부담도 없이 자기 마음대로 혹은 어떤 일이 재미있다는 이유로 특정 직업을 선택하여 그 직업에서 하는 일을 놀이 활동을 통해 표현하려고 한다.

2 잠정기(tentative period: 11–17세)

이 단계에서는 일이나 직업에 대한 자신의 흥미, 능력, 가치를 의식하기 시작한다. 잠정기는 다음과 같이 네 개의 하위단계로 구분된다.

- 흥미 단계(interest stage): 11-12세에 해당하는 이 단계에는 이전처럼 상상이나 공상적 선택을 하지 않고 자신이 무엇을 하고 싶어하는지, 무엇에 관심을 갖고 있는지를 생각하면서 자신의 흥미에 기초하여 직업을 선택하는 경향이 있다.
- 능력 단계(capacity stage): 13-14세에 해당하는 이 단계에는 자신의 능력을 고려해야 한다는 것을 깨닫게 된다. 예를 들어 어떤 아이가 이전에 축구선수가 되고 싶어 했지만 지금은 선수가 될 정도의 능력을 가지고 있지 않다는 것을 알게 되는 것이다.
- 가치 단계(value stage): 15-16세에 해당하는 이 단계에는 다른 어떤 활동보다 외적·내적 가치가 더 높은 활동이 있다는 것을 알게 된다. 즉 진로를 결정할 때 자신이 생각하는 가치를 고려할 수 있게 된다. 이 시기에 가장 지배적인 가치 중 하나는 이타주의(altruism)다.
- 전환 단계(transition stage): 고등학교 3학년인 17세 혹은 18세에 해당하는 이 단계에는 현실적 여건이 진로선택에 있어서 중요한 역할을 하게 된다. 대학에 진학할 건지 아니면 진학하지 않을 건지, 그리고 대학에 진학한다면 어떤 전공을 할지에 대한 결정은 현실적인 문제이며 당면한 문제이다. 또한 이 단계의 청소년들은 취업가능성과 같은 문제에도 관심을 가질 필요가 있다는 것을 깨닫기 시작한다. 이들은 미래의 직업에 대해 시기적절하고, 구체적이며, 현실적인 결정을 해야 한다는 것을 인식하며, 어떤 직업을 취득하는 데 필요한 준비가 무엇인지, 그리고 보수 수준과 같은 실제적인 요인을 고려한다.

3 현실기(realistic period: 18-22세)

이 시기에서는 자신의 흥미, 능력, 가치뿐만 아니라 직업의 요구조건, 교육기회, 개인적 요인 등과 같은 현실요인을 고려하고 타협해서 결정에 도달하게 된다. 현실기는 다음과 같이 세 개의 하위단계로 구분된다.

- **탐색 단계(exploration stage)**: 이 단계에는 자신의 목표를 좁히기 시작하며 대부분의 경우 대학에 진학한다. 그러나 아직 확실한 결정을 내리지 않은 상태이며 흥미도 변화할 수 있다. 이들은 가까운 미래에 명확한 결정을 해야 함을 알고 있는데, 잘못된 결정을 하지는 않을까 우려하기도 한다.
- **구체화 단계(crystalization stage)**: 이 단계에는 자신이 무엇을 원하고 무엇을 원하지 않는지에 대해 명확한 생각을 갖는다. 즉 이 단계에서는 구체적으로 진로 분야가 정해진다. 그럼에도 불구하고 자신이 내린 결정은 안정적이지 않다.
- **특정화 단계(specification stage)**: 이 단계는 현실기의 최종 단계로서 자신이 내린 결정을 확고히 하면서 구체적으로 직업을 선택하는 시기이다.

Ginzberg(1972, 1984)는 1951년에 제안했던 자신의 이론에 다음과 같이 수정을 하였다. 첫째, 진로선택의 의사결정 과정은 성인기 초기를 포함하는 기간에 제한되는 것이 아니라 인생 전반에 걸쳐 계속된다. 둘째, 청소년들이 아동기와 21세 내지 24세 사이에 하는 교육적, 직업적 의사결정의 직업적 전망에 누적적 효과를 강조하는 직업선택의 영속성을 덜 강조하였다. 셋째, 초기의 '타협(compromise)'이라는 개념을 '최적화(optimization)'라는 개념으로 대치하였다. 즉 초기 이론과 달리 후기 이론에서는 개인의 소망과 가능성 간의 타협을 강조하기 보다는 변화하는 소망과 변화하는 환경 사이에서 최선의 직업적 적응을 찾으려는 개인의 추구를 강조하였다.

7 Super의 발달이론

아마도 진로발달에서 계속해서 주목을 가장 많이 받고 가장 광범위하게 사용된 이론은 Super(1953)의 진로발달이론일 것이다. Super의 이론은 개인의 자아개념이 그 자신의 직업 선택은 물론 그 선택과 관련하여 궁극적으로 만족 혹은 불만족에 영향을 준다는 생각에 토대를 두고 있다. 이러한 직업 선택은 개인의 자아개념을 실행하는 발달과정의 결과이다.

Super는 10개의 주요 명제로 구성되어 있는 자신의 이론을 공식화하였다. 원래 10개의 명제는 1953년에 제안되었는데, 그 후 1957년에 12개, 1990년에 14개의 명제로 확장되었다. 다음 명제는 Super의 진로발달이론에 기초가 된다(Super, 1953; Super & Bachrach, 1957; Super, 1990).

① 사람들마다 능력, 성격, 욕구, 가치, 흥미, 특성, 자아개념에 차이가 있다.

② 사람들은 이러한 특징으로 인해 각각 특정 직업에 대해 적합성을 갖게 된다.

③ 각 직업마다 각기 독특한 유형의 능력과 성격 특성을 요구한다.

④ 개인의 직업선호와 능력, 생활하고 일하는 상황, 그리고 이에 따른 자아개념은 시간과 경험에 따라 변화하기 때문에 직업을 선택하고 적응하는 것은 계속적인 과정이다.

⑤ 이러한 변화의 과정은 일련의 생애단계(대순환: maxicycle)로서 성장기, 탐색기, 확립기, 유지기, 쇠퇴기의 순서로 나타난다. 이 단계들은 발달과업이 다른 하위 단계로 세분화될 수 있다. 소순환(minicycle)은 한 단계에서 다음 단계로 전환할 때나 어떤 개인이 욕구의 변화, 질병, 상해, 사회경제적 사건이나 개인적 사건에 의해 불안정해질 때 일어난다.

⑥ 부모의 사회경제적 수준, 개인의 정신능력·교육·기술·성격특성(욕구, 가치, 흥미, 특성 및 자아개념) 및 진로성숙, 그리고 그 개인에게 주어진 기회 등에 따라 개인의 진로유형이 결정된다.

⑦ 특정 진로발달에서 환경과 과 유기체의 요구에 대한 성공적 대처 여부는 개인이 이러한 요구를 다룰 준비 정도에 달려 있다.

⑧ 진로성숙은 성장기에서 쇠퇴기에 이르는 생애발달단계의 연속선상에서 개인의 직업발달 정도를 나타내는 심리사회적 개념이다.

⑨ 각 발달단계에서 개인의 성장은 능력과 흥미의 성숙과정을 촉진시키고 자아개념의 발달과 현실 검증에 도움을 줌으로써 촉진될 수 있다.

⑩ 진로발달 과정은 본질적으로 직업적 자아개념이 발달하고 실행하는 과정이다. 이 과정은 타고난 적성, 신경적·생리적 체질, 다양한 역할을 관찰하고 수행할 기회, 역할 수행 결과가 선배들과 동료들의 인정을 충족시키는 정도에 대한 평가 등의 상호작용 결과로 자아개념이 형성되는 통합 및 타협 과정이다.

⑪ 개인적 요인과 사회적 요인 간, 자아개념과 현실 간의 통합 혹은 타협과정은 역할 수행 과정이며, 이러한 역할은 환상 속에서 수행될 수 있고, 상담 면접과정에서, 혹은 학교, 클럽, 시간제 근무, 취업 활동 등과 같은 실생활에서 수행될 수 있다.

⑫ 직업과 삶에 대한 만족은 얼마나 자신의 능력, 욕구, 가치, 흥미, 성격특성 및 자아개념에 맞는 길을 찾느냐에 달려있다. 이는 자신의 성장과 탐색 경험에 비추어 자신에게 맞고 적합하다고 생각되는 역할을 수행할 수 있는 직업의 유형, 직업 환경 및 생활양식을 확립하는 것이 중요함을 의미한다.

⑬ 사람들이 직업을 통해 얻는 만족 정도는 자아개념의 실행 정도와 비례한다.

⑭ 대부분의 사람들에게 일과 직업은 대부분의 사람들에게 성격을 형성하는 데 중심점이 된다.

자아개념은 Super의 이론에서 가장 기본적이면서 핵심적인 부분이다. Super는 자아에 대한 주관적 이해, 즉 주체로서의 자아를 강조한다. Super(1984)는 자신의 이론에 대해 개인과 직업환경 간의 일치(matching)를 강조하는 Holland의 이론과 매우 유사하면서 동시에 매우 다르다고 주장하였다. 즉 직업선택이란 개인이 편안하게 맞추고 만족할 수 있는 역할에 대한 개인의 선택으로 보는 측면에서는 Holland의 이론과 유사하다. 그러나 Holland가 한 번의 선택을 강조하고 보다 효과적인 매칭을 위해 개인과 직업에 대한 평가가 중요하다고 본 반면, Super는 자아가 변화하고 환경도 변화하기 때문에 개인과 환경 간의 매칭은 계속되며 인생 전반에 걸쳐 결코 완결되지 않는 연속적이고 점진적인 과정으로 보았다는 점에서 큰 차이가 있다.

Super(1953)는 직업발달을 자아개념의 발달과 실행의 과정으로 설명하였다. 자아개념이란 개인이 자신을 어떻게 보고, 자신을 둘러싸고 있는 환경을 어떻게 보는지와 관련되어 있다. <그림 5-2>에 제시된 Super의 아치웨이 모형은 자아개념의 특징을 잘 보여준다.

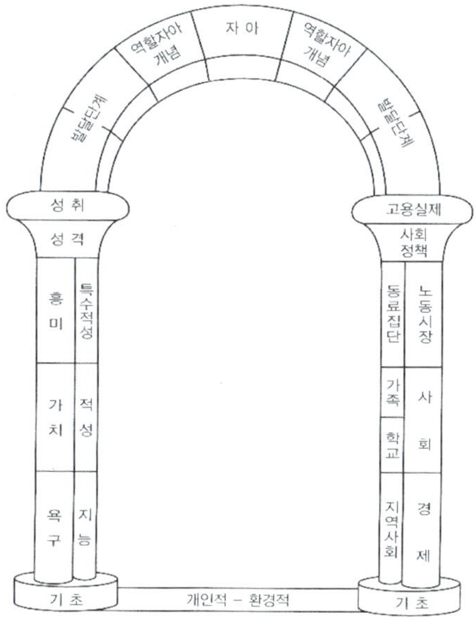

[그림 5-2] Super의 아치웨이 모형

아치의 맨 위에 있는 자아가 Super의 이론에서 주축이며 중심이다. 각 개인이 자신을 어떻게 지각하는지는 그 개인이 갖고 있는 성격, 욕구, 가치, 흥미의 반영인 것이다(<그림 5-2>의 왼쪽 기둥). 이러한 지각은 인생 전반에 걸쳐 계속 변화하고 발달한다. 또한 환경과의 상호작용은 각 개인이 가족, 학교, 동료 등과 상호작용을 의미하며, 이에 따라 자아개념의 발달을 가져온다(<그림 5-2>의 오른쪽 기둥). 즉 자아개념은 자신과 환경에 대한 개인의 관점을 의미하며, 그것은 주관적인 것이다. 이는 자아에 대한 객관적인 측정, 예를 들어 흥미검사와 적성검사를 강조하는 특성-요인이론과는 매우 다르다고 할 수 있다.

Super는 직업선택을 인생 전반에 걸친 발달과정으로 보았다. 그는 직업발달단계를 크게 성장기, 탐색기, 확립기, 유지기, 쇠퇴기의 다섯 단계로 구분하였고, 각 발달단계마다 직업발달과업(vocational development tasks)을 제시했다. 여기에서 직업발달과업이란 세상을 원만하게 살아가기 위해 삶의 특정 시점에서 완성해야 할 직업과 관련된 과업을 말한다.

Super의 직업발달단계와 발달과업에 대해 구체적으로 살펴보면 다음과 같다.

1 성장기(growth stage, 0–14세)

성장기는 출생에서 14세까지이며, 이 시기의 자아개념은 가정과 학교에서 주요 인물에 대한 동일시를 통해 발달된다. 이 단계의 초기에는 욕구와 환상이 지배적이지만, 그 이후 사회참여와 현실검증이 확대되면서 점차 흥미와 능력이 중시된다. 이 시기의 주요 직업발달과업으로는 직업세계에 대한 태도의 발달, 직업의 의미에 대한 이해 등이 있다. 이 단계는 다음 세 개의 하위단계로 세분화된다.

- **환상기(fantasy substage, 4–10세)**: 아동의 욕구가 지배적이며 환상 속에서의 역할 수행이 중요시된다.
- **흥미기(interest substage, 11–12세)**: 아동의 흥미 혹은 기호가 포부와 활동을 결정하는 요인이 된다.
- **능력기(capacity substage, 13–14세)**: 아동은 능력을 보다 중요시하며 직업의 요구조건을 고려하게 된다.

2 탐색기(exploration stage, 15–24세)

이 시기에 개인은 학교생활, 여가활동, 시간제 일을 통해 자아를 검증하고 역할을 수행하며 직업탐색을 시도한다. 이 시기의 주요 직업발달과업으로는 직업선호의 구체화, 특정화, 실행화이다. 이 단계는 다음 세 개의 하위단계로 세분화된다.

- **잠정기(tentative substage, 15–17세)**: 자신의 욕구, 능력, 가치, 취업기회를 고려하기 시작하며, 잠정적인 진로를 선택하여 환상, 토론, 일 등을 통해 시행해 본다. 자신에게 가능하면서 적합한 직업이 무엇인지 그 분야와 수준을 확인한다.

【발달과업】 직업선호의 구체화(crystallization)

: 직업선호의 구체화는 개인이 자신에게 적합한 직업의 분야와 수준이 무엇인지 직업선호에 대한 생각을 어느 정도 명료화함으로써 그 결과 잠정적인 직업선택을 하고 그 직업을 위해 필요한 교육이나 훈련에 전념하는 것과 관련되어 있다(Super, Starishevsky, Matlin, & Jordaan, 1963). 이 발달과업은 청소년기에 중요한 진로발달과업으로 고려된다. 이 시기의 청소년들은 자신의 진로결정에서 자신에게 도움이 되는 것들을 탐색하기 시작하고, 자신이 지니고 있는 가치와 흥미를 차별화할 수 있고 일반적인 선호를 명료화할 수 있다. 또한 자신이 선호하고 있는 직업에 관해 정보를 찾고, 자신이 선택한 직업 분야의 취업기회에 대해 계획을 세우고 학습하기 시작한다.

- **전환기(transition substage, 18–21세)**: 취업을 하거나 취업에 필요한 교육이나 훈련을 받으며 자신의 자아개념을 실현하려고 하면서 현실적 요인을 보다 중요시하게 된다. 이 시기에는 일반적이고 개괄적인 선택이 구체적 선택으로 바뀌게 된다.

【발달과업】 직업선호의 특정화(specification)

: 직업선호의 특정화는 직업선호에 대한 생각을 어떤 하나의 특정 직업으로 좁혀서 그것에 전념하는 태도를 의미한다.

- **시행기(trial substage, 22–24세)**: 자신에게 적합해 보이는 직업을 찾아 최초로 직업을 갖게 된다. 최초의 직업에 대한 전념(commitment)은 아직도 일시적이고 잠정적이다. 만약 그 직업이 자신에게 적합하지 않다면 구체화, 특정화, 실행의 과정을 다시 순환할 수 있다.

【발달과업】 직업선호의 실행화(implementation), 현실적인 자아개념의 발달, 보다 많은 기회에 대한 계속적인 학습

: 직업선호의 실행화는 실제로 실행에 옮기는 것이다.

3 확립기(establishment stage, 25–44세)

자신에게 적합한 분야를 발견하고 그 분야에서 영구적인 위치를 확보하기 위한 노력을 한다. 이 시기의 주요 직업발달과업은 자신의 직업적 위치에 대한 안정화, 공고화, 승진 등이다. 이 단계는 다음 두 개의 하위단계로 세분화된다.

- **시행기(trial substage, 25-30세)**: 자신이 선택한 직업에서 영구적인 위치를 확보하려고 노력한다. 그러나 자신이 선택한 직업이 불만족스러운 경우, 자신에게 적합한 일을 발견할 때까지 한 두 차례 변화를 시도한다.
- **안정기(stabilization substage, 31-44세)**: 진로유형이 안정되는 시기로서 자신의 직업세계에서 지위, 안정감, 만족감 등을 얻게 된다.

【발달과업】 안정화

어떤 직업을 시작한다는 것은 최소한의 지속성을 요구한다. 안정화는 어떤 직업에 몰두하는 것, 그리고 자신이 시작했던 분야에서 지속할 수 있도록 하는 직업 요구조건을 충족할 수 있는 것과 관련된다. 이런 점에서 각 개인은 자신이 오랫동안 그 직업을 지속시키기에 필요한 기술을 가지고 있는지에 대해 우려할 수 있다. 개인이 보다 편안해질수록 자신의 위치를 공고화하기 시작한다.

【발달과업】 공고화

대체로 사람들이 자신의 위치를 안정화하는 20대 후반과 30대 초반에 이르게 되면 공고화가 나타날 수 있다. 사람들은 자신의 일이나 직업에 대해 보다 편안함을 느끼기 시작하고 다른 사람들이 의존할 수 있는 유능한 사람으로 알려지기를 원한다. 이 단계에서 사람들은 자신의 일을 잘 할 수 있는 사람으로 동료들과 상사들에게 알려지기를 원한다. 사람들이 자신의 위치를 공고화하고 안정감을 느끼게 되면 더 높은 위치로의 승진을 고려할 수 있다.

【발달과업】 승진

승진은 확립기의 어느 때라도 일어날 수 있지만, 보통 안정화와 공고화 후에야 보다 높은 보수를 받고 보다 많은 책임을 갖는 위치로 승진할 수 있다. 특히 직장에서 보다 높은 권한의 위치로 승진하는 것과 관련된다. 그렇게 하기 위해서 개인은 승진할 방법과 승진 기회를 어떻게 만들지를 계획한다.

4 유지기(maintenance stage, 45-65세)

이 시기의 45세부터 65세의 사람들은 승진보다 자신의 직업에서 자신의 위치를 유지하는 상황에 있을 수 있다. 이는 개인마다 다양할 수 있는데, 개인의 신체적 능력과 재정 상황, 개인의 동기, 회사 방침 등에 따라 달라질 수 있다. 이 시기의 사람들은 자신에게 다음과 같은 질문을 할 수 있다. "내가 하고 있는 일은 앞으로 과연 유용한 일일까?" "자동화 혹은 컴퓨터화가 나의 일에 어떤 영향을 미칠 것일까?" "나와 같은 직종에 있는 사람들은 어떤 주제에 관심을 갖고 있을까?" 이 시기의 주요 직업발달과업은 자신의 한계에 대한 수용, 자신이 성취한 것에 대한 유지, 일하면서 생기는 새로운 문제의 확인, 새로운 것에 대한 학습 및 새로운 기술 개발 등이다.

【발달과업】 유지

사람들은 어떤 성공 수준에 이르렀을 때 자신이 갖고 있는 위치를 보유하는 데 관심을 갖는다. 이는 그 위치에서 일어나는 변화에 적응하기 위해 새로운 것을 학습하고, 동료들이 관련된 활동을 인식함을 의미할 수 있다. 어떤 회사에서 개인은 조기퇴직과 대량해고를 강요하는 모습을 관찰할 수 있다. 이는 사람들이 직장에서 자신의 위치를 유지하기 위한 충분한 동기가 된다.

【발달과업】 갱신(updating)

많은 분야에서 자신의 위치를 유지하는 것은 충분하지 않다. 예를 들어 직업인들이 자신의 직업에서 자신의 위치를 유지하기 위해서는 계속적으로 교육이나 훈련을 받을 것을 요구한다. 계속교육보다 덜 형식적 활동으로는 전문적 회의에 참여하는 것, 어떤 분야에 새로운 개발을 이해하기 위해 동료들과 방문하는 것, 자신의 지식을 높일 수 있는 사람을 만나는 것을 포함한다.

【발달과업】 혁신(innovating)

혁신은 갱신(updating)과 다소 유사한데, 자신의 직업에서 진전이나 향상을 이루는 것을 말한다. 새로운 것을 학습하는 것은 충분하지 않을 수 있다. 그 분야에 새로운 기여를 하는 것이 중요하다. 그렇게 하기 위해서 개인은 어떤 분야가 변화할 만큼 새로운 기술을 개발할 필요가 있다. 그러나 대부분의 직업에서 직업인들이 새로운 것을 학습하길 중지한다면 자신을 유지하기 힘들 수 있으며, 자신의 위치를 잃어버릴 위험에 처할 수 있다.

5 쇠퇴기(decline stage, 65세 이후)

이 시기에는 신체적·정신적으로 그 기능이 쇠퇴하게 되면서 직업전선에서 은퇴하게 된다. 개인은 은퇴 이후의 상실감을 대신하기 위해 다른 만족감을 얻을 수 있는 다른 역할과 활동을 찾아야 한다. 이 시기의 직업발달과업은 은퇴이후의 새로운 역할 개발 등이다.

Super(1990)는 이와 같이 직업선택을 생애 전반에 걸친 발달과정으로 보았고, 다섯 개의 직업발달단계를 설명하기 위해 대순환(maxicycle)이라는 개념을 사용하였다. 그러나 Super는 모든 사람에게 이 다섯 단계가 순서대로 진행되지는 않는다고 인정하였다. 실제로도 대부분 그렇게 되지 않는다. 많은 경우 자신의 생애 동안 여러 시점에서 자신의 진로계획을 재평가하며 다양한 단계를 거쳐 재순환(recycling)한다. 어떤 개인이 재순환하게 된다면 그 특정 단계 내에서 다시 탐색기로 돌아가서 자신의 가치, 흥미, 능력을 재평가한다. 이와 같이 대순환의 발달단계 중 어느 한 단계 내에서 일어날 수 있는 성장기, 탐색기, 확립기, 유지기, 쇠퇴기를 설명하기 위해 소순환(minicycle)이란 개념을 사용했다. 소순환이라는 개념은 Super이론의 역동적 특성을 강조하는 것이다.

개인의 재순환 상태는 성인진로관심검사(Adult Career Concern Inventory; Super, Thompson, & Lindeman, 1988)의 다음 문항을 통해 확인할 수 있다. 이 문항은 Super의 재순환 개념을 잘 설명하고 있다.

> 일정 기간 어떤 분야에서 근무한 후 많은 사람들은 보수, 만족, 승진기회, 직장폐쇄 등과 같은 여러 가지 이유로 다른 직업으로 바꾼다. 이 때 같은 분야의 다른 직장에서 일하는 것이 아니라 직업분야를 바꾸는 것을 대체로 '진로변경'이라 부른다. 다음은 진로변경의 다양한 단계를 나타내는 다섯 가지 진술이다. 당신의 현재 상태를 가장 잘 나타내는 진술을 고르시오.
>
> 1. 나는 진로변경을 고려하고 있지 않다.
> 2. 나는 진로변경을 할지에 대해 고려하고 있다.
> 3. 나는 진로를 변경하기로 하고 어떤 분야로 바꿀지를 고려하고 있다.
> 4. 나는 새로운 직업분야를 선택했고 그것을 시작하려고 노력하고 있다.
> 5. 나는 최근에 진로변경을 했고 현재 새로운 분야에서 자리를 잡아가고 있다.

8 Tiedeman과 O'Hara의 발달이론

Tiedeman과 O'Hara(1963)는 Super의 이론과 달리 직업발달이란 직업자아정체감(vocational self-identity)을 형성해 가는 계속적인 과정으로 보았다. 새로운 경험을 쌓을수록 개인의 정체감은 발달한다. 분화와 통합의 과정을 거치면서 개인은 자아정체감을 형성해가며, 이러한 자아정체감은 직업정체감의 형성에 중요한 기초요인이 된다(김충기, 2000). 직업정체감은 의사결정을 되풀이하는 과정에서 성숙해질 수 있다. 인간은 성장함에 따라 학교나 직업의 선택, 생애목적의 설정 등 다양한 사항에 걸쳐 결정을 내려야 할 국면에 놓이게 되는데, 이러한 문제에 대해 스스로 결정을 내려보는 것이 직업적 자아의 확립에 도움이 된다는 것이다. 또한 Super가 각 발달단계에 해당하는 연령을 고정시키고 있는 반면에, Tiedeman과 O'Hara는 직업발달단계가 연령과 관계없이 당면한 문제의 성격에 의해 좌우되며 일생 동안 여러 번 반복될 수도 있다는 입장을 취하고 있다. 이러한 차이는 Super가 연령의 증가에 따라 직업의식이 어떻게 발달하는가를 설명하고 있는 데 반해, Tiedeman과 O'Hara는 의사결정을 통해 직업의식이 어떻게 발달해 가는가를 설명하고 있기 때문이다(김봉환 외, 2007).

개인은 어떤 문제에 당면했을 때 의사결정의 단계에 접어들게 된다. 이러한 단계는 다음과 같이 예상기와 실천기로 구분된다. 각 단계의 특징을 구체적으로 살펴보면 다음과 같다.

1 예상기(anticipation period)

예상기는 의사결정의 절차와 내용에 관한 개인의 사전인식 단계를 의미한다. 이 시기는 다시 탐색기, 구체화기, 선택기, 명료화기로 구분된다.

- 탐색기(exploration substage): 개인은 그 동안 자아와 직업세계의 지식에 대한 이해와 행동을 계획 없이 해 왔다. 이 단계에서는 자신의 선택사항이 뚜렷하게 발달하지 않았거나 현재 상태에 불만족을 느낌으로써 현

재의 진로상태에서 분화되어 가능한 다른 목표를 찾는다.

- **구체화기(crystallization substage)**: 개인은 가능한 대안에 대한 선택을 하게 되며, 이것으로부터 비롯되는 갈등도 인식하게 된다. 또한 이 단계에서 개인은 각 대안의 장단점을 비교·검토하여 서열화하고 조직화한다.
- **선택기(choice substage)**: 개인은 특별한 목표에 대해 어느 정도의 확실성을 갖고 그 중 하나를 선택하게 되는데, 이러한 확신 정도는 생애의 선택이행 과정에 영향을 미친다.
- **명료화기(clarification substage)**: 개인은 사고의 과정과 자기 이미지의 완성, 미래에 대한 자신의 이미지 과정에 중점을 둔다. 이러한 과정들은 선택을 실행으로 옮기기 위한 계획은 가능하나 적극적인 실행조건으로는 부족하다.

2 실천기(Adjustment period)

실천기는 이전 단계에서 내린 결정을 실천에 옮기는 단계이다. 이 시기는 다시 적응기, 개혁기, 통합기로 나누어진다.

- **적응기(induction substage)**: 적응 단계에서 개인은 자신의 선택에 수동적으로 적응하려고 하며, 개인의 목표는 집단의 목표에 동화되고 수정된다.
- **개혁기(reformation substage)**: 수동적인 수용의 성격에서 더 적극적인 자세의 변화로 나타난다. 개인은 자신의 가치관을 발달시키고, 집단의 목표를 자신의 목표와 부합시키는 방향으로 수정하려고 한다.
- **통합기(integration substage)**: 개인이 집단의 목표와 자신의 목표가 동일하다고 생각될 때 나타난다.

9 Gottfredson의 직업포부 발달이론

Gottfredson(1981)은 직업포부에 관한 발달이론을 제안하였다. 직업포부란 개인이 특정 시점에서 가장 좋은 직업적 대안이라고 생각하는 하나의 희망직업이다. 아동기와 청소년기에 직업포부가 발달함에 따라 이와 관련하여 중요한 과정 중 하나는 자아개념의 발달이다. Gottfredson에 따르면 사람들은 자신에 대한 자기상에 알맞은 직업을 찾으려고 하기 때문에 직업발달에서 자아개념은 진로선택의 중요한 요인이 된다. 또한 Gottfredson은 성역할과 직업의 명성이 진로선택을 하는 데 중요한 요인임을 강조하였다. 사람들은 자신의 사회적 자아를 고려하면서 자신이 지각한 사회적 공간(social space)에 적합하지 않은 직업을 제거하기 시작한다. 즉 성역할과 직업의 명성 수준에 따라 받아들일 수 있는 것으로 생각되지 않는 직업을 거부함으로써 이를 행한다.

Gottfredson은 직업과 관련한 개인의 발달을 다음 네 단계로 구분하여 설명하고 있다.

1 힘과 크기 지향(orientation to size and power, 3–5세)

유아들은 사물을 구체적으로 보는 경향이 있다. 이들은 '크다-작다' 혹은 '늙다-어리다'와 같은 단순한 조건으로 분류하기 시작한다. 유아들은 직업을 바라볼 때, 직업에 사용된 사물을 인식할 수 있다. 예를 들면 4세인 영희는 전기기술자인 아버지가 퇴근 후에 집으로 가지고 오는 전선, 펜치 등과 같은 도구를 본다. 영희는 자신보다 몸집이 큰 아버지는 이러한 도구를 사용할 수 있고, 작은 몸집을 가진 자신은 사용할 수 없다고 생각한다. 이런 점에서 영희는 '남성-여성' 혹은 '고급-저급'과 같은 개념을 알지 못하는 것이다.

2 성역할 지향(orientation to sex roles, 6–8세)

아동들이 초등학교 저학년일 때는 구체적 조건에서 생각할 수 있고 단순한 구분을 할 수 있다. 예를 들면 이들은 '좋다-나쁘다' 혹은 '쉽다-어렵다'로 판단할 수 있다. 이 단계에서 아동들은 자신의 성역할을 인식하게 되면서 어떤 직업이 자신의 성에 적합한지 아니면 그렇지 않은지를 판단하며, 자신의 성이 우수하다고 생각할 수 있다. 이런 점에서 이 단계의 아동들은 어떤 직업들이 남자에게만 혹은 여자에게만 용인될 수 있다는 성유형(sex type) 한계를 발달시킨 것으로 볼 수 있다.

3 사회적 가치 지향(orientation to social valuation, 9–13세)

: 사회계층에 대한 자각, 직업 수준에 대한 선호 발달, 사회계층과 능력 수준에 의한 선호 차이

이 시기의 아동들은 자신의 또래에 대해 점점 더 의식하게 되는 경향이 있는데, 여기에는 자기가 자신의 또래들에 대해 생각하고 있는 것은 물론 자신의 또래들이 자신을 생각하고 있는 것 모두를 포함한다. 이런 점에서 이들은 사회적 계층을 보다 더 의식하게 된다. 예를 들면 친구들이 입고 있는 옷이 무엇인지, 친구들의 부모가 가지고 있는 차가 무엇인지, 친구들이 살고 있는 집은 어떤 집인지 등에 대해 관심을 갖는다. 이 시기에 대부분의 아동들은 성인들이 하는 방식과 유사하게 직업의 권위나 명성에 따라 직업에 등급을 매길 수 있다. 이 시기의 아동들은 자신의 부모나 가정에서 받아들이지 않거나 거부하는 직업이 무엇인지에 대해서도 생각을 하게 된다.

4 내적이고 고유한 자아 지향(orientation to internal unique self, 14세 이후)

: 자아와 타인에 대한 지각, 직업포부의 구체화

이 시기의 청소년들은 자신이 어떤 직업을 받아들일 수 있는지에 대해 성인과 유사한 생각을 갖는다. 사람들은 자기가 자신을 어떻게 보고 있는지에 대해서뿐만 아니라 타인들이 자신을 어떻게 보고 있는지에 대해서도 관심을 갖는다. 십대들은 자기가 타인들을 위해 해야 할 의무나 책임이 무엇인지를 생각할 수 있고, 가족들을 위해 무엇을 해야 하는지는 물론 자신을 위해 무엇을 해야 하는지에 대해서도 생각할 수 있다. 앞의 세 단계에서 아동들은 자신에게 적절하지 않다고 생각되는, 즉 자신의 사회적 공간 밖에 있는 직업을 거부하였다. 그러나 이 단계에서 십대들은 가장 선호하면서도 가장 접근하기 쉬운 직업이 받아들일 수 있는 대안인지 알아보기 위해 노력한다. 이들은 자신의 가치, 능력 및 성격과 가족의 요구를 알게 될 때 이 모든 기준을 충족할 수 있는 선택을 할 수 있다.

제6장

상담의 기초

1 · 상담의 정의
2 · 상담의 기본 원리
3 · 상담의 형태
4 · 상담자의 윤리
5 · 상담자의 태도

1 상담의 정의

상담이란 비교적 정상 범위에 속하는 사람들이 전문적인 지식을 갖춘 상담자와 함께 신뢰롭고 허용적인 분위기 속에서 자기 이해와 수용을 촉진시키도록 상담자와 내담자 간에 상호작용하여 개인의 태도와 행동의 변화를 통한 문제해결, 더 나아가 잠재능력의 개발을 도모하는 것이라고 정의될 수 있다. 이와 같은 상담의 개념을 보다 명확하기 위해 이 정의를 이루고 있는 중추적 개념들을 살펴보면 다음과 같다(조경덕 외, 2007).

첫째, 상담은 정상 범위에서 심각하게 일탈하지 않는 사람들을 대상으로 개인의 정상적인 발달과업의 문제나 적응 문제를 주로 다루게 된다. 따라서 강조점이 본격적인 치료보다는 성장과 적응에 주어진다.

둘째, 상담은 도움을 필요로 하는 사람과 도움을 줄 수 있는 사람의 관계이다. 즉 상담은 내담자와 상담자가 동시에 존재할 때 성립된다.

셋째, 상담은 상담에 관해 전문적 훈련을 받은 사람이 도움을 주는 관계로서 상담자는 인간적 자질과 더불어 전문적 지식을 소유한 사람이어야 한다.

넷째, 상담은 내담자 스스로 자신의 문제를 해결하도록 조력하는 관계이다. 상담은 내담자의 문제를 상담자가 해결해주는 과정이 아니라 내담자 스스로가 자신의 문제를 통찰하여 현명하게 선택하고 결정해 나가는 과정으로 이루어진다.

다섯째, 상담은 일방적 관계가 아니라 상호작용의 역동적 관계이다. 내담자와 상담자는 상호 협력하는 관계로서 상담자는 효과적 상담을 통해 내담자가 객관적인 자기를 자각하도록 돕는다.

여섯째, 상담은 사적이고 비밀이 보장되는 관계이다. 상담에서 내담자는 무엇이든 자유롭게 말할 수 있는 권리가 있고 상담자는 털어놓은 사적 정보를 내담자의 허락 없이 제3자에게 알려서는 안 되는 의무가 있는 신뢰롭고 수용적인 관계이어야 한다.

일곱째, 상담은 궁극적으로 내담자의 성장과 발전을 안내하는 관계이다. 즉 상담은 오직 내담자의 복리만을 위해서 이루어져야 한다.

여덟째, 상담은 내담자의 현명한 선택과 결정을 돕는 관계이다. 상담과정에서는 반드시 내담자가 선택하고 결정하게 되는 과정이 있게 마련인데, 상담자는 이러한 선택과 결정을 합리적으로 하도록 안내하는 역할을 한다.

2 상담의 기본 원리

상담은 개인이 가진 문제를 해결하고 적응활동을 증진시킴으로써 건전한 자아형성을 통한 성장을 돕는 것이다. 이를 위해 상담자가 상담을 전개할 때는 반드시 다음과 같은 원리에 바탕을 두고 시작하는 것이 바람직하다(김홍규, 1984; 김충기, 1998에서 재인용).

(1) 개별화의 원리

상담자는 개인의 개성과 개인차를 인정하는 범위 내에서 상담을 전개해야 한다. 따라서 이 원리가 지켜지려면 아래와 같은 내용에 근거를 두고 상담이 전개되어야 한다.

① 내담자에 대해 편견이나 선입견을 갖지 않아야 한다.
② 인간행동의 유형과 원리에 대해 전문적으로 이해하려고 해야 한다.
③ 내담자의 말을 경청하고 세밀하게 관찰해야 한다.
④ 내담자의 보조에 맞추어 진행할 수 있어야 한다.
⑤ 내담자의 감정 변화를 민감하게 포착해야 한다.
⑥ 내담자와 견해차가 있을 때 앞을 내다보는 능력을 갖고 적절한 선택을 해야 한다.

(2) 의도적 감정 표현의 원리

사람은 누구나 정당하고 잘한 일에 대하여 떳떳하게 표현할 수 있으며, 자기 감정 또는 부정적 감정을 표현할 수 있다. 이러한 기본적 원리 속에서 자유롭게 의도적인 표현을 보장받도록 온화한 분위기를 조성해 주어야 한다. 따라서 내담자에게 주어지는 효과는 압력이나 긴장으로부터 내담자를 완화시켜주며, 문제는 내담자 개인을 이해하게 해 주고, 심리사회적인 지지의 형태인 동시에 그의 부정적인 감정표현 자체가 진정한 문제일 수도 있다. 그러므로 상담자는 내담자의 감정표현을 비난이나 낙심시켜도 안 되고, 끝까지 인내심을 가지고 경청해야 한다.

(3) 통제된 정서 관여의 원리

상담은 주로 정서 측면에 큰 비중을 두고 있으며, 내담자가 자신의 감정을 표현하도록 한다. 내담자의 감정에 대한 상담자의 민감성, 그 감정이 의미하는 것에 대한 이해, 그리고 내담자의 감정에 대한 의도적이고 적당한 반응이 필요하다. 즉 상담자는 내담자의 정서 변화에 민감하게 반응하여 이해하고 적절한 반응하는 등 내담자의 정서에 적극적으로 관여하는 것이 필요하다.

(4) 수용의 원리

내담자를 수용한다는 말은 내담자를 인격체로 존중한다는 의미이다. 즉 상담자는 내담자에게 따뜻하고 친절하면서 수용적이어야 한다. 만약 내담자의 의견에 상담자가 동의하지 못하는 일이 있더라도 동의하지 않는다는 사실을 분명히 전달하되, 그 표현이나 자세는 어디까지나 온화해야 한다. 다시 말해 상담자와 내담자 간에 의견이 일치하지 않는 것과 수용하지 않는 것은 구별되어야 한다. 결국 내담자의 장단점, 성격의 긍정적 측면과 부정적 측면, 긍정적 정서와 부정적 정서, 건설적 태도와 파괴적 태도 등을 있는 그대로 이해하고 인정해야 한다는 것이다.

(5) 비판적 태도 금지의 원리

내담자는 자기의 잘못이나 문제에 대하여 나무라거나 책임을 추궁하거나 잘못을 질책하는 것을 두려워한다. 내담자는 죄책감, 열등감, 불만, 고독감 등을 가지고 있기 때문에 타인의 비판에 예민하여 자신을 방어하여 안전을 추구하려고 하는 것은 당연한 일이다. 따라서 상담자는 내담자를 행동, 태도, 가치관 등을 객관적으로 평가해야 하며, 어떠한 문제에 대해 일방적인 판단이나 비판을 하지 않아야 한다.

(6) 자기결정의 원리

상담은 상담자가 내담자 개인의 가치와 존엄성을 존중하고 내담자 자신의 힘으로 문제를 해결해 나아갈 수 있다는 신념에서 시작되어야 한다. 그리고 어떠한 지도와 충고가 있더라도 내담자는 이에 무조건 응하기 보다는 자신의 판단을 토대로 자기 방향과 태도를 결정해야 한다.

(7) 비밀보장의 원리

상담과정 중 가장 중요하게 명심해야 할 사실은 상담자가 내담자와의 대화 내용을 비밀로 보장을 해야 한다는 것이다. 상담은 본질적으로 내담자가 상담자를 신뢰하고 믿는 데서 이루어진다. 따라서 어떠한 경우에 놓여 있는 문제라도 개인의 명예훼손이나 손해를 끼치는 일을 이야기해서는 안 된다. 상담자는 비밀을 지켜줄 윤리적 의무가 있다.

3 상담의 형태

상담의 형태는 일반적으로 내담자의 발달연령, 구성인원, 조력욕구, 문제내용에 따라 아래 <표 6-1>과 같이 분류할 수 있다.

〈표 6-1〉 상담의 유형

구분	내용
내담자의 발달연령	아동상담, 청소년상담, 성인상담, 노인상담
내담자의 구성인원	개인상담, 집단상담
내담자의 조력욕구	문제예방상담, 발달과 성장상담, 문제해결상담
내담자의 문제내용	정신건강상담, 진로상담, 성상담, 성장상담, 비행상담, 학습상담, 가족상담, 위기상담, 목회상담

내담자의 발달연령, 구성인원, 조력욕구, 문제내용에 따라 분류되는 상담의 형태에 대해서 간략하게 살펴보면 다음과 같다(노안영, 2005).

1) 내담자의 발달연령

(1) 아동상담

여기에 속하는 내담자의 연령은 3~4세에서 초등학교를 마치는 시기인 대략 12세까지에 해당된다고 볼 수 있다. 이 시기의 아동들은 주로 발달장애와 관련되어 있다. 즉 아동이 발달연령에 맞는 다양한 지적 발달, 언어 발달, 사회성 발달, 행동 발달 등을 이루지 못한 경우다. 따라서 아동을 대상으로 하는 상담자는 이러한 발달과 관련된 장애에 대한 지식과 경험을 쌓는 것이 중요하다.

(2) 청소년상담

내담자의 발달연령은 중·고등학교에 해당하는 시기로 대략 13세에서 18세까지에 해당된다고 볼 수 있다. 청소년들의 문제도 대체로 아동처럼 발달과업과 관련되어 있다고 볼 수 있다. 이 시기에 청소년들은 친구나 이성 관계, 비행, 정체감 혼란, 학업 문제, 진로 문제 등으로 고민한다. 따라서 상담자는 청소년들이 정체감을 확립하고 동성이나 이성과 원만한 대인관계를 맺도록 조력하며, 학생들의 현재의 일인 학업과 미래의 직업 활동을 위해 학업상담과 진로상담을 한다. 또한 상담자는 청소년들의 비행을 차단하는 데 주력해야 한다.

(3) 성인상담

내담자의 발달연령은 19세에서 60세까지에 해당된다고 볼 수 있다. 대학생들은 보통 성인 초기에 해당된다. 성인들은 지금까지의 부모의존적인 지위에서 벗어나 독립적인 주체로서 역할을 수행해야 한다. Erikson이 지적한 것처럼 성인들은 결혼을 해서 가족을 이루고 가족과 사회에 기여할 수 있도록 생산적인 활동을 할 수 있어야 한다. 내담자들이 성인상담에 가져오는 문제는 매우 다양하다. 이에 상담자는 성인들이 가질 수 있는 다양한 문제에 개방적인 자세로 조력할 수 있어야 한다.

(4) 노인상담

노인상담은 발달연령의 마지막 단계인 노인기에 해당하는 사람들의 상담을 말한다. 현대의학의 발달로 인간의 평균수명이 늘어나면서 노인의 인구는 급증하고 있다. 우리나라 사회도 이미 고령화시대를 맞아 노인들의 수가 급격히 증가하고 있는 실정이다. 이러한 시대적 현실을 고려할 때 정신건강 전문가들은 효과적인 상담이나 심리치료를 통해 노인들이 노령화의 도전에 대처할 수 있도록 조력하는 것이 요구된다.

2) 내담자의 구성인원

(1) 개인상담

개인상담이란 상담자와 내담자가 일대일로 만나 조력활동이 이루어지는 상담을 말한다. 상담자는 내담자와 계약을 체결하여 내담자가 달성하고자 하는 목표가 달성되면 상담을 종결한다. 대체로 내담자가 심각한 심리적 문제를 가진 경우와 집단에 참여하여 별로 도움을 받지 못한다고 여겨진 경우에는 개인상담이 바람직하다.

(2) 집단상담

집단상담은 기본적으로 내담자들이 2명 이상으로 구성되어 조력활동이 이루어지는 경우다. 집단의 구성인원은 내담자의 연령, 문제유형, 문제 심각성 등에 따라 달라질 수 있지만, 일반적으로 8~12명이 바람직하다. 집단상담이 교육적이거나 훈련적인 목적이 강할 때에는 집단의 구성원 수가 더 많아질 수 있다.

3) 내담자의 조력욕구

(1) 문제예방상담

문제예방상담은 미래에 일어날 수 있는 것을 예상되는 문제에 대하여 사전에 필요한 조치를 함으로써 곤란을 겪지 않도록 예방적 차원에서 하는 상담이다. 예를 들어 약물에 탐닉하지 않도록 하거나 학교폭력을 예방하거나 성에 대해 올바른 태도를 갖도록 하기 위한 집단상담 등을 들 수 있다.

(2) 발달과 성장상담

상담자는 내담자가 갖고 있는 잠재력의 개발과 성장을 위해 노력한다. 상담자는 내담자가 자신의 잠재력을 최대로 발달시키도록 촉진하는 서비스를 제공해야 한다. 예를 들면 중·고등학생들에게는 자아정체감 확립 및 직업 선택 등을 다룰 수 있고, 성인의 경우에는 직업 문제, 가족 문제, 건강 문제 등을 다룰 수 있다.

(3) 문제해결상담

문제해결상담은 상담자가 내담자의 문제해결을 위해 조력하는 상담활동을 말한다. 예를 들면 아동학대, 가정폭력 등에 대해 개인상담이나 집단상담을 통해 해결하도록 하거나 적절한 지역사회기관과 사설상담자들에게 보냄으로써 해결하도록 조력하는 것이다.

4) 내담자의 문제내용

(1) 정신건강상담

내담자가 갖는 다양한 정신적 문제에 대한 상담을 말한다. 개인이 갖는 심리적 문제가 사회적 적응이나 직무 수행을 어렵게 하고 정도가 심해지면 정신장애가 된다. 상담자는 미국정신의학회에서 발간한 『DSM-IV』의 내용을 숙지하고 내담자의 정신건강 상태를 평가하고 진단할 수 있는 능력을 갖추어야 한다.

(2) 진로상담

진로상담은 내담자가 자신의 적성과 능력에 부합한 진로를 선택하여 직업을 구해 생산적인 직무를 수행할 수 있도록 조력하는 상담을 말한다. 학교에서 학생들을 위한 진로상담은 진로인식, 진로탐색, 진로결정의 연속적 과정에서 이루어지는 것이 필요하다.

(3) 성상담

성상담이란 성에 대한 호기심, 자위행위, 성 욕구 발산, 이성관계 문제, 성희롱, 성폭력 등 성과 관련된 문제에 대해 조력하는 상담을 말한다. 상담자는 성에 대한 풍부한 지식과 경험을 바탕으로 다양한 상담기법을 적용하여 성피해자와 성가해자를 조력한다.

(4) 비행상담

청소년 비행은 대부분 또래나 선·후배와의 유착관계를 바탕으로 일어난다. 상담자는 비행청소년들의 특성과 청소년들의 사회적 이탈행동에 대한 지식과 경험을 바탕으로 비행예방상담을 하는 것이 필요하다.

(5) 학습상담

학생들은 부적절한 학습습관과 학습방법, 학습기술의 부족으로 자신의 능력을 최대로 발휘하지 못한 경우가 많다. 상담자는 내담자의 학업능력과 학업성취 수준에 관한 평가를 정확히 하여 그에게 적합한 체계적인 학습이 이루어지도록 조력해야 한다.

(6) 가족상담

내담자의 문제는 부분적으로 가족과 관련되어 있다. 예를 들면 청소년 가출, 가정폭력, 아동학대, 부부갈등 등은 가족과 직·간접으로 관련된 문제이다. 이에 대해 상담자는 가족을 하나의 체계로 보는 가족치료를 적용하여 내담자를 조력할 수 있다.

(7) 위기상담

내담자는 자신이나 타인의 생명을 해칠 수 있는 위급한 상황에 있을 수 있다. 위기상담은 즉시 도움을 받아야 할 정도로 위급한 내담자를 상담하는 경우이다. 내담자가 가족의 사망, 이혼, 배신, 약물남용, 자녀의 비해, 실직 등으로 인해 파괴적 정서에 휩싸이게 되면 자신이나 타인을 해치는 행동을 할 수도 있으므로 즉각적인 조치가 필요하다.

4 상담자의 윤리

상담자는 내담자의 조력 욕구를 충족시켜 내담자의 태도와 행동의 변화를 통한 문제해결을 도모하도록 도와 줄 책임이 있으며, 이와 함께 다른 전문직과 마찬가지로 윤리적 책임과 의무가 있다. 이에 대해 Kitchner(1984)는 윤리적 상담을 위한 5가지 원칙으로 자율성 존중(respect of autonomy), 비유해성(nonmaleficence), 선의(beneficence), 공정성(justice), 충실성(fidelity)을 제안하였다. 여기에서 자율성 존중은 내담자가 자신의 행동을 스스로 결정하고 처리할 수 있는 자율적인 존재라는 것을 말한다. 비유해성이란 상담자가 다른 사람에게 손해를 주거나 해를 입히거나 위험에 빠뜨리지 않아야 한다는 것을 의미한다. 선의는 상담자가 다른 사람에게 선행을 베풀겠다는 의도를 가지고 행동해야 한다 것을 말한다. 공정성은 상담자가 인종, 성별, 종교를 이유로 내담자를 차별하지 말아야 한다는 것을 말한다. 마지막으로 충실성은 상담자가 내담자를 돕는 일에 열정을 가지고 충실하게 임해야 하며, 약속을 잘 지켜야 한다는 것을 의미한다.

이와 관련하여 상담자가 지켜야 할 윤리와 관련된 주요 내용을 살펴보면 다음과 같다.

(1) 비밀유지

상담을 하는 데 있어서 가장 큰 윤리적 문제는 비밀유지의 문제이다. 비밀유지는 법적, 윤리적 문제이다. 내담자는 상담자가 사생활을 누설하지 않을 것이라고 신뢰하지 않는 한, 진정한 상담관계는 이루어질 수 없다. 그러나 상담자가 법적으로 상담내용을 보고해야 할 때가 있는데 다음과 같은 경우다.

- 내담자가 타인이나 자신을 해칠 가능성이 있을 때
- 내담자가 학대, 강간, 근친상간, 기타 다른 범죄와 관련되어 있을 때
- 내담자가 입원할 필요가 있다고 판단될 때
- 법정의 요구가 있을 때
- 내담자가 자신의 기록을 자신이나 제3자에게 공개해 달라고 요구할 때

하지만 일반적으로 내담자가 한 말을 보호해 주는 것은 상담관계에서 매우 중요한 부분이며 상담자의 가장 중요한 임무다. 상담자는 내담자에게 상담내용이 비밀유지된다고 말해 줄 때 위와 같은 비밀유지의 한계에 대해서도 반드시 이야기 해 주어야 한다.

(2) 전문적 한계

상담자는 자신의 능력과 훈련을 통한 자격을 바탕으로 실천적 활동을 하는 전문가이다. 따라서 상담자는 전문적 책임감과 기술을 가지고 내담자를 조력하는 것이 요구된다. 그러나 자신의 능력과 전문가로서 자격 이상의 부적절한 조력 활동을 해서는 안 된다. 상담자는 자신의 전문적 한계를 인정하고 내담자에게 적절한 조력을 할 수 없는 경우에 기꺼이 다른 상담자에게 내담자를 의뢰해야 한다(노안영, 2005).

(3) 이중관계

이중관계는 상담자가 내담자에게 두 가지 혹은 그 이상의 역할을 동시에 수행할 때 발생한다. 이중관계의 예로는 감독자와 상담자의 역할, 친구와 상담자의 역할, 친인척과 상담자의 역할 등을 동시에 수행하는 경우를 들 수 있다. 이러한 경우에는 이중관계가 상담에 영향을 줄 수 있기 때문에 가급적 다른 상담자에게 의뢰하는 것이 바람직하다.

(4) 내담자와의 개인적 관계 금지

상담 회기 이외에 내담자와 개인적 관계를 갖지 않아야 한다. 이는 상담을 하는 과정에서 상담자와 내담자 사이에 친밀한 관계가 형성되다 보면 상담관계를 떠나 상담자와 내담자 간에 돈 빌리기, 상대방을 사업대상으로 삼기 등과 같은 금전적·사업적 거래관계 혹은 내담자와 감정적으로 접촉하기 등과 같은 개인적 친분관계를 갖지 않아야 한다는 것을 의미한다.

(5) 내담자의 복지와 이익 우선

상담자는 내담자의 복지와 이익을 증진시키는 방식으로 성장과 발달을 도모해야 한다. 상담자는 내담자의 이익을 해치거나 불리한 입장에 놓이게 해서는 안 되며 내담자를 희생하여 자신의 이익을 추구해서도 안 된다.

(6) 내담자의 차별 금지

상담자는 내담자의 인종, 성별, 종교, 나이, 문화 등에 따라 차별을 하지 않아야 하며, 내담자의 다양한 문화적, 정서적 배경을 이해하려고 노력해야 한다(Patterson & Welfel, 2000).

(7) 내담자의 권리와 자유 존중

내담자는 상담계획에 참여할 권리가 있고 상담서비스를 거부할 수도 있으며, 어떠한 상담자를 선택할 것인지를 결정할 자유가 있다. 상담자는 이러한 전반적인 사항에 대해 충분히 설명을 해 주어야 하며, 자신의 가치를 내담자에게 강요해서는 안 된다(Patterson & Welfel, 2000).

5 상담자의 태도

상담이 성공적으로 진행될 때 내담자는 자신이 관심과 보살핌을 받고 있고, 이해 받고 있다고 느끼길 원하며 동시에 진솔하게 상담에 임하고자 한다(Defferbacher, 1985). 내담자가 원하는 이러한 상태로 상담을 이끌기 위해서 상담자는 내담자와 촉진적인 관계 형성을 위해 내담자 중심 태도를 취해야 한다. 일반적으로 상담자가 내담자와의 진실한 관계와 효과적인 관계를 형성하기 위해 중요한 요소로서 공감적 이해, 무조건적 긍정적 존중, 진정성을 들고 있다(Rogers, 1957; Raskin & Rogers, 1989). 여기에서는 상담자가 기본적으로 갖추어야 할 태도로서 공감적 이해, 무조건적 긍정적 존중, 진정성에 대해 구체적으로 알아보기로 한다.

1) 공감적 이해

공감적 이해(empathetic understanding)는 상담자가 내담자의 행동이나 말을 겉으로 드러나는 것만 피상적으로 이해하는 것이 아니라 이면의 감정을 마치 자신의 감정인 것처럼 느끼면서 내담자의 경험세계를 주관적으로 경험하는 것을 말한다(천성문 외, 2006). 즉 공감적 이해란 상담자가 내담자의 내면세계를 마치 자신의 것처럼 생각하고 느끼는 것을 말한다. 마치 내담자의 눈으로 보는 것처럼 보고, 내담자의 귀로 듣는 것처럼 듣는 것이 공감적 이해라 할 수 있다.

상담자가 내담자를 공감적으로 이해하고 있음이 전달되었는지는 내담자의 반응을 통해 확인할 수 있다. 상담자가 내담자 이야기의 내용뿐만 아니라 의미를 정확하게 전달했을 때 내담자는 종종 놀라움이나 안도의 반응을 보여주곤 한다. "네, 그래요. 바로 그게 내가 느끼는 거에요." "네, 바로 그거에요."와 같은 내담자의 반응은 상담자의 공감적 전달이 잘 이루어졌음을 보여주는 것이다. 이와 같이 내담자에 대해 상담자의 공감적 이해가 이루어지면 내담자는 자신이 이해받고 있다는 느낌을 갖게 되고, 상담자를 보다 신뢰하게 되어 자신을 깊이 드러내 보이게 되면서 상담관계가 상담자와 내담자의 촉진적인 관계 혹은 진실한 관계로 형성된다.

다음은 박성희(2007)의 『동화로 열어가는 상담이야기』에 수록된 '공감적 이해'를 잘 나타내는 예화이다. 이 이야기를 잘 읽어보면서 '공감적 이해'의 의미를 되새겨보자.

□ 숨겨진 아름다움

외눈을 가진 임금님이 자신의 초상화를 그리기 위해 이름난 화가들을 불러 모았다. 임금님은 죽기 전에 자신의 모습을 초상화로 남기기를 원했다. 하지만 그의 모습은 흉하게 일그러진 한쪽 눈때문에 몹시 보기 싫었고, 임금님의 면전에서 초상화를 그려야 하는 화가들에게는 임금님의 그런 외모를 그린다는 것는 매우 곤욕스러운 일이었다. 그래서 어떤 영악한 화가는 임금님의 노여움을 사지 않으려고 두 눈을 모두 성하게 그렸고, 그렇지 못한 다른 화가는 외눈을 있는 그대로 그렸다. 그런데 막상 완성된 초상화를 살펴보던 임금님은 화를 내며 버럭 소리를 질렀다. 임금님은 두 눈을 모두 그린 초상화는 거짓된 모습이라 싫었고, 실제의 모습을 담은 초상화는 너무나 보기 흉해서 싫었던 것이다.

"나라에서 가장 이름난 화가들만 불러 모았는데도 내 마음에 드는 초상화 하나 못 그리다니.... 그대들의 그림 솜씨는 분명 형편없음에 틀림없어."

그 때였다. 젊은 청년 화가 한 명이 선뜻 임금님 앞으로 다가서며 말했다.

"임금님. 빼어난 외모를 가진 사람이라 해도 반드시 한 가지 단점은 있고 아무리 못생긴 사람이라도 그 사람만의 아름다움이 숨어 있기 마련입니다. 단지 사람들이 그것을 제대로 찾지 못하는 것뿐입니다. 저는 제가 보았던 임금님의 숨은 아름다운 모습을 찾아내려고 했습니다."

그는 임금님 앞에 조심스럽게 그가 그린 초상화를 내밀었다.

"음. 그래. 바로 이것이구나."

임금님은 흐뭇해하며 사뭇 떨리는 목소리로 감탄하였고, 초상화를 들여다보면서 눈물을 글썽거렸다. 그것은 임금님의 미소 띤 옆모습을 성한 눈 쪽으로 그린 아주 진지한 모습의 초상화였다.

〈김인경 엮음(1997). 축복을 기다릴 때 읽는 책. 혜문서관〉

다음은 이장호와 금명자(2006)가 공감적 이해 반응을 연습할 때 그 기준을 마련하기 위해 제시한 공감적 이해의 5수준이다.

1 **수준 1**: 상대방의 언어 및 행동 표현의 내용으로부터 벗어나거나 내용에 주의를 기울이지 않기 때문에 감정 및 의사소통에 있어서 상대방이 표현한 것 보다는 훨씬 못 미치게 소통하는 수준

2 **수준 2**: 상대방이 표현한 감정에 반응은 하지만 상대방이 표현한 것 중에서 주목할 만한 감정을 제외시키고 의사소통하는 수준

3 **수준 3**: 상대방이 표현한 것과 본질적으로 같은 정서와 의미를 표현하여 상호교류적인 의사소통을 하는 수준

4 **수준 4**: 상대방이 스스로 표현할 수 있었던 것보다 더 내면적인 감정을 표현하면서 의사소통하는 수준

5 **수준 5**: 상대방이 표현할 수 있었던 감정의 내면적 의미를 정확하게 표현하거나, 상대방의 내면적 자기탐색과 완전히 같은 몰입 수준에서 상대방이 표현한 감정과 의미에 첨가하여 의사소통하는 수준

다음에 제시된 반응 예마다 공감적 이해 척도의 각 수준에 해당하는 5가지 반응을 섞어 놓았다. 각 반응이 공감적 이해 척도 상 어느 수준에 해당하는지를 평정해 보자(이장호, 금명자, 2006).

(1) "우리 집은 왜 이리도 시끄러운지 모르겠어요. 집에선 영 공부할 마음이 안나요."

① "네가 공부할 때는 식구들이 좀 조용히 해 주었으면 좋겠단 말이지?"

② "좀 시끄러워도 참아서 하면 되잖니?"

③ "뭐가 시끄럽다고 그러니? 공부하기가 싫으니까 핑계도 많구나."

④ "그래. 우리 집이 시끄러우니까 공부하기 힘들지?"

⑤ "식구들이 좀 더 조용히 해주면 공부를 더 잘 할 수 있을 거 같단 말이지?"

(2) "이 좋은 일요일날 집구석에 처박혀 있으려니 정말 미치겠네. 에이. 신경질 나."

① "날씨가 화창하니 집에 있기가 답답한 모양이구나?"

② "답답하기도 하겠지만 시험이 얼마 안 남았으니 조금만 더 참아라."

③ "입시 때문에 나가 놀려도 해도 불안하고 집에 있자니 답답하고...... 오늘은 정말 짜증이 난 모양이구나."

④ "오늘 같은 날은 공부고 뭐고 다 그만두고 한번 신나게 놀고 싶기도 하겠지."

⑤ "왜 소리를 지르고 난리니? 시간 있을 때 공부나 하지."

(3) "사무실에서 남자 직원들이 당연히 제가 커피를 타야 한다고 생각하는 것 같아요."

① "여직원이라는 이유로 무시를 당하면 자존심이 상하지."

② "김양이 여자라고 그런 일을 시키나 보군."

③ "좀 하면 안 되나?"

④ "남자 직원들과 동등하게 일하고 싶은데 그런 일을 시켰으니 속상하겠군."

⑤ "남자들이 심부름을 시키니 기분이 나빴겠어."

(4) "몇 일전 철수와 말다툼을 해서 서로 말도 안하고 지내요. 그 후로 먼저 말을 걸려고 생각해도 그게 잘 안돼요."

① "철수랑 사이가 안 좋구나. 그래도 친구 문제는 자신이 알아서 해야 될 것 같은데..."

② "말다툼을 했지만 지나고 보니 후회도 되고 그 친구와 그 전처럼 친하게 지내고 싶은 생각이 드는구나."

③ "네 성격이 좀 까다로운 것 같구나. 그러니 친구가 있겠니?"

④ "철수와 다투고 나니 마음이 편치 않은 모양이구나."

⑤ "사소한 문제 때문에 말도 안하고 지내려니 맘이 편치 않고 말을 걸고 싶은데 막상 그게 잘 안 되는 모양이구나."

(5) "이제 내 실력으로는 A대학을 포기하겠어요. 에이, 그냥 B대학이나 가죠. 그냥 속편하게 생각하기로 했어요."

① "무슨 소리니? B대학도 학교니? 거길 가려면 아예 지금 관둬라."

② "자신이 없어 막상 A대학을 포기하자니 속이 상하겠구나."

③ "네가 자신이 없는 모양이지만 지금 A대학을 포기하는 것은 너무 일러."
④ "A대학을 가자니 자신이 없고 B대학을 가자니 성에 안차고 그래서 갈등이구나."
⑤ "네가 A대학을 가는 게 자신이 없는 모양이구나."

2) 무조건적 긍정적 존중

무조건적 긍정적 존중(unconditioned positive regard)이란 내담자를 하나의 인격체로서 조건 없이 존중하고, 있는 그대로의 모습을 따뜻하게 받아들이며, 내담자의 감정, 사고, 행동 등에 대해 어떠한 판단이나 평가도 하지 않는 태도를 말하며 '수용(acceptance)'이라고도 한다. Rogers(1957)는 무조건적 긍정적 존중을 내담자의 행동, 태도, 지위, 외모 등과 같은 외적인 요소를 고려하지 않고 존엄성과 선천적인 가치를 가진 인간으로 내담자를 간주하는 것으로 정의했다. 현재의 관점에서 긍정적 존중은 내담자를 인간적인 존재로서 긍정적으로 확인하는 것이라 할 수 있다. 내담자에게 긍정적으로 존중하는 상담자는 내담자가 갖고 있는 관점을 반영할 뿐만 아니라 내담자의 세계관을 받아들일 수 있다.

다음은 박성희(2007)의 『동화로 열어가는 상담이야기』에 수록된 '수용'을 잘 나타내는 예화이다. 이 이야기를 잘 읽어보면서 '수용'의 의미를 되새겨보자.

□ 교장선생님

초등학교 5학년 학생들이 담임선생님을 따라 복도를 걸어가고 있었다. 그들 중 한 어린이가 뒤에 처져서 복도 바닥에 한 쪽 발을 찍찍 끌면서 걷고 있었다. 마침 그 옆을 지나시던 교장선생님께서 한마디 하셨다.

"얘, 너는 왜 그렇게 맨날 복도에서 신발을 찍찍 끌며 걷니?"

그 어린이는 강하게 반발하며 말했다. "교장선생님, 저는'맨날'이 아니에요.'오늘만'이에요. 발이 너무너무 아파서 오늘만 이렇다구요."

"아, 그랬구나. 내가 실수를 했네. 오늘만 그런 걸 내가 너를 억울하게 말을 했구나. 미안하다."

"괜찮아요." 학생은 낮은 소리로 침착하게 대답했다.

며칠 후 그 학생이 교장실 문을 노크했다. "교장선생님께 드릴 말씀이 있어서 왔어요." "그래? 무슨 얘긴지 듣고 싶은데." "며칠 전 제가 발이 아파서 복도에서 발을 끌고 가던 날 일인데요. 전 그날 교장선생님께서 그렇게 말씀하시리라고는 상상도 못했어요. 야단맞을 각오로 말했거든요. 그런데 교장선생님께서 인자하게 말씀해 주셨어요. 그날 저는 교장선생님이 정말 멋있다고 생각했어요. 이 말씀을 드리러 왔어요."

〈이민정(1997). 이 시대를 사는 따뜻한 부모들의 이야기. 김영사〉

다음은 이장호와 금명자(2006)가 수용 반응을 연습할 때 그 기준을 마련하기 위해 제시한 수용의 5수준이다.

1 **수준 1**: 의사소통자의 언어와 행동 표현에서 상대방에 대한 존중이 명백히 결여되어있거나 부정적 배려만이 있는 수준

2 **수준 2**: 상대방의 감정, 경험 및 잠재력에 대해 거의 존중하지 않는 수준

3 **수준 3**: 상대방의 감정, 경험 및 잠재력에 대해 기본적으로 긍정적인 존중과 관심을 전달하는 수준

4 **수준 4**: 상대방에 대해 깊은 긍정적 존중과 관심을 표명하는 수준

5 **수준 5**: 상대방에게 한 인간으로서의 가치와 자유인으로서의 잠재력에 대해 매우 깊은 긍정적인 존중을 전달하는 수준

다음에 제시된 반응 예마다 수용 척도의 각 수준에 해당하는 5가지 반응을 섞어 놓았다. 각 반응이 수용 척도 상 어느 수준에 해당하는지를 평정해 보자(이장호, 금명자, 2006).

(1) "저 오늘 몸이 아파서 조퇴했어요. 좀 견뎌 보려고 했는데 참을 수가 없었어요."

① "아플 땐 쉬어야지. 건강해야 공부도 더 잘할 수 있지."
② "몸이 좀 아프다고 자꾸 조퇴를 하면 어떻게 하니?"
③ "또 조퇴냐? 공부하기 싫으니 별 핑계를 다 대는구나."
④ "몸이 아프면 힘들지. 그동안 공부하느라고 무리했지."
⑤ "그래 너니깐 그만큼이나 참았지. 넌 웬만하면 조퇴를 하지 않는 아이지."

(2) "애들이 참 얄미워요. 내신등급을 잘 따려고 야단들이예요. 친한 사이에도 노트도 잘 안 빌려 주려고 하고..... 학교생활이 정말 살벌하고 재미없어요."

① "넌 현실도 모르니? 정말 정신 바짝 차려!"
② "친구들이 맘에 안 드는가 보구나. 그래도 넌 싫은 아이들과 잘 어울려 지내는 편이야."
③ "이러쿵 저러쿵 남의 말 할 것 없어. 너나 잘해."
④ "경쟁이 심해서 학교생활이 삭막할거야. 그래도 넌 애들과 잘 지내려고 애를 쓰는구나."
⑤ "친구들과 지내기가 힘들겠구나. 그래도 넌 용케도 잘 참고 지내는구나."

(3) "부모님이 저한테 너무 많은 기대를 하고 계세요. 관심도 많으시고 너무 잘 해주시니까 오히려 부담이 돼요."

① "너도 이제 고등학생이라는 것을 부모님이 모르고 계시는구나."
② "어떻게 그런 생각을 할 수 있니. 부모님 입장에서 생각해 봐라."
③ "부모님이 잘 해 줘도 불만이구나."
④ "부모님이 공연한 참견을 많이 해 신경이 많이 쓰이는구나."

⑤ "너 혼자서 대부분 일을 훌륭하게 일을 할 수 있는데도 부모님이 일일이 간섭하려 하시는구나."

(4) "저도 좋은 운동화 좀 신어 봤으면 좋겠어요. 딴 애들은 다 이름있는 신발을 신고있고, 또 좋은 신발을 신으면 훨씬 더 편하다고요."

① "운동을 더 잘하려면 좋은 운동화를 신어야 하겠구나."

② "지금 신고 있는 신발이 불편해서 그래?"

③ "좋은 운동화를 진작 새로 사주어야 할 걸 그랬구나."

④ "좋은 운동화를 신으면 보기도 좋고 운동도 잘 할 수 있단 말이구나."

⑤ "듣기 싫어. 또 신발 타령이니?"

(5) "저 이번 일요일 날 친구들하고 극장엘 가기로 했는데요. 괜찮겠죠? 영화가 아주 재미있대요."

① "네가 요새 갑갑한 모양이구나. 그동안 공부하느라고 애 많이 썼지."

② "학생이 극장에 가서 영화나 보면 뭐가 되겠니?"

③ "넌 생각이 있니 없니? 다음 주에 시험 본다면서 어째 그 모양이냐?"

④ "영화가 보고 싶은 모양이구나. 영화도 볼 수 있지만, 공부에 지장이 있으면 안되지?"

⑤ "공부도 중요하지만 좋은 친구들과 어울려서 바람도 쐬고 싶단 말이구나."

3) 진정성

진정성(genuineness)이란 내담자에 대해 진심으로 관심을 가짐과 아울러 순수하고 투명하게 자신을 열고 대하려는 자세를 말한다. Rogers는 상담관계의 필요충분조건으로 공감적 이해, 무조건적 긍정적 존중(수용), 진정성을 들고 있는데, 특히 다른 두 가지 조건의 필수 전제라고 할 정도로 진정성을 중시하고 있다. 내담자에 대한 진지한 관심과 순수한 자세가 선행되어야 상담자의 공감적 이해와 수용이 비로소 제 기능을 다할 수 있다고 본 것이다(박성희, 2007). 진정성은 내담자와의 상담관계에서 뿐만 아니라 일상생활에서 우리가 대인관계를 맺는 데도 시사하는 바가 크다. 우리가 힘들고 어려울 때 찾는 사람이 누구인가? 아마도 자신을 진정한 마음으로 항상 걱정해 주고 위로해 주는 신뢰감 있는 사람일 것이다.

그러나 상대방이 순수하지 못하다고 느끼거나 자신을 건성건성 대한다고 느낄 때 우리는 자연스럽게 상대방과의 만남을 회피하거나 만나더라도 진실을 털어놓지 않고 자신을 보호하려는 생각을 먼저 하게 된다. 이와 같이 진정성이 결여된 관계에서 우리는 무언가 꺼림칙한 느낌이 들면서 마음을 닫게 되는데, 다음의 예를 살펴보자(박성희, 2007).

> 겉으로 보기에는 매우 상냥하고 친절한데도 정이 가지 않는 사람들이 있다. 뭐라고 꼭 집어 말할 수는 없지만, 그 사람과 만나면 기분이 찝찝하고 개운치 않다. 나의 비밀을 캐내려는 것 같고, 나를 이용하려는 것 같고, 뭔가 숨기는 것 같고, 나를 무시하고 잘난 체 하는 듯한 느낌이 들어 왠지 가까이 하고 싶지가 않다. 싹싹하고 상냥한 태도 뒤에 날카로운 송곳을 지닌 듯 섬짓하고 위험한 사람이라는 느낌을 받는다. 뭔가 순수하지 못하다고 느끼게 된다.

다음은 이장호와 금명자(2006)가 진정성 반응을 연습할 때 그 기준을 마련하기 위해 제시한 진정성의 5수준이다.

1. 수준 1: 자신이 느끼는 감정과는 무관한 표현을 하거나 부정적인 것에만 진지한 반응을 하기 때문에 상대방에게 전체적으로 파괴적인 영향을 주는 수준
2. 수준 2: 자신이 느끼는 감정과 거의 관계가 없는 표현을 하거나 상대방에 대한 진지성이 주로 부정적인 반응에 대해 나타나는 수준
3. 수준 3: 말하고 느끼는 것 중에서 부정적인 단서를 보이지는 않지만 진지한 반응을 나타내는 긍정적인 단서를 제공하지 못하는 수준.
4. 수준 4: 상대방에게 긍정적이든 부정적이든 진지한 반응을 나타내며 긍정적인 반응 단서를 건설적인 방식으로 제시하는 수준
5. 수준 5: 상대방과의 비타산적인 관계에서 자유롭고 깊게 자기 자신의 모습이 되는 수준

다음에 제시된 반응 예마다 진정성 척도의 각 수준에 해당하는 5가지 반응을 섞어 놓았다. 각 반응이 진정성 척도 상 어느 수준에 해당하는지를 평정해 보자(이장호, 금명자, 2006).

(1) "선생님 기분이 안 좋은 것 같네요. 혹시 제가 뭐 잘못한 거라도 있나요?"

① "내 기분이 어떻든 네가 무슨 상관이냐?"

② "사실 네가 하는 일을 보면 신경이 쓰이지."

③ "별일 아니다. 네가 신경 쓸 필요 없어."

④ "네 태도가 좋아지기를 바라는 마음에 걱정이 되지."

⑤ "그럴만한 일이 있어서 그래."

(2) "엄마, 옷도 내 맘대로 못 입어요? 엄마는 구식이에요."

① "엄마가 다 알아서 해 주는데 뭘 그러니?"

② "그렇게 생각하다니 섭섭하구나."

③ "섭섭하긴 하지만 네 취향이 엄마랑 전혀 다르다는 것을 몰랐구나."

④ "엄마가 섭섭하더라도 네가 마음대로 사 입도록 할 걸 그랬구나."

⑤ "네가 뭘 안다고 그러니? 네가 옷 하나 제대로 고를 줄 알고 그러니?"

(3) "도대체 집이라고 마음에 드는 구석이라고는 하나도 없어요."

① "네가 집에 정을 붙이지 못해 걱정이 되는구나."

② "네 마음에 드는 게 뭐 있니?"

③ "그래도 정을 붙이려고 애써야 되지 않겠니?"

④ "꼭 그렇게 말할 필요는 뭐 있니?"

⑤ "나에게 뭔가 말하고 싶은 게 있는 것 같은데, 그렇게 말하니 걱정이 되는구나."

(4) "오늘 저녁엔 영 먹을 것이 없어요. 뭘로 저녁을 먹으란 말이에요."

① "밥상 놓고 투정하면 안 되는 거야."

② "그러잖아도 엄마가 미안한데 네가 그렇게 말하면 어떻게 되니?"

③ "주는 대로 먹어. 웬 잔소리가 많아."

④ "어떻게 엄마에게 그렇게 말할 수 있니?"

⑤ "엄마가 바빠서 그랬어. 가끔 이렇게 먹을 수도 있는 거야."

(5) "엄마는 왜 우리들 일보다는 바깥일에 더 신경쓰시는 거예요?"

① "넌 버르장머리 없이 어른 하는 일까지 참견하려고 하니?"

② "너희들이 엄마의 사정을 좀 알아주면 얼마나 좋겠니?"

③ "너희들은 너희들 일만 잘하면 되는 거야."

④ "엄마의 입장을 좀 이해해 줄 수 없겠니? 너희들이 불편한 걸 엄마가 모르는 게 아니야."

⑤ "너희들에게 그런 말을 들으니 속이 상하는구나."

제 7 장

상담대화의 실제

1 · 적극적 경청
2 · 구조화
3 · 재진술
4 · 반영
5 · 명료화
6 · 침묵
7 · 자기개방
8 · 직면
9 · 즉시성
10 · 정보제공
11 · 직접적 지도
12 · 해석

1 적극적 경청

적극적 경청이란 귀로 내담자의 음성언어를 듣고 눈으로 내담자의 신체언어를 관찰함을 의미한다. 상담자는 내담자의 음성언어보다 신체언어를 더 신뢰한다. 상담자가 주의산만을 필하고 내담자에게 초점을 유지하면서 그가 표현하는 모든 감정, 행동, 생각을 이해하려는 노력이 적극적 경청이다(노안영, 2005).

상담자는 적극적 경청을 위해 우선 상담 과정에서 듣지만 말고 보아야 한다. 내담자의 표정, 몸짓, 시선, 자세, 동작 등과 같은 비언어적 단서를 통해 내담자의 정서 상태를 파악하는 것이 중요하다. 이는 비언어적 의사소통이 다음과 같은 이유로 중요하기 때문이다. 첫째, 표정, 시선, 말투, 몸짓, 자세 등 다양한 채널로 표현된다. 둘째, 비교적 무의식적이고 자발적으로 표현된다. 셋째, 언어적 의사소통과 일치하지 않는 경우가 있다.

내담자는 음성언어를 통해 자신이 의도한 바를 상담자에게 전달할 뿐만 아니라 신체언어를 통해 감정과 행동을 드러낸다. 따라서 상담자는 효과적 조력을 위해 적극적 경청을 통해 내담자를 이해하고, 적절한 반응을 통해 내담자가 문제해결을 할 수 있도록 촉진적 역할을 수행해야 한다.

또한 적극적 경청에서 중요한 점은 상담자가 내담자의 내용을 주의 깊게 듣고 있다는 사실을 내담자에게 다양한 형태로 보여주어야 한다는 것이다. 상담자의 경청하는 자세와 관련하여 Egan(1994)은 'SOLER'라는 머리글자를 제안한다.

- Squarely(바르게 정면보기) : 내담자를 정면으로 바라보면서 마주 본다.
- Openness(자세 열기) : 개방적인 자세를 취한다.
- Leaning(기울이기) : 내담자 쪽으로 상체를 약간 앞으로 기울인다.
- Eye contact(눈 마주치기) : 지속적으로 적당한 시선접촉을 한다.
- Relaxing(이완하기) : 편안하고 자연스럽게 내담자를 대한다.

이 내용에 대해 구체적으로 소개하면 다음과 같다(Egan, 1994; 노안영, 2005에서 재인용).

1 Squarly: 상담자는 내담자를 바로 바라본다.

내담자에게 관여하고 있다는 자세를 취한다. 이러한 자세는 '나는 당신과 함께 있다. 당신에게 도움이 되고 싶다.'라는 뜻을 전달한다. 상대방에게 말하면서 고개를 다른 곳으로 돌리고 있으면 관심이 적다는 생각을 품게 할 수 있다. 내담자가 둘러앉아 있고 상담자는 어떻게 해서든 내담자를 바로 바라보려고 노력한다. 여기 '바로'라는 말은 문자 그대로 상대방에게 향하게 할 때, 이는 내담자에게 관심이 있다는 사실을 전달해 준다는 점이다.

2 Open: 상담자는 개방적인 자세를 취한다.

상담자는 내담자에게 마음의 문을 열고 있다는 자세를 취하는 것이 중요하다. 상담자가 팔짱을 끼거나 다리를 꼬고 앉아 있는 것은 관심이나 도울 태세가 제대로 갖추어져 있지 않다는 생각을 내담자에게 갖게 할 수 있다. 개방적인 자세는 내담자와 내담자가 하는 말에 마음을 열고 있다는 증거가 될 수 있다. 다리를 꼬고 앉아 있다고 해서 내담자에게 관심이 없다는 뜻은 아니다. 그러나 중요한 것은 '내가 지금 취하고 있는 자세는 개방적이 돕고 싶은 태세가 갖추어져 있다는 사실을 내담자에게 얼마나 잘 전달하고 있는가?'하고 자문해 볼 필요가 있다.

3 Leaning: 상담자는 내담자를 향해 몸을 기울인 자세를 취한다.

상담자는 내담자를 향하여 몸을 약간 기울여서 그의 말에 관심을 기울이고 있다는 것을 나타내는 자세를 취한다. 중요한 것은 상체의 움직임이다. 몸을 너무 앞으로 구부리거나 그런 동작을 자주 취하면 내담자에게 부담을 주고 친밀감을 강요하는 것 같은 인상을 줄 수 있다. 넓은 의미에서 볼 때 상대방 쪽으로 몸을 기울이는 것은 내담자와의 의사소통을 촉진시키는 일종의 신체적 유연성이나 반응성을 가리킨다.

4 Eye contact: 상담자는 내담자와 적절한 시선 접촉을 유지한다.

내담자와 좋은 시선 접촉은 유지한다는 것은 '당신과 함께 있다. 당신에게 관심을 느끼고 있다. 당신이 하는 말을 듣고 싶다.'는 뜻을 전달해 준다. 물론 가끔 시선을 다른 곳으로 돌린다고 해서 나쁠 것은 없다. 사실 상대방을 바라보고 싶지 않으면 그렇게 해야 한다. 그러나 너무 자주 시선을 피하면 상대방과 함께 있거나 관여하기를 꺼린다는 암시를 주거나, 상담자가 무언가 불편해 한다는 인상을 줄 수 있다.

5 Relaxed: 상담자는 편안하고 이완된 자세를 취한다.

편안한 자세는 두 가지 사실을 뜻한다. 첫째, 조바심하거나 주의를 흩뜨리는 표정을 짓지 않는다. 그렇게 하면 내담자는 무엇이 상담자를 불편하게 하는지 의아하게 생각할 것이다. 둘째, 개인적 접촉과 표현의 도구인 몸짓을 편안하고 자연스럽게 한다. 이러한 기술을 자연스럽게 사용하면 내담자를 편안하게 만들 수 있을 것이다.

한편 Hill과 O'Brien(1999)은 Egan(1994)의 'SOLER'에 몇 가지 기술을 더 추가하여 'ENCOURAGES'로 상담자의 바람직한 자세를 설명하였다.

- Eye : 적당한 정도의 눈 마주치기를 유지한다.
  자주 다른 곳을 본다든지 뚫어지게 보거나 하는 것은 피한다.
- Nod : 고개 끄덕임을 적당한 수준으로 사용한다.
- Cultural difference : 문화적 차이를 인식하고 존중한다.
- Open stance : 내담자 쪽으로 열린 자세를 유지한다.
  팔짱을 끼지 말고 정면으로 내담자를 마주 대하며 내담자 쪽으로 기울인 자세를 취한다.
- Unhmn : '음' 등의 인정하는 언어를 사용한다.
- Relaxed : 편안하고 자연스럽게 대한다.

- Avoid : 산만한 행동을 피한다.
  너무 많이 웃거나 너무 많이 깔깔대거나 물건 등을 만지작거리는 행동은 피한다.
- Grammatical : 내담자의 문법적 양식에 맞추어 표현한다.
  상담자 자신의 언어양식 범위 내에서 내담자의 언어양식을 사용한다.
- Ear : 제 3의 귀로 경청한다.
  언어적 메시지와 비언어적 메시지를 주의하여 듣는다.
- Space : 공간적인 거리를 적절하게 유지한다.
  내담자와 너무 가깝거나 너무 멀리 앉지 않는다.

위와 같은 상담자의 적극적 경청 자세 중 눈 마주치기, 최소한의 격려와 인정, 문법적 양식 맞추기, 고개 끄덕이기에 대해 구체적으로 소개하면 다음과 같다 (Hill & O'Brien, 1999).

1 눈 마주치기

눈 마주치기는 중요한 비언어적인 행위이다. 우리는 상대방의 눈과 마주치고 바라봄으로써 친밀감과 흥미, 순종, 권위를 이야기할 수 있다. 눈은 대화를 관찰하고, 피드백을 제공하고, 이해하고 있음을 보여주는 데 사용된다. 상호작용에서 눈 마주치기에 사용되는 시간은 28%에서 70%에 이른다. 그러나 서로 응시하기는 보통 1초를 넘지 않는다. 너무 적은 눈 마주침은 듣는 이가 흥미가 없어한다는 감정을 일으킬 수 있고, 너무 잦은 눈 마주침은 불안하거나 강요당한다거나 복종 또는 조종당한다거나 완전히 압도당하는 감정을 일으킬 수 있다.

2 최소한의 격려와 인정

상담자는 비언적인 소리, 즉 비언어인 “음”, “예”, “와우” 등과 같은 간단한 단어 속에서 내담자들을 계속해서 말하도록 장려해야 한다. 최소한의 격려와 인정은 머리를 끄덕이는 행동과 같은 목적으로 내담자에게 도움을 주는 접속사 역할을 한다. 상담자는 최소한의 격려와 인정을 너무 적게 혹은 너무 많이 사용할 수 있다. 너무 적게 사용하면 거리감을 느끼게 되고, 너무 많이 사용하면 내담자를 정신없고 화가 나게 할 수 있다. 최소한의 격려와 인정은 내담자의 문장 끝이나 말을 바꿀 때 종종 사용하는 것이 바람직하다.

3 문법적 양식 맞추기

상담자가 주목함을 전달할 수 있는 또 하나의 방법은 언어를 통하여 내담자의 문법적 양식에 맞추는 것이다. 언어는 내담자들의 교육 정도와 문화적 경험에 적합해야 한다. 만약 내담자가 "난 친구들하고 잘 지내기가 어려워요."라고 말하면, 상담자는 "너의 열등감이 친구와 관계형성하는 것을 막고 있구나"라고 말하기보다는 "너는 친구들과 사이좋게 지내려고 하는구나."라고 말해야 할 것이다. 상담자는 자신의 언어양식을 내담자의 언어양식에 가깝게 수정해야 한다. 우리는 각각 편안하게 느끼는 범주 내에서 언어를 사용하고 있으며 상담자는 가능한 각 내담자들의 범위 내에서 사용할 것을 찾아야 한다.

4 고개 끄덕이기

상담 과정에서 상담자가 적절히 머리를 끄덕이는 것은 내담자로 하여금 상담자가 자신의 이야기를 잘 경청하고 있다고 느끼게 할 수 있다. 사실 어떤 경우에는 언어적 메시지가 필요하지 않을 수 있다. 왜냐하면 상담자가 머리 끄덕임을 통하여 내담자와 함께 의사소통을 할 수 있기 때문이다. 그러나 다른 비언어적 행동과 마찬가지로 머리 끄덕임의 적정 수준이 있다. 너무 적은 머리 끄덕임은 내담자가 함께 하지 않는다고 느끼게 만들 수 있고 너무 많으면 혼란을 유발할 수 있다.

2 구조화

구조화(structuring)는 상담자가 주로 상담의 시작 단계에서 내담자에게 상담에 필요한 제반 규범과 상담에 있어서의 한계에 대해 설명해 주는 것을 말한다. 즉 상담자가 내담자에게 상담과정의 체계와 방향을 알려주는 것이다. 이러한 구조화를 통해 내담자는 상담관계가 합리적인 계획을 가지고 있다는 점을 알게 된다.

상담에 필요한 제반 규범에는 상담에 적극적으로 참여하기, 상담약속 시간 준수하기, 상담약속 취소나 연기 신청방법, 위급한 상황에 처했을 때 상담자에게 연락하는 방법, 상담실 이용방법, 그리고 기타 내담자가 알아두어야 할 제반 사항 등이 포함된다. 또한 상담의 한계란 상담자와 내담자 사이에 할 수 있는 사항과 그렇지 않은 사항을 서로 간에 의사소통을 통해 명백히 구분짓는 것을 말하며 다음과 같은 상담의 한계가 포함된 구조화를 실시해야 한다(연문희, 강진령, 2008).

- 책임의 한계

상담자는 우선 내담자의 문제와 행동 및 문제해결에 대한 책임이 내담자 자신에게 있음을 명백히 해야 한다. 흔히 내담자는 당면한 문제의 책임을 상담자에게 떠맡기려는 경향이 있다. 따라서 상담자는 상담 초기에 책임에 대한 한계를 명확히 해야 한다.

- 시간의 한계

상담자는 내담자에게 시간에 대한 규정과 한계에 대해 내담자가 이해할 수 있도록 명확하게 설명해 주어야 한다. 예를 들어, 상담시간의 길이와 빈도, 약속 시간의 변경이 필요한 경우의 조치 등이 포함된다.

- 행동의 한계

상담자는 내담자가 자신이나 타인을 해치거나 그 외의 범죄행동이 임박했다고 판단되는 경우, 비밀유지를 파기하는 등 지체없는 적절한 조치를 취할 수 있다는 점을 미리 설명해야 한다.

• 애정의 한계

애정에 있어서의 한계를 정하는 것은 상담자의 윤리와 관련된 사항이다. 예를 들어 내담자가 상담자에게 선물을 사달라고 하는 경우, 어떻게 할 것인가에 대한 한계를 내담자에게 설명해야 한다. 또는 상담자와 내담자의 관계 이외의 관계는 이중관계에 해당하는 것으로 상담자는 역할 갈등이 없도록 항상 상담자 윤리에 저촉되지 않는 범위 내에서 행동해야 할 의무가 있다.

3 재진술

재진술(restatement)이란 내담자의 진술 내용이나 의미를 반복하거나 바꾸어 말하는 것을 말한다. 재진술을 사용하면 상담자는 내담자가 자신이 말한 것을 들을 수 있게 하는 반향판(sounding boards)의 역할을 한다. 즉 재진술의 사용은 비판 없이 내담자가 자신의 말을 들을 수 있도록 상담자는 거울과 같은 역할을 하는 것이다. 재진술은 내담자의 말을 모두 옮기는 것이 아니라 가장 중요한 것에 초점을 맞추기에 일반적으로 내담자의 진술보다 더 짧고 더 간결하다. 예를 들어 어떤 내담자가 공부를 방해하는 많은 요인들에 대해 이야기 했다면 “아, 그래서 요즘 공부를 좀 못하셨군요.” 또는 “최근에 공부하기가 힘드셨군요.” 등의 재진술을 할 수 있다(Hill & O'Brien, 1999). 이러한 재진술은 내담자로 하여금 자신이 말한 내용을 탐색하도록 촉진한다. 상담자는 내용의 재진술을 통해 내담자의 입장을 이해하려고 노력하고 있음을 알려주게 되며, 내담자가 한 말을 간략하게 반복함으로써 내담자의 생각을 구체화시키며, 내담자가 말하고 있는 바를 상담자 자신이 제대로 이해하고 있는지를 확인해 볼 수 있다(노안영, 2005).

4 반영

반영(reflection)이란 내담자가 한 말과 행동을 듣고 본 후 내담자의 감정이나 정서를 파악하여 되돌려 주는 기술을 말한다. 그 감정은 내담자에 의해 진술되거나, 상담자가 내담자의 비언어적 행동이나 메시지의 내용으로부터 추론할 수도 있다. 상담자는 전형적으로 내담자가 자신의 감정을 파악하고 표현하도록 돕기 위하여 반영을 사용한다. 사실 반영은 내담자의 탐색을 돕는 가장 중요한 기술 중 하나이다. 반영으로 인해 기대되는 반응은 내담자가 좀 더 깊이 자신의 감정을 탐색하는 것이다(Hill & O'Brien, 1999).

내담자의 감정을 반영할 때는 "당신은 ~때문에 ~를 느끼는군요."와 같이 감정과 함께 감정의 원인을 함께 이야기하는 형태가 바람직하다. 예를 들어 "당신은 방법을 찾을 수 없기 때문에 좌절하고 있군요."에서 "때문에"의 구절은 왜 그 감정을 느끼는지를 설명하는 내용으로 바꾸어 말할 수 있다. "때문에"라는 구절을 항상 사용할 필요가 있는 것은 아니지만, 그것은 내담자가 그 감정을 왜 갖게 되었는지 원인에 대한 증거 자료를 제공하는 데 유용할 수 있다.

반영은 상담 과정에서 다음과 같은 효과를 가져온다(박성희, 임용우, 2006). 첫째, 정확한 반영은 내담자에게 자신의 깊은 속을 이해받고 있다는 느낌을 심어주어 내담자의 자기공개 수준을 심화시킨다. 둘째, 내담자가 느끼는 여러 감정을 정확히 변별하는 데도 도움을 준다. 셋째, 내담자의 감정을 통제하고 조절하는 역할을 수행한다.

5 명료화

명료화는 내담자의 대화내용을 분명히 하고 내담자가 표현한 바를 상담자 자신이 정확히 지각하였는지 확인하는 대화 기술이다. 상대방이 전달하는 메시지를 잘 이해하지 못했을 때, 상대방이 표현한 내용을 보다 정교하게 이해하려고 할 때, 또는 상담자가 들은 내용의 정확성 여부를 직접 점검하고 싶을 때 명료화 기술을 사용할 수 있다. 일반적으로 "그것이 정확하게 무엇을 뜻하는 것이죠?", "방금 ~스럽다고 했는데 잘 못들었어요. 다시 말해 줄 수 있나요?" "방금 말한 그 두 가지가 어떻게 연결되는지 잘 모르겠는데요?" "제가 듣기에 그 사람이 이렇게 속였기 때문에 더 믿을 수 없다. 그런데 그 사람이 싫지는 않다. 이런 것 같은데 맞습니까?"와 같은 명료화 기술은 중간 중간 사실을 확인함으로써 상담자로 하여금 검증되지 않은 가정과 추리에 의해 섣부른 결론에 도달하지 않도록 돕는 역할을 수행한다. 아울러 내담자로 하여금 상담자가 자신의 말을 정확히 이해하고 있고, 전력을 다해 자신의 말을 집중해 듣고 있다는 신뢰감을 심어주기도 한다(박성희, 임용우, 2006).

6 침묵

침묵이란 특별히 아무 것도 하지 않고 내담자의 이야기를 묵묵히 들어주는 것을 말한다. 물론 침묵으로 대화에 응한다는 것이 아무 말 없이 무표정하게 있는 것을 의미하지는 않는다. 입을 열어 말을 하지 않을 뿐 상담자는 내담자의 이야기에 모든 신경을 쏟아가며 열심히 귀 기울여 듣는 상태가 침묵이다. 이러한 침묵 반응은 내담자가 적극적으로 자신을 표현하고 있거나 음성언어로써 응대하지 않고 신체언어만으로 대화하는 것이 훨씬 바람직하다고 생각될 때 매우 좋은 방법이다. 예를 들어 내담자가 대화 도중 격한 울음을 터뜨리고 한동안 울고 있다면 상담자는 화장지를 건네주고 그 감정을 함께 느끼며 가만히 앉아 있거나 함께 울어주는 것이 "많이 서러웠구나" 등의 말을 하는 것보다 적절한 반응이 될 수 있다(박성희, 임용우, 2006).

아무 말도 하지 않는다고 해서 아무 것도 하지 않는 것이 아니다. 상담자는 매우 집중하고 지지적일 수 있다. 사실 때때로 상담자가 할 수 있는 가장 유용한 것은 아무 말도 하지 않고 침묵하는 것이다. 침묵은 방해 없이 아무 말도 하지 않는 것을 통하여 생각하는 시간을 갖도록 하므로 유용하다. 어떤 사람은 충분하게 생각하는 것이 필요하기 때문에 긴 시간을 침묵한다. 상담자는 이런 내담자를 방해하기 보다는 오히려 그들이 또 다른 이야기를 하도록 하기 위하여 내담자가 말을 마친 후 어느 정도 기다릴 수 있어야 한다.

상담 과정 중에 내담자의 침묵은 다음과 같이 여러 가지 의미를 가질 수 있다(노안영, 송현종, 2006). 첫째, 내담자가 문제 자체 또는 문제의 해결방안에 대해 생각하고 있는 시간일 수 있다. 둘째, 내담자가 자신의 감정에 빠져 있거나 감정을 추스르는 시간일 수 있다. 셋째, 상담자의 다음 반응을 기다리고 있는 중일 수 있다. 넷째, 상담 또는 상담자에 대한 저항일 수 있다. 이 중에서 처음 두 가지의 의미라면 상담자는 침묵을 깨뜨리기보다는 내담자가 다음 반응을 할 때까지 충분히 기다리는 것이 좋다. 세 번째의 경우라면 상담자가 적절히 반응을 해야 할 것이다. 그러나 만약 네 번째의 경우라면 내담자와 함께 침묵의 의미에 대해 이야기를 하면서 저항을 다루어야 한다. 그리고 이때 내담자가 원한다면 상담을 받지 않고 그냥 가도 된다는 점을 말해 주는 것이 도움이 될 것이다.

7 자기개방

자기개방(self-disclosure)은 상담자가 상담과정에서 자신의 개인적인 어떤 것을 드러내는 것이다(Hill & O'Brien, 1999). 내담자가 현재의 갈등을 자기만 겪는 혼자만의 문제로 지각하고 있거나, 상담자의 유사한 체험이 도움을 줄 수 있다고 여겨지거나, 대답을 절실히 원하는 내담자의 질문이 있을 때 상담자는 자신의 경험이나 감정을 공개할 수 있다. 이러한 자기개방은 상담자를 하나의 인간으로 지각하도록 도움을 주고 대화의 상호성을 허용함으로써 친밀한 인간관계를 신속히 형성하는 효과를 가져오기도 한다(박성희, 임용우, 2006).

상담자의 자기개방을 통해 다음과 같은 두 가지 효과를 얻을 수 있다(박성희, 임용우, 2006; 이장호, 금명자, 2006). 첫째, 모델링의 효과로서 내담자에게 상담자의 자기개방 행동을 학습시키는 것이다. 무엇을 해야 좋을지 모르는 내담자나 자신에 대해 솔직하게 말하기를 망설이고 있는 내담자에게 기꺼이 자기에 대해 알려주는 상담자의 모습은 내담자가 상담 중에 어떻게 행동해야 하는지를 안내해 준다. 둘째, 상담자의 자기개방은 내담자에게 상담과제와 과제해결에 관해 새로운 조망과 시각을 갖도록 돕는다. 상담자가 문제가 되는 상황과 관련된 자신의 경험을 이야기할 때 내담자는 주의를 집중하게 되고 상담자의 이야기 내용에 비추어 자신이 처한 상황을 점검하게 된다. 이러한 과정은 문제 상황을 다른 각도에서 살펴볼 뿐 아니라 대처 방식을 변경할 수 있는 계기로 작용한다.

상담자의 자기개방 반응이 적절한 상담기법으로 사용되기 위해서는 몇 가지 원칙을 명심해야 한다(이장호, 금명자, 2006). 첫째, 자기개방의 내용에는 초점이 있어야 한다. 상담자가 겪은 경험 중 어느 것이 내담자로 하여금 문제 상황을 더 구체적으로 이해할 수 있게 하는지를 생각하여 선택적으로 공개해야 한다. 둘째, 내담자에게 부담을 주지 말아야 한다. 상담자의 자기개방은 자칫 잘못하면 "내가 이렇게 공개했으니 너도 이만큼 공개하라"는 요구와 부담으로 지각될 수 있기 때문에 내담자의 수용 수준과 폭을 고려해야 한다. 셋째, 너무 자주 사용하지 말아야 한다. 상담자의 자기개방을 너무 자주 사용하면 내담자의 탐색을 방해하고 상담자에게로 주의가 옮겨지게 된다.

8 직면

직면은 내담자로 하여금 현재 자신이 회피하고 있는 생각, 감정, 행동을 직접 바라보도록 하는 반응이라고 정의할 수 있다. 여기서 회피란 내담자가 전달하는 메시지 자체에 담긴 모순과 불일치를 의미한다. 따라서 직면은 내담자로 하여금 모순, 합리화, 변명, 그리고 오해석을 확인할 수 있도록 도와준다. 대체로 상담 장면에서 자주 나타나는 불일치나 모순은 다음과 같다(Hackney & Cormier, 2001).

1 내담자가 말한 내용과 행동 방식 간의 불일치(예를 들어 자신이 말이 적은 편이라고 말하면서 실제 상담 과정에서 거리낌 없이 말하는 내담자)
2 내담자가 말한 자신의 감정과 행동 방식 간의 불일치(예를 들어 자신은 편안하다고 말하고 있지만, 계속해서 불안한 행동을 보이는 내담자)
3 내담자의 두 개의 언어적 메시지 간의 불일치(예를 들어 자신의 행동을 변화시키길 원한다고 말하지만, 바로 다음에 자신의 행동이 잘못된 이유를 모두 타인에게 전가시키는 내담자)

일반적으로 직면은 "당신은 ~라고 말했지만/그러나 ~처럼 보입니다."라는 문장 형태를 지니고 있다. 이러한 문장의 첫 번째 절인 "당신은 ~라고 말했지만"은 내담자가 말한 메시지를 반복하는 내용이다. 그리고 두 번째 절은 "~처럼 보인다."는 내담자가 말한 메시지가 담고 있는 모순이나 불일치를 지적하는 내용이다.

직면은 다음과 같은 경우에 적합하다(노안영, 2005).

- 내담자의 언행이 일치하지 않는다.
- 내담자가 자기모순적인 말들을 하고 있다.
- 내담자가 현실과 동떨어져 있다.
- 내담자가 지나치게 과거나 미래에 얽매어 있어서 현실에 초점을 맞출 수가 없다.
- 내담자가 고장이 난 레코드처럼 같은 이야기를 여러 번 반복한다.
- 걱정이 되는 기본적인 문제를 내담자가 피하고 있다.
- 자기 자신에게 해악이 되는 행동을 내담자가 모르고 있다.
- 내담자가 자신의 행동이 초래할 심각한 결과를 모르고 있다.

그러나 이러한 직면은 상당히 위협적인 대화 기법이다. 따라서 직면을 통하여 내담자의 모순된 언어와 행동을 지적하는 일, 직면에 대한 내담자의 반응을 분석하는 일은 내담자에게 심리적인 위협 차원이 아니라 내담자를 새로운 통찰로 이끌어 바람직한 변화와 성장을 증진시키기 위한 수단으로 활용되어야 한다 (박성희, 임용우, 2006).

9 즉시성

즉시성(immediacy)은 상담자가 내담자와의 관계에서 자신, 내담자 혹은 상담 관계에 대하여 어떻게 느끼고 있는지를 드러냄으로써 발생한다. 즉시성을 사용하는 주된 목적은 통찰의 촉진이다. 상담자는 내담자가 왜 다른 사람에게 그렇게 행동하는지에 대한 이해를 촉진시킬 수 있도록 도와준다. 즉 내담자가 부적절한 행동이나 다른 사람에게 부정적으로 하고 있는 것(예를 들어 적대적으로 행동하기, 논쟁하기, 멀게 느껴지게 하기, 지나치게 친절하기, 이상적으로 행동하기 등)이 무엇인가를 파악하게 하는 것이다. 또 다른 목적으로는 상담과정을 방해하는 상담 관계에서의 문제를 표현하는 것이다. 어떠한 인간관계에서든 문제와 오해는 발생하는데, 이 경우 표현될 필요가 있다. 상담자는 즉시성을 가지고 내담자 행동의 결과에 대한 피드백을 제공하고, 상담과정에서 정직한 감정을 드러내면서 개방적이고 거짓 없는 방식으로 이러한 문제를 다룬다(Hill & O'Brien, 1999).

즉시성에는 두 가지 형태가 있는데, 상담자와 내담자가 상담기간 동안 맺어온 관계양식에 초점을 맞추는 것과 '그때 그 시간'에 일어났던 것에 초점을 맞추는 것이다. 상담자와 내담자 간에 형성된 전반적인 관계에 초점을 맞추는 것을 '관계의 즉시성'이라 한다. 관계의 즉시성은 관계의 전반적인 패턴을 상담자가 내담자와 함께 논의하기 위해 제시하는 것이다. 또한 방금 있었던 사건에 초점을 맞추는 것을 '지금-여기의 즉시성(here and now immediacy)'이라 하며, 관계 전체가 아닌 방금 있었던 특정 상호작용만을 논의하는 것이다.

이러한 즉시성은 다음과 같은 경우에 매우 유용하다(이장호, 금명자, 2006).

1. 상담 중 방향을 잃었거나 별 진전이 없을 때

<상담자> "난 우리가 늪에 빠져 있다고 느껴지는군요. 잠깐 멈추고 무엇이 잘못되었는지를 살펴봐야 할 것 같아요."

2. 상담자와 내담자 간에 긴장을 느낄 때

<상담자> "우리 서로 신경이 날카로워진 것 같군요. 잠깐 멈추고 기분을 전환해 보는 것이 좋을 것 같네요."

3. 상담자에 대해 신뢰감을 보이지 않을 때

<상담자> "당신이 아직 머뭇거리고 있다고 생각이 드는군요. 그것이 나 때문인지는 알 수 없지만, 나를 아직 믿기 어려운 것은 아닌지요."

4. 사회적 위치, 계층이나 대인관계 양식이 다르기 때문에 상담자와 내담자 간에 거리감이 있을 때

<상담자> "나는 선생님이고 너는 학생이라는 것이 너를 주저하게 하는 같구나."

5. 내담자가 상담자에게 지나치게 의존할 때

<상담자> "당신은 내가 허락할 때까지 그 문제를 말하려고 하지 않는군요. 내가 허락하는 사람의 역할을 하고 있는 것은 아닌지 모르겠어요."

⑥ 호감이 상담과정을 방해할 때

<상담자> "우리는 처음부터 서로에게 호감을 가진 것 같은데, 그것이 상담에 의해 생긴 것인지에는 의문이 생기는군요."

10 정보제공

정보제공은 내담자에게 특정 자료, 사실, 자원(resources), 질문에 대한 대답, 또는 의견을 제공하는 것으로 정의할 수 있다(Hill & O'Brien, 1999). 즉 정보제공은 내담자가 정보의 부족으로 자신의 문제를 충분히 탐색하지 못할 때 필요한 정보를 제공하거나 정보를 얻을 수 있는 출처나 자료를 소개함으로써 자기의 문제에 대한 새로운 조망을 발달시키도록 돕는 것이다.

상담자는 내담자를 교육하기 위한 의견이나 사실, 자료를 제공하기 위하여 자신의 지식, 경험, 전문적 기술을 사용한다. 예를 들어 상담자는 내담자가 치른 심리검사에 대한 정보를 제공한다. 또한 상담자는 내담자에게 자신의 교육이나 삶의 경험으로부터 나온 의견이나 지식을 제공한다. 예를 들어 "적절한 스트레스는 사람을 동기 유발시키는 데 유용하지만, 너무 많거나 너무 적은 스트레스는 비생산적이 될 수 있다."와 같은 지식을 제공하는 것이다. 그리고 상담자는 내담자의 질문에 대답을 제공하기도 한다. 예를 들어 어떤 내담자가 상담자에게 어떻게 상담자가 되었는지 질문을 하는 경우, 상담자는 상담대학원에 대한 정보를 내담자에게 알려줄 수 있다(Hill & O'Brien, 1999).

그러나 정보제공에서 다음 몇 가지를 주의해야 한다. 첫째, 내담자의 문제 상황과 관련된 정보만 제공해야 한다는 점이다. 둘째, 정보제공을 충고 또는 조언하기와 혼동해서는 안 된다. 충고, 조언하기는 내담자가 따라야 할 해결책이나 처방을 제시하는 것인 반면, 정보제공은 현재 문제 상황에 대해 정확한 정보를 제공하여 그 정보를 바탕으로 내담자가 어떤 결정을 하도록 하는 것이다. 셋째,

정보제공은 상담자 자신의 철학을 제시하는 것도 아니며, "당신에게 문제가 없다"고 안심시키는 방법도 아니라는 점이다.

11 직접적 지도

직접적 지도(direct guidance)는 상담자가 내담자에게 하는 지시나 제안, 그리고 내담자가 해야 한다고 생각하는 것에 대하여 충고를 제공하는 것을 의미한다. 정보제공이 단지 사실이나 자료를 전달하면서 내담자가 취할 행동을 제안하지 않는 것에 반해, 직접적 지도는 내담자에게 어떤 것을 하도록 요구하거나 제안하는 것이다. 즉 정보제공은 사실이나 의견을 전달하는 반면, 직접적 지도는 내담자를 위한 행동을 제안하는 것이다(Hill & O'Brien, 1999). 직접적 지도는 특히 전문적 지식과 경험에 기초한 신뢰받는 상담자에 의해 주어질 때 매우 유용할 수 있다. 예를 들어 어린 아이들의 취침시간을 다루는 문제를 고민하는 부모에게 제안하는 것이나 입원 후 대처전략을 생각하는 내담자를 돕는 것 등이 있다. 그러나 직접적 지도 측면에서 상담자는 자신이 도움을 줄 수는 있지만 내담자가 그것을 따르도록 강요할 수 없다는 것을 유념해야 한다. 상담자는 내담자를 대신해서는 안 되며, 내담자가 고려할 만한 대안을 제공해야 한다. 아주 심한 상황에서라도 내담자는 자신이 무엇을 할지 스스로 결정해야 하며, 상담자 또한 자신이 얼마나 많이 제공할 수 있는지에 대해 한계를 인식해야 한다.

12 해석

해석은 내담자가 명확하게 언급하거나 인식하고 있는 것 이상의 진술이고, 내담자가 새로운 방법으로 문제를 볼 수 있도록 상담자가 내담자의 행동, 사고, 감정에 새로운 의미, 원인, 설명을 제공하는 것이다(Hill & O'Brien, 1999). 상담자의 해석이 내담자에게 도움이 되려면 다음 몇 가지 사항을 고려하는 것이 좋다(박성희, 임용우, 2006). 첫째, 상담자의 해석이 받아들여질 수 있는 충분한 라포가 형성되어 있어야 한다. 라포가 형성되기 전이나 상담 초기에 해석을 하는 것은 바람직하지 못하다. 둘째, 해석의 내용은 내담자의 메시지에 들어있는 사실과 정보에 기반하여야 한다. 해석을 뒷받침할 만한 사실과 정보 없이 상담자의 편견과 가치에 입각해 구성되는 해석은 내담자가 받아들이기 힘들다. 셋째, 해석의 내용은 가능한 한 내담자가 통제, 조절할 수 있는 것이 좋다. 가령 해석이 옳다고 하더라도 내담자가 그에 대해 아무 것도 할 수 없다면 무력감만 불러일으킬 뿐이다. 넷째, 해석은 부정적·소극적 내용보다 긍정적·적극적 내용으로 구성하는 것이 좋다. 상담자의 해석을 통해서 상담 과제 해결에 밝은 기대를 갖도록 돕는 것이 상담 효과에 좋은 영향을 미칠 것이다. 다섯째, 해석을 할 때 단정적, 절대적 표현보다는 잠정적, 탄력적 표현을 사용하는 것이 좋다. "제가 보기에는 ~같은데요." "~ 가능성도 있지요." 등과 같이 열린 진술을 사용함으로써 내담자의 저항 의식을 줄일 수 있다.

제 8 장

정신분석상담

1· 인간관

2· 주요개념

3· 상담과정과 기법

1 인간관

Sigmund Freud(1933)는 인생의 초기 경험에 의해 인간의 성격발달이 이루어지며, 우리의 삶에 의식보다 무의식이 훨씬 더 영향을 준다는 입장을 체계화하였고, 이전에 많은 학자들이 갖고 있는 인간의 본성에 대한 생각과는 매우 다른 관점을 보여주었다. Freud는 인간에 대해 쾌락을 추구하는 생물학적 존재, 원초아(id), 자아(ego), 초자아(superego)가 갈등하는 비관론적 존재, 비이성적이고 비사회적인 본능에 의해 통제되고 지배되는 결정론적 존재로 보았다. 이를 구체적으로 살펴보면 다음과 같다.

1 쾌락을 추구하는 생물학적 존재

Freud는 우리 인간에 대해 쾌락을 추구하는 생물학적인 존재로 보았다. 프로이드에 따르면 인간은 삶의 본능인 리비도(libido)를 타고났고, 이러한 본능은 쾌락을 추구한다. 쾌락을 추구하는 본능의 욕구는 현실과 마찰을 빚는다. 이에 따라 인간은 내적 욕구와 외적 욕구 간에 끊임없는 갈등을 하게 되는 것이다.

2 원초아(id), 자아(ego), 초자아(superego)가 갈등하는 비관론적 존재

Freud는 인간을 갈등하는 존재로 보았다. 즉 우리 인간은 삶이 지속되는 동안 성격의 구성요인이라 할 수 있는 원초아(id), 자아(ego), 초자아(superego)가 서로 갈등을 겪는다. 이에 대해 Freud는 인간을 "어두운 지하실에서 끊임없이 갈등하는 존재"로 비유하고 있다.

3 비이성적이고 비사회적인 본능에 의해 통제되고 지배되는 결정론적 존재

Freud의 인간관은 기본적으로 결정론이다. 인간의 행동은 생후 6년간의 비합리적인 힘, 무의식적인 동기, 생물학적이고 본능적인 충동, 그리고 인간의 심리성적 발달에 의해 결정된다. 즉 인간의 성격은 인생 초기의 경험에 따라 형성되고, 그 성격에 의해 인간의 운명이 결정된다고 본다.

2 주요개념

1) 성격 구조

Freud의 심리성적 발달이론에서는 성격의 세 구성요소인 원초아(id), 자아(ego), 초자아(superego)가 발달하여 점차적으로 심리성적 발달의 다섯 단계로 통합된다고 본다.

[1] 원초아(id)

원초아는 우리 인간이 생물학적 존재로 태어나면서 타고난 것으로서 본능의 지배를 받는다. 원초아는 성격의 세 요소 중에서 가장 막대한 힘을 갖고 있고, 무의식 세계에 존재하기 때문에 현실세계와는 접촉이 전혀 없다. 또한 원초아는 근본적으로 성적이고 공격적인 충동으로서 자아와 초자아에게 쾌락의 압력을 가하면서 '쾌락의 원리(pleasure principle)'를 추구한다. 그 목표는 고통을 최소로 줄이고 대신에 쾌락을 최대로 하는 데 있다.

[2] 자아(ego)

자아는 의식과 무의식의 세계에 존재하며 약 1세경 이후 원초아의 일부로부터 발달한다. 자아의 중요한 기능은 개인으로 하여금 현실에 적응하도록 하는 것이다. 이에 따라 자아는 원초아의 요구를 고려하면서 현실 요구에 맞추어 쾌락을 지연시키거나 충족시키는 적절한 방법을 찾는다. 즉 자아는 성격의 합리적 측면으로서 '현실의 원리(reality principle)'를 추구한다.

3 초자아(superego)

초자아도 자아와 마찬가지로 의식과 무의식의 세계에 존재하며 약 3세경 이후 자아로부터 발달한다. 초자아는 '도덕의 원리(morality principle)'를 추구한다. 즉 초자아는 도덕에 위배되는 원초아의 충동을 억제하며 자아의 현실적 목표를 도덕적이며 이상적 목표로 유도한다. Freud는 이러한 초자아가 '자아이상'과 '양심'으로 구성되어 있다고 설명한다. 구체적으로 자아이상(ego ideal)은 아동이 스스로 도달하고자 지향하는 긍정적인 가치체계를 말하며 이는 부모의 행위를 닮도록 행동하는 동일시에 의해 획득된다. 양심(conscience)은 옳고 그름을 판단하는 것으로서 부모들의 통제에 의해, 즉 하지 말아야 할 것을 일러주고 그러한 요구를 어겼을 때 죄의식을 갖게 함으로써 형성된다.

2) 의식과 무의식

Freud는 우리 인간의 정신을 의식, 전(前)의식, 무의식의 세 가지로 구분하였고, 인간의 정신을 빙산에 비유하여 물위에 떠 있는 작은 부분을 의식으로, 물속에 잠겨있는 훨씬 더 큰 부분을 무의식으로, 파도에 의해 물 표면으로 나타나기고 하고 잠기기도 하는 부분을 전의식으로 보았다(<그림 8-1> 참조)

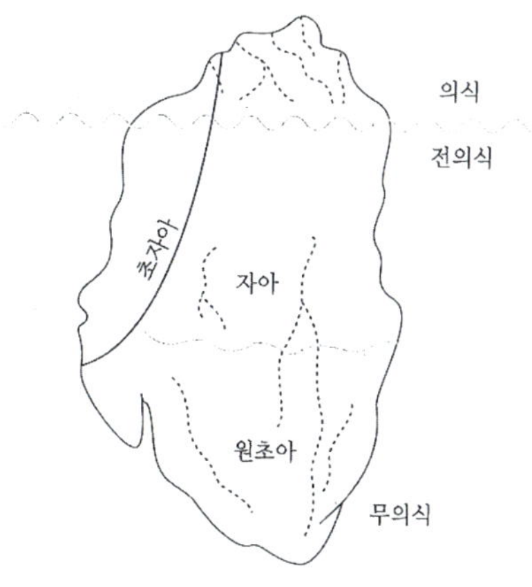

〈그림 8-1〉 인간의 의식, 전의식, 무의식

① 의식(consciousness)

의식이란 우리 인간이 주의를 기울이는 순간에 곧 알아차릴 수 있는 정신작용의 부분으로서 정신생활의 극히 일부분만이 의식의 범위 안에 포함된다. Freud는 정신활동의 매우 제한된 부분만이 특정 순간에 의식으로 나타난다고 강조하였다.

② 무의식(unconsciousness)

무의식은 인간 정신의 심층에 위치해 있으면서 가장 큰 비중을 차지한다. Freud는 이러한 무의식이 의식적 사고와 행동을 통제하는 힘이라고 생각했다. 이러한 무의식 속에는 지나간 일이나 감정이 억압되어 저장되어 있다. 즉 인간의 억압된 감정이나 생각은 없어진 것이 아니라 무의식 속에 들어가 있는 것이다.

3) 심리성적 발달단계

Freud는 인간에게도 에너지의 모양과 형태는 변하지만 총량은 변하지 않는 에너지보존의 법칙이 적용된다고 주장하였고, 이 에너지를 심리성적에너지(psychosexual energy) 혹은 리비도(libido)라고 불렀다. 이 리비도가 집중적으로 표출되고 만족을 얻는 신체부위의 변화에 따라 심리성적 발달단계는 다섯 단계로 구분된다.

각 단계에서 리비도가 추구하는 욕구가 적절히 충족될 때 정상적인 성격 발달이 이루어질 수 있지만, 그렇지 않은 경우에는 고착(fixation)이나 퇴행(regression) 현상이 나타날 수 있다. 고착이란 나이가 들어도 발달이 이루어지지 않고 이전 단계의 문제점이나 쾌락에 계속 집착하고 머무르려는 경향을 의미하며, 퇴행은 발달이 진행된 경우라도 심리적 어려움이나 좌절을 겪게 될 때 욕구충족이 쉬웠던 이전의 발달단계로 되돌아가려는 경향을 의미한다.

Freud가 제시한 다섯 단계의 심리성적 발달단계를 살펴보면 다음과 같다.

1 구강기(oral stage: 0~1세)

리비도가 입과 구강 부위에 집중되는 시기로서 주된 성감대는 구강(입, 혀, 입술 등)으로 젖을 빨며 욕구를 충족하며, 자신에게 만족이나 쾌감을 주는 대상에 애착을 갖게 된다.

2 항문기(anal stage: 1~3세)

리비도가 항문에 집중되는 시기로서 배설물을 보유하고 배설을 통해 욕구를 충족한다. 이 시기의 성격 형성은 본능적 충동인 배설과 외부적 현실인 배변훈련과 관련되어 결정된다. 이 시기에 행해지는 배변훈련은 아동이 경험하게 되는 최초의 사회적 제지가 되며, 이 과정에서 자아는 원초아로부터 발달하기 시작한다.

3 남근기(phallic stage: 3~6세)

리비도가 성기에 집중되는 시기로서 Freud의 심리성적 발달단계 중 성격 형성에 가장 중요한 시기이다. Freud는 이 시기 아동의 리비도가 자신과 가장 가까이에 있는 이성 부모를 향한 근친상간적 욕구로 나타난다고 주장하여 많은 논란의 대상이 되었다. 남자 아이의 어머니에 대한 애정을 외디푸스 콤플렉스(oedipus complex)라 하고, 여자 아이의 아버지에 대한 애정을 일렉트라 콤플렉스(electra complex)라 부른다.

남근기 남자 아이의 외디푸스 콤플렉스는 이 시기 아동의 성격 형성에 중요한 역할을 한다. Freud에 따르면 어머니에 대해 강력한 애정 욕구를 가진 아동은 아버지를 경쟁자로 생각하지만 아버지는 자신에 비해 대단히 크고 강한 존재이므로 아버지에 대한 경쟁심은 두려움으로 변모하게 된다. Freud는 이를 '거세불안'이라 지칭한다. 이러한 거세불안 때문에 남자 아이들은 어머니에 대한 애정을 포기하고, 자기도 아버지와 같은 남성다움을 갖기 위해 노력하는 아버지에 대한 동일시(identification)를 형성하게 됨으로써 콤플렉스를 극복하고자 한다. 이러한 동일시에 의해 아동은 아버지의 생각, 태도, 행동을 모방하고 자기 것으로 삼음으로써 아버지를 닮아가게 된다. 반면에 여자 아이는 남자 아이의 '거세불안'과 상반되게 '남근선망'을 갖는다고 Freud는 생각했다. 여자 아이는 어머니와 마찬가지로 자신의 남근을 잃었다고 믿고 동성부모인 어머니와의 동일시를 통해 콤플렉스를 극복하고자 한다. 이렇게 이 시기에 남자 아이나 여자 아이는 콤플렉스를 극복하는 과정에서 나타나는 동일시를 통해 초자아를 발달시키게 된다.

4 잠복기(latency stage: 6~12세)

이 시기는 리비도가 잠복되어 성적인 관심이 감추어지는 시기로서 성적 욕구는 억압되고 초자아는 더욱 발달하게 된다. 이 시기의 리비도는 성적이지 않은 활동, 즉 학업, 운동, 우정 등으로 나타난다.

5 생식기(genital stage: 12세 이후)

심리성적 발달단계의 마지막 단계인 생식기는 사춘기에 시작한다. 이 시기에는 급격한 신체적 성장과 성적 성숙이 나타나게 된다. 이러한 신체적 변화에 따라 오랫동안 잠복되었던 리비도가 다시 성기에 집중되면서 이성에 대한 관심과 함께 성행위를 추구하기 시작한다. 또한 이 시기에 청소년들은 서로 다른 성적 정체감을 인식하면서 성적 욕구와 대인관계 욕구를 충족할 방법을 찾는다.

4) 불안

Freud는 정신의 구조를 원초아, 자아, 초자아로 보고, 이 세 가지 요인 간의 갈등이 불안을 야기하는 것으로 보았다. 그가 제안한 세 가지 유형의 불안은 현실적 불안, 신경증적 불안, 도덕적 불안이다. 이러한 불안은 앞에서 설명한 성격의 세 가지 구조와 관련해서 이해될 수 있다.

1 현실적 불안(reality anxiety)

현실적 불안이란 자아(ego)가 현실을 지각하여 두려움을 느끼는 불안, 즉 공포와 같은 것이며, 실제적 위험에서 우리 인간을 보호하는 데 기여한다. 예를 들어 높은 곳에서 떨어지는 놀이기구를 탈 때의 불안을 말한다.

2 신경증적 불안(neurotic anxiety)

신경증적 불안이란 원초아(id)와 자아(ego) 간의 갈등에서 비롯된 불안을 의미하며, 이러한 불안은 원초아에 의해 충동적으로 표출된 행동이 처벌되지 않을까 하는 무의식적인 두려움이다. 자아가 원초아로부터의 본능적 위협을 감지하면 우리 인간은 언제나 불안을 느끼게 된다.

3 도덕적 불안(moral anxiety)

도덕적 불안이란 원초아(id)와 초자아(superego) 간의 갈등에서 비롯된 불안으로서 자신의 양심에 대한 두려움이다. 즉 도덕적 불안은 자신의 행동이 도덕적 기준에서 위배된 생각이나 행동을 했을 경우 생기는 불안이다.

5) 방어기제

Anna Freud(1948)는 자신의 아버지인 Sigmund Freud의 방어기능에 대한 관점을 정리하여 방어기제(defense mechanism)에 관한 이론을 체계화하였다. 방어기제란 자아(ego)가 합리적인 방법으로 불안을 해결하지 못할 때 자신이 의식하지 못하는 가운데 비현실적이고 비합리적인 방법으로 불안을 제거하려고 하는 무의식적인 심리기제를 말한다.

이러한 방어기제는 병적 행동이 아니라 정상적 행동이다. 우리는 일상생활에서 누구나 갈등 상황을 피하기 위해, 그리고 불안으로부터 자신을 보호하기 위해 자신이 의식하지 못하는 사이에 방어기제를 사용한다. 따라서 방어기제를 적절히 사용하는 것은 일상생활에서 불안이나 갈등 상황을 해결하는 데 도움이 된다. 단지 문제가 되는 것은 문제 상황과 관계없이 특정 방어기제만 지속적으로 사용하게 될 때 부적응이 나타날 수 있다는 것이다. 대표적인 방어기제를 살펴보면 다음과 같다.

• 억압(repression)

Freud는 억압을 가장 기본적이고 가장 중요한 방어기제로 간주하였다. 억압이란 의식하기에는 현실이 너무나 고통스럽고 충격적이어서 과거에 있었던 심리적 상처를 무의식 속으로 억눌러 버리는 것을 말한다. 주로 죄책감이나 수치심을 느꼈던 일, 혹은 자존심에 상처가 됐던 일일수록 억압의 대상이 된다. 대부분의 방어기제에는 이러한 억압의 요소가 있다.

• 투사(projection)

투사란 자신이 인정하고 싶지 않은 성격특성, 태도, 동기, 욕구를 다른 사람에게서 찾으려 하거나 다른 사람의 탓으로 돌리는 것을 말한다. 예를 들면 자신이 기분 나쁠 때 다른 사람이 웃는 것을 보고 그 사람이 자신을 비웃는 다고 생각하거나, 자신이 화가 나 있는 것은 의식하지 못하고 상대방이 자신에게 화를 냈다고 생각하는 것이다.

• 치환(displacement)

치환이란 자신의 충족되지 않은 욕구를 전혀 다른 대상으로 옮겨 충족하려는 것을 말한다. 이러한 치환 과정에는 반드시 '희생양 만들기'가 따르게 된다. '희생양 만들기'란 분노감이나 적대감을 유발시킨 대상에게 그것을 해소하는 것이 아니라 만만한 상대를 찾아 자신의 욕구를 해소하는 심리를 말한다. 예를 들어 부모에게 야단맞은 아동이 만만한 동생에게 화내거나 때린다든지, 혹은 직장 상사에게 질책을 받고 부하 직원에게 화를 내는 경우를 볼 수 있다.

• 합리화(rationalization)

합리화란 욕구 충족이 어려운 상황에서 참된 이유를 받아들이기 보다는 그럴듯한 이유를 찾아 자신의 행동을 정당화시키는 것을 말한다. 이러한 합리화에는 신포도 기제와 단레몬 기제가 있다. 신포도 기제는 자신이 바라던 것을 얻지 못했을 때 그것의 가치를 평가절하함으로써 마음의 편안함을 얻으려는 것이며, 단레몬 기제는 자신이 인정하고 싶지 않은 상황을 할 수 없이 받아들여야 할 때 그것이 마치 바라던 일인 것처럼 과대평가함으로써 자기만족을 얻으려는 것이다.

- 부정(denial)

부정은 가장 원초적인 방어기제로서 의식화되면 감당해 낼 수 없는 내면의 욕구나 외부의 현실을 무의식적으로 받아들이지 않으려고 하는 것을 말한다. 대부분의 방어기제는 현실을 왜곡하는 것이지만, 부정은 현실을 왜곡할 뿐만 아니라 현실 자체를 부정한다. 예를 들어 자신의 아이가 심각한 병에 걸린 부모가 그 진단과 예상되는 결과에 대해 정보를 충분히 받았음에도 불구하고 그것을 인정하지 않으려고 하는 것이다.

- 승화(sublimation)

승화란 가장 성숙하고 건전한 방어기제로서 성적 충동이나 공격적 충동과 같이 용납하기 어려운 욕구가 사회적으로 인정되는 형태와 방법을 통해 표현되는 것을 말한다. 예로는 성적인 충동이 많은 청소년이 그 욕구를 운동이나 예술 활동으로 바꾸는 것이거나 자신의 공격적 충동을 충족시키기 위해 복싱이나 이종격투기와 같은 공격성이 용납되는 직업을 갖는 것을 들 수 있다.

- 보상(compensation)

보상은 자신의 약점이나 열등한 점을 보충하기 위해 자신의 장점이라 생각하는 부분을 과장하거나 무언가 내세울 수 있는 점을 개발하는 것을 말한다. 그 예로는 다른 동료들보다 키가 작다고 생각하는 농구선수가 포지션을 바꿔 가드 연습을 하는 데 힘쓰는 경우를 들 수 있다.

- 동일시(identification)

동일시는 자신보다 강하거나 우월하다고 생각하는 사람을 닮아가거나 가까이 함으로써 자신의 성격에 흡수하는 것을 말한다. 예로는 10대 청소년들이 인기 있는 연예인의 옷차림이나 헤어스타일을 모방하는 행동 등을 들 수 있다.

- 퇴행(regression)

퇴행이란 현재가 만족스럽지 못하거나 곤경에 처했을 때 관심과 애정을 받았던 과거로 돌아가고자 하는 것을 말한다. 이러한 퇴행은 동생이 태어나자 부모의 관심과 사랑을 잃어버릴까봐 불안한 나머지 갑자기 아무데나 소변을 봄으로써 부모의 관심을 끌려고 하는 경우 등에서 찾아볼 수 있다.

- 반동형성(reaction formation)

반동형성이란 내면의 욕구와는 상반되는 행동과 태도를 드러냄으로써 자신의 욕구나 동기를 은폐하려는 것을 말한다. 그 예로는 거부감이나 적대감이 느껴지는 사람에게 오히려 과도하게 정중하고 겸손한 태도를 보이는 것, 좋아하는 여학생이 하는 고무줄놀이를 남자 아이들이 방해하는 것 등을 들 수 있다.

- 금욕주의(Asceticism)

금욕주의는 사춘기의 급격한 성욕에 대한 두려움에서 나오는 것으로 철저한 자기부정을 의미한다. 이는 자신의 원초아(id)를 완전히 무시하고 모든 욕망을 억제한다. 청소년기의 금욕주의는 성욕을 넘어서서 먹고, 잠자고, 옷 입는 것 등 일상의 모든 신체적인 것에 대한 거부와 혐오로 확대되기도 한다. 그 뿐만 아니라 모든 욕망을 억제하고 원초아를 완전히 무시한다. Anna Freud(1948)는 이러한 금욕주의와 주지화를 청소년기에 특히 자주 볼 수 있는 중요한 방어기제로 본다.

- 주지화(intellectualization)

주지화는 문학, 철학, 종교 등의 지적 활동에 몰입함으로써 성적 욕구나 갈등에서 벗어나고자 하는 것을 말한다. 난해한 관념적인 서적에 몰두하거나 추상적인 용어의 사용을 즐기며, 미술, 음악 등 예술적 관심이 증가하는 것은 청소년기 주지화의 한 양상으로 설명될 수 있다.

3 상담과정과 기법

1) 상담목표

정신분석상담에서는 심리적 문제의 원인을 '과거의 억압된 무의식 속의 갈등과 불안'으로 보고 있다. 이러한 심리적 문제의 해결을 위해 정신분석상담의 두 가지 목표는 첫째, 무의식을 의식화하고, 둘째, 자아를 강하게 하여 본능의 요구보다는 현실에 바탕을 두도록 하는 것이다.

2) 상담과정

정신분석상담의 과정은 크게 네 단계로 나누어 볼 수 있다(정방자, 2001). 즉 상담자와 내담자가 상담관계를 형성하는 초기 단계, 내담자가 상담자에 대한 전이 감정을 느끼고 표현하는 전이 단계, 전이에 대한 분석과 해석을 통한 통찰 단계, 그리고 통찰을 현실 생활 속에 계속 유지하기 위해 노력하는 훈습 단계다. 그런데 이 정신분석상담 과정을 명확하게 구분하기는 어렵다. 특히 전이단계와 통찰단계는 더욱 그렇다. 상담과정에서는 한 회기 내에서도 상담자가 내담자의 전이 감정을 해석을 통해 좌절시키기도 하고, 또 적절하게 충족시키는 과정을 통해 내담자의 통찰을 확대시켜 나가기도 하기 때문이다.

3) 상담기법

정신분석상담의 과정에서 주로 사용하는 상담기법은 다음과 같다.

1 자유연상

자유연상(free association)은 정신분석상담의 핵심 기법으로서 어떤 대상과 관련하여 아무리 고통스럽고, 어리석고, 사소하고, 비논리적이고 부적절하더라도 마음 속에 떠오르는 생각, 감정, 기억을 아무런 수정도 가하지 않고 이야기하도록 하는 것이다. 자유연상을 하는 동안 내담자는 보통 긴 안락의자에 눕고, 상담자는 내담자의 시선이 미치지 않는 그 위쪽에 앉아 내담자의 생각과 감정이 자유롭게 떠오르는 것을 방해하지 않도록 한다. 자유연상은 무의식적 소망, 갈등, 동기로의 문을 열기 위해 사용하는 기본적 도구다. 자유연상 동안에 상담자가 해야 할 일은 내담자의 무의식에 갇혀 있는 억압된 생각이나 감정을 파악하는 것이다. 상담자는 내담자의 자유연상을 들으면서 표면의 내용만 듣는 것이 아니라 내담자의 언어 이면에 감춰진 감정이나 느낌에 주의를 기울여야 하고, 자유연상 시 내담자의 몸짓, 표정, 일반적인 신체언어 등에 주목해야 한다.

2 꿈의 분석

꿈의 분석은 무의식적 생각이나 감정 등을 드러내고 내담자가 해결하지 못한 문제를 통찰하도록 하는 중요한 방법이다. 잠을 자는 동안에는 방어가 낮아지고 억압된 감정들이 표면화된다. Freud에 따르면 꿈에는 사람들의 무의식적인 소망과 욕구, 두려움이 표현되어 있기 때문에 꿈을 "무의식으로 가는 왕도"라고 보았다. 상담자의 역할은 내담자의 꿈을 듣고 내담자가 꿈의 상징을 해석하도록 돕는 것이다. 즉 상담자는 내담자와 함께 꿈 내용을 탐색하며 꿈을 해석함으로써 내담자가 무의식적으로 억압했던 생각이나 감정 등을 풀어내고 현재의 갈등에 대한 새로운 통찰을 할 수 있도록 도와주어야 한다.

3 전이의 분석

전이(transference)는 정신분석상담 과정에서 내담자가 상담자를 다른 누군가로 볼 때 일어난다. 즉 전이란 정신분석상담이 진행되는 동안 내담자들은 보통 과거에 자신에게 중요하고 의미 있는 사람과의 관계에서 발생했으나 억압되어 무의식에 묻어두었던 감정이나 생각을 상담자에게 표현하는 현상을 말한다. 예를 들어 내담자는 엄격하고 권위적이었던 아버지에 대해 풀지 못했던 감정을 상담자에게로 전이시킬 수 있으며, 그렇게 되면 상담자는 내담자의 눈에 엄격하고 권위적인 사람으로 보이게 된다.

정신분석상담에서 상담자의 주된 업무 중 하나는 전이를 유도하고 분석하는 것이다. 실제 상담과정에서 전이 현상이 일어나면 상담자에 대한 지각이 왜곡되고 상황에 걸맞지 않는 체험과 행동이 일어난다. 즉 이전에 관계양상이 활성화되는 성향으로 많은 옛 체험들이 과거에 지나간 것이 아니라 상담자라는 한 인간과의 실제 관계에서 다시 생생해진다. 상담자의 분석은 내담자가 이전의 의미 있는 사람으로부터 상담자에게 전이되는 감정의 실제와 환상 사이를 구별하도록 도와준다. 또한 상담자는 전이의 분석과 해석을 통해 내담자 자신이 얼마나 잘못 인식하고 있고 잘못 해석하고 있으며 과거에서 현재와 관련되어 있는지를 이해하도록 도와준다(노안영, 2005).

4 저항의 분석

저항(resistance)은 내담자가 억압했던 무의식적인 생각이나 감정 등을 의식에 떠오르지 않게 하려는 것을 말한다. 즉 저항은 현 상태를 유지시키고 변화를 막는 모든 생각, 태도, 감정, 행동을 의미한다. 저항은 내담자 자신에게 위협이 되는 어떤 내용이 인식되는 것을 막기 때문에, 상담자는 내담자의 저항을 지적해야 하고 내담자는 저항에 정면으로 부딪혀야 한다. 따라서 상담자는 내담자가 저항을 해결할 수 있도록 하기 위해 내담자 저항의 이유에 대한 분석과 해석, 즉 내담자가 무의식적으로 숨기고자 하는 것이 무엇인지, 혹은 피하고자 하는 것이 무엇인지 등에 대해 그 의미를 파악하여 내담자 자신이 무의식적으로 저항을 하고 있는지 그 이유에 대해 인식하도록 도와주어야 한다.

5 해석

해석(interpretation)은 상담자가 자유연상이나 저항 등에서 나타나는 행동의 의미를 내담자에게 지적하고 설명하는 것이다. 이는 내담자의 문제를 유발한 원인에 대한 상담자의 평가에 근거해서 이루어진다. 해석은 내담자가 상담자의 해석을 받아들일 준비가 되었을 때 시행한다. 해석의 시기가 적절하지 않았을 때는 내담자들이 거부하므로 해석은 그 시기를 잘 맞추어야 한다. 일반적으로 해석할 내용이 의식적 인식에 가까워졌을 때 해석을 해야 한다.

6 훈습

훈습(working through)은 내담자가 상담과정에서 느낀 통찰을 현실 생활에 실제로 적용하여 내담자의 변화가 일어나는 것이다. 상담은 통찰, 즉 내담자의 심리적 문제를 일으키는 원인을 파악한다고 해서 모든 문제가 해결되는 것은 아니다. 상담을 통하여 얻은 통찰은 실천에 옮겨야만 효과를 거둘 수 있다. 따라서 상담자는 내담자가 상담을 통하여 얻은 통찰을 현실에 적용하여 갈등을 해결하려는 노력에 대해 적절한 강화를 해 주어야 한다(천성문 외, 2006).

제 9 장

개인심리학상담

1·인간관

2·주요 개념

3·상담과정과 기법

1 인간관

Alfred Adler는 자신이 어렸을 때 병약했고, 호흡 이상, 비타민 결핍, 폐렴 증세를 자주 보였고, 심지어 몇 차례 죽음에 이르렀던 경험을 가지고 있었다. 확실히 이러한 어렸을 때의 경험과 함께 그 때 느꼈던 무력감으로 인해 그는 개인의 내적 열등감 혹은 우월성에 대한 생각을 많이 하게 되었다. 이는 그가 어렸을 때 자신의 건강 문제를 보상하여 결국에 어떻게 의사가 되었는지를 설명해 주는 것이다. 즉 Adler는 열등감을 극복할 수 있는 인간의 능력에 대한 확실한 믿음을 가지고 있었고, 이러한 자신의 초기 경험을 바탕으로 자신만의 분야인 개인심리학을 개척하였다.

Adler(1963)는 다음과 같은 인간관을 갖고 있다. 첫째, Adler는 인간의 본성에 대해 Freud와 비교했을 때 매우 긍정적인 관점을 가지고 있다. 즉 인간은 불완전한 존재로서 누구나 어떤 측면에서 열등감을 느끼지만, 이러한 열등감에 의해 동기화되고 보상을 통해 열등감을 극복하여 자기완성을 추구하는 존재로 보았다. 이와 같이 열등감을 부정적으로 보지 않고 삶의 추진력이자 자기완성을 위한 필수요인으로 보고 있으며, 자신의 부족한 점을 스스로 인정하고 그것을 극복하려는 의지와 노력이 중요하다고 보았다. 둘째, 인간을 사회적, 목적론적 존재로 보았다. Adler는 우리 인간을 본능적 욕구에 의해 동기화되는 것으로 보지 않고 사회적 관심에 의해 동기화되는 것으로 생각했다. 또한 그는 인간의 행동이란 목표지향적이고 유목적적이며, 삶의 목표가 인간의 행동을 동기화한다고 보았다. 이러한 관점으로부터 Adler가 강조하는 것은 무의식이 아니라 의식이며, 개인은 자신의 삶을 결정할 책임이 있다고 가정한다.

2 주요 개념

1) 열등감과 보상

모든 인간은 열등감을 가지고 있으며, 이러한 열등감은 그것이 심리적인 문제이거나 사회적인 문제이거나 신체적인 결함에서 유래했든 간에 사람들로 하여금 자기완성을 위한 노력을 하도록 동기화한다. 개인이 자신의 열등감을 자기완성에 도달하기 위한 우월성 추구에 사용하면 바람직한 생활양식을 갖게 되어 심리적으로 건강하게 된다. 그러나 개인이 자신의 열등감으로 인해 개인적 우월성 추구에 집착하면 파괴적 생활양식을 갖게 되어 열등감 콤플렉스에 빠져버리게 된다.

이와 같이 자신의 열등감에 집착하여 부정적인 결과를 초래하는 열등감 콤플렉스의 원인으로 열등한 신체기관, 부모의 과잉보호, 부모의 양육태만을 들 수 있다.

1 열등한 신체기관

이 원인은 개인의 신체와 관련된 것으로서 신체적 결함이나 만성적인 질환 등을 말한다. 그러나 중요한 것은 열등한 기관 자체가 아니라 이에 대한 개인의 태도다. 긍정적 태도는 바람직한 보상으로 나타나는 반면, 부정적 태도는 열등감이 삶의 전반에 퍼져 과장된 열등감이나 열등감 콤플렉스를 초래하게 된다.

2 부모의 과잉보호

이 원인은 부모의 자녀교육과 관련된 것으로서 부모의 과잉보호로 인해 자신감이 부족하게 되어 인생의 어려운 고비에 부딪치게 되었을 때 해결할 능력이 없다고 믿는 열등감이다.

3 부모의 양육태만

이 원인은 부모가 자녀에 대한 최소한의 도리를 하지 않는 것과 관련된 것으로서 양육태만으로 키워진 아이들은 근본적으로 자기가 필요하지 않다고 느끼고 있기 때문에 심한 열등감을 경험할 뿐만 아니라 다른 사람에 대한 불신감을 가질 수 있다.

2) 우월성 추구

Adler는 모든 인간이 삶의 목표로서 우월성 추구를 가지고 있다고 믿었다. 우월성을 향한 욕구는 자아실현, 자기완성의 개념과 유사하다. Adler는 이러한 우월성 추구를 상승 욕구로 보았다. 즉 우월성 추구는 우리 인간이 어떤 문제에 직면했을 때 부족한 것은 보충하며, 낮은 것은 높이고, 미완성의 것은 완성하며, 무능한 것은 유능한 것으로 만드는 경향을 말한다. 그러나 이러한 우월성 추구는 반드시 사회적 관심과 결부되어야 한다. 타인에 대한 공감, 존중, 배려 등을 지향하는 사회적 관심을 바탕으로 한 우월성 추구가 건강한 삶이라고 할 수 있다.

3) 사회적 관심

사회적 관심(social interest)은 Adler의 개인심리학상담에서 매우 중요한 개념이다. 사회적 관심은 공공의 이익을 위해 타인과 함께 참여하고, 집단에 소속된다는 느낌으로 사람들과 협동하는 것이라 할 수 있다. 이는 공감, 상호존중, 우정, 동료애 등과 같은 특징으로 나타나게 된다. 사람들의 사회적 관심 정도는 정신건강의 척도가 된다. 즉 사회적 관심이 발달한 사람은 열등감이나 소외감 없이 정신적으로 건강하고 행복하며 사회에 기여하는 사람으로 볼 수 있다.

4) 생활양식

생활양식(life style)이란 기본적으로 아동이 5세 될 때까지 확립된 패턴으로서 삶에 대한 개인의 기본적 지향을 의미한다. 사람들은 자신에게 의미 있는 목표를 추구하면서 자신만의 독특한 생활양식을 만든다. 따라서 각 개인의 독특한 생활양식은 사람의 삶을 지배하는 행동패턴이다. 이러한 생활양식은 개인의 열등감과 그 열등감을 극복하기 위한 특정 방식에 기초를 두고 있다. 우리 모두는 어릴 때 상상이든 실제로든 열등감을 경험하고, 이것은 우리로 하여금 어떤 방법으로 보상을 하도록 만든다. 그러므로 한 개인의 생활양식은 그 개인이 가지고 있는 열등감을 보상하기 위한 노력의 결과로 볼 수 있다.

Adler(1964)는 생활양식을 사회적 관심과 활동 수준에 따라 다음 네 가지 유형으로 구분하였다.

1 지배형(the ruling type)

지배형은 부모가 지배하고 통제하는 독재형으로 자녀를 양육할 때 나타나는 생활양식으로서 바람직하지 않은 생활양식이다. 부모가 힘을 통해 자녀를 지배하고 통제할 때 자녀의 생활양식은 지배형으로 형성된다.

2 기생형(the getting type)

기생형은 부모가 자녀를 지나치게 과잉보호할 때 나타나는 생활양식으로서 바람직하지 않은 생활양식이다. 이 유형은 욕구충족을 위해 타인에게 의존하는 특성을 갖는다.

3 회피형(the avoiding type)

회피형 또한 바람직하지 않은 생활양식으로서 주요 특성은 소극적이며 부정적이다. 이 유형은 자신감이 없기 때문에 적극적으로 직면하는 것을 피한다.

4 사회적 유용형(the socially useful type)

사회적 유용형은 바람직한 생활양식으로서 높은 사회적 관심과 높은 활동을 가지고 있다. 이 유형은 높은 사회적 관심으로 자신과 타인의 욕구를 동시에 충족시키면서, 동시에 인생 과업을 완수하기 위해 다른 사람들과 협동할 수 있는 심리적으로 건강한 유형이다.

5) 출생순위와 가족구도

Adler는 출생순위와 가족구도에 특히 관심을 가졌다는 점에서 독특하다. 그러나 이는 Adler의 개인심리학상담에서 대부분의 인간문제를 본질적으로 사회적인 것으로 보기 때문에 가족 내 관계를 강조하고 있다고 생각한다면 매우 자연스러울 수 있다. Adler에 따르면 한 가족의 아이들이 동일한 환경에서 성장한다고 보는 것은 잘못된 생각이다. 아이들은 가족이라는 집단에서 공통점을 공유하고 있지만 각 아이의 심리적 환경은 출생순위 때문에 다르다. 이러한 측면에서 Adelr는 한 개인에게 있어서 출생순위가 어떠한지, 그리고 가족관계는 어떠한 가족구도를 형성하고 있는지는 그 개인의 생활양식을 형성하는 데 중요하다고 보았다.

1 출생순위

일반적으로 출생순위에 근거를 두고 있는 전형화된 행동들은 Adler 학파에 의해 분류되었다. 출생순위의 영향에 관한 내용을 정리하면 아래와 같다(Dinkmeyer & Sperry, 2000; Thompson & Henderson, 2008). 그런데 이러한 출생순위에 관한 설명이 절대적이지 않음을 명심해야 한다. 그 이유는 동일한 출생순위를 가진 사람들이 공통의 특징을 가지고 있기는 하지만 모두 동일한 특성을 갖도록 결정되는 것은 아니기 때문이며, 또한 출생순위 그 자체보다는 출생순위에 수반되는 상황에 대한 지각이 중요하기 때문이다. 따라서 상담자의 역할은 출생순위보다는 가족 내에서 내담자가 어렸을 때 어떻게 행동했는지를 찾아내는 것이라 할 수 있다.

① 외동아는 어린 시절을 어른들 사이에서 보내기 때문에 기본적으로 인생에서 어려운 출발을 한다. 그러나 이것이 항상 불이익이 되는 것은 아니다. 외동아는 응석받이가 될 수 있고, 그 결과 언제나 관심의 중심이 되기를 바랄 수도 있다. 그러나 역할 본보기와 교육자로서 성인들의 역할을 해 볼 기회를 가짐으로써 가족생활 속에서 보다 유능하고 보다 협동적인 구성원이 될 수도 있다.

② 맏이는 종종 가정에서 특별한 아이로 간주되고, 특히 아들인 경우 맏이는 첫째 순위를 즐긴다. 그러나 둘째 아이의 탄생으로 인해 밀려나는 것을 두려워하기도 한다. 맏이는 부모를 기쁘게 해드리려고 열심히 노력한다. 이들은 말을 잘 듣고, 신념을 옹호하며, 품행이 단정한 경향이 있다. 또한 맏이는 종종 가족 안에서 부모 역할을 수행하기도 한다.

③ 둘째 아이는 계속해서 경쟁하면서 가끔은 형제들의 성격과 반대의 성격을 발달시키기도 하는데, 특히 두 아이의 연령이 비슷하고 성별이 같을 때 더욱 그러하다. 셋째 아이가 태어날 경우, 둘째 아이 또한 "짓눌려 찌그러진" 아이가 되고 만다. 이런 점에서 둘째는 아래위의 형제들에게서 압력을 받아 자신의 힘이 약해지도록 내버려두려고 하든지 아니면 형제들을 희생시켜서라도 자신의 지위를 올리려고 하는 두 가지 일반적인 경향 중 한 가지를 선택하게 된다.

④ 막내는 가족 내에서 아기로 있을 수 있는 영구적인 생활양식을 찾아낸다. 또한 막내는 모든 가족구성원으로부터 많은 도움을 받는다. 그리고 모든 다른 형제들을 이기려고 하거나, 아니면 돌봄을 받으면서 자신이 소중히 여겨지는 대상이기를 기대하면서 아기로 남으려는 두 가지 경향 중 하나를 선택하는 경향이 있다.

2 가족구도

가족구도는 가족집단의 사회심리학적인 배치를 설명한다. 가족구성원의 성격 특성, 가족구성원 간의 감정적 유대, 출생순위, 다양한 구성원들 간의 우세와 복종, 나이 차이, 성 차이, 그리고 가족의 크기가 모두 가족구도의 요인이 된다.

가족구도 안에서 아동의 위치는 장기간에 걸쳐 아동의 성격발달에 큰 영향을 미친다. 그러므로 상담자는 내담자의 역동성을 알기 위해 출생순위와 함께 가족 내 내담자의 위치를 반드시 고려해야 한다. 아동들은 가족 내에서 자신의 위치를 찾으려고 노력한다. 이것은 가족구성원이 서로 긴밀한가 혹은 거리가 먼가, 누가 언제 태어났는가, 형제들이 출생순위에서 자신의 위치를 어떻게 인식하는가, 누가 우두머리인가 또는 적어도 누가 우두머리처럼 보이는가 하는 것에 영향을 미친다.

6) 가상적 최종목적론

Adler의 개인심리학에서는 인간의 모든 행동은 목적이 있다고 가정을 한다. 인간은 스스로 자신의 목표를 정하고, 우리의 행동은 그 목표를 지향한다. 가상적 최종목적론(fictional finalism)이란 개인의 행동을 이끄는 상상 속의 중심 목표를 말한다. Adler는 인간의 행동이 과거 경험에 의해 좌우되기 보다는 미래에 대한 기대에 의해 더 좌우된다고 보았다. 즉 인간의 궁극적 목적은 현실에서 검증되거나 확인될 수 없는 가상의 목표로서 그것이 실현불가능할지도 모르나 개인의 행동에 대한 최종 설명이 될 수 있다는 것이다.

3 상담과정과 기법

1) 상담목표

Adler의 개인심리학상담에서 상담목표는 내담자의 사회적 관심을 개발하여 사회에서 다른 사람들과 도움을 주고 받으면서 생활할 수 있도록, 즉 사회적 유용형의 생활양식으로 바꾸도록 재정향(reorientation)이나 재교육(reeducating)을 하는 데 있다.

2) 상담과정

Adelr의 개인심리학상담은 다음과 같은 네 단계로 이루어진다.

1 상담관계 형성

협력적인 내담자와 상담자의 관계를 구축한다. 이 단계에서는 상담자는 경청, 공감, 존중, 진정성, 자기개방 등과 같은 상담기법을 활용하여 내담자와 우호적이며 동등한 관계를 형성한다.

2 평가와 분석

상담자는 내담자의 생활양식을 평가·분석한다. 상담자는 내담자의 형제관계는 물론 가족 내에서 위치에 대한 지각을 평가하기 위해 내담자의 어린 시절을 탐색한다. 이와 같은 생활양식에 대한 평가와 분석은 내담자의 성장에 방해될 수 있는 비합리적이거나 잘못된 관점을 확인하는 데 도움을 준다.

3 해석과 통찰

내담자 자신의 삶에 대한 통찰을 촉진하기 위해 내담자의 생활양식에 대한 해석을 제공한다. 이 단계에서 상담자는 내담자가 자신의 태도와 행동에 대한 통찰을 할 수 있도록 도와주기 위해 생활양식 분석에서 나타난 것을 해석한다. 직면과 즉시성은 이 단계에서 적절하게 사용될 수 있다.

4 재정향

상담자는 재정향이나 재교육을 통해 내담자가 새로운 선택을 하고 자신의 삶에 대한 책임을 지며 자신의 목표를 성취하게 할 수 있도록 조력한다. 이 단계는 내담자가 자신의 삶에 대한 통찰 결과를 행동으로 실천하도록 상담자가 도와주기 때문에 상담 과정에서 가장 중요하다. 여기에서 내담자는 그 동안 건강하지 못했던 사고, 감정, 행동 방식을 자신과 사회를 위해 보다 건강한 방식으로 변화하기 위해 적극적으로 노력하게 된다.

3) 상담기법

Adler의 개인심리학상담에서 생활양식의 재정향을 위해 주로 사용되는 기법은 다음과 같다.

1 격려

격려(encouragement)는 칭찬과 같은 사회적 강화인보다 효과적인 기법으로서 Adler 상담에서 가장 기본적이고 주요한 기법이다. 이는 내담자가 자신의 가치를 알도록 도와주는 데 초점을 맞춘다. Adler 상담의 관점에서 내담자는 질병이 있는 사람이 아니라 낙담하거나 실의에 빠진 사람이다. 일반적으로 격려는 내담자가 가지고는 있지만 인식하거나 인정하지 못하는 자신의 강점과 가치를 깨달을 수 있도록 하는 데 초점을 맞춘다.

2 즉시성

즉시성(immediacy)는 지금-여기(here and now)에서 무엇이 일어나고 있는지를 다루는 기법으로서 상담과정에서 일어나는 것이 자신의 생활양식임을 깨닫게 한다. 이는 내담자들이 언어적·비언어적으로 의사소통하는 것을 알도록 도와주는 데 사용된다. 건강한 사람들은 일치적인 의사소통, 즉 자신이 말하고자 하는 것과 실제로 말하는 내용이 일치한다.

3 역설적 의도

역설적 의도(paradoxical intention)는 내담자가 두려워하는 행동이나 사고를 의도적으로 과장하여 행동하도록 하는 기법이다. 예를 들어 어떤 사람이 다리를 떨고 있는 경우 그에게 더 많이 다리를 떨어보라고 할 수 있다. 즉 이 기법은 사람으로 하여금 자신의 상황에 대한 현실을 극적으로 자각하게 하고, 자신의 행동에 대한 결과를 수용해야 한다는 것을 알게 한다.

4 내담자의 수프에 침 뱉기

내담자의 수프에 침 뱉기(spitting in the client's soup)는 상담자가 내담자의 부정적인 행동이 전체적으로 자신에게 손해되는 행동이라는 사실을 내담자에게 분명하게 지적함으로써 내담자가 더 이상 손해되는 게임을 하지 못하도록 하거나 계속해서 부정적인 행동을 하는 경우 그 책임은 내담자에게 책임을 지도록 하는 것이다.

5 마치 ~인 것처럼 행동하기

마치 ~인 것처럼 행동하기(acting as if)는 "만약 내가 ~할 수 있을 때에만"이라는 구실을 붙이는 내담자에게 사용하는 행동지향적인 과정이다. 이 기법은 내담자가 다음 한 주 동안 원하는 방식으로 "마치 ~인 것처럼 행동하도록" 제안하는 것이다. 이와 같이 다른 역할을 수행해 봄으로써 내담자는 자신이 단지 상담과정에서 연기를 한 것만이 아니라 다른 사람이 될 수가 있다는 것을 깨닫게 된다.

제 10 장

행동치료

1 · 인간관

2 · 행동주의 이론의 개요

3 · 상담과정과 기법

4 · 행동수정의 실시과정과 연구설계

1 인간관

행동주의는 당시 심리학에서 우세했던 정신분석학에 강력하게 반발하면서 1950년대에 시작되었다. 초기 행동주의에서는 연구대상은 객관적인 것이어야 하고, 눈으로 관찰할 수 없는 인간의 사고보다는 관찰될 수 있는 인간의 행동만이 객관적인 대상이며, 과학적인 방법으로 인간의 행동을 설명하려고 하였다. 이러한 행동주의에서는 기본적으로 인간의 본성을 선하지도 악하지도 않은 중립적인(neutral) 것으로 보며, 또한 인간이란 원천적으로 외부의 자극이나 영향에 수동적(passive)으로 반응하는 존재로 생각하였다. 그리고 인간의 행동은 학습되었기 때문에 어떤 행동이든 탈학습될 수 있고, 그 자리에 새로운 행동이 학습될 수 있는 것으로 보았다. 행동치료는 재교육 혹은 재학습 과정을 중요시 여긴다. 따라서 상담자는 내담자들이 적응 행동을 강화하고, 부적응 행동은 소거하는 계획을 개발하도록 조력한다.

현재 행동치료의 토대가 되는 주요 이론인 Pavlov의 고전적 조건형성과 Skinner의 조작적 조건형성이 초기 행동주의를 이끌었다. 그 후 1960년대에 Bandura가 고전적 조건형성과 조작적 조건형성을 관찰학습에 결합시켜 사회학습이론을 발표하였다. 그는 Skinner의 급진적인 행동주의에서 무시되었던 인지를 행동치료의 한 부분으로 포함시켰다. 1960년대에 많은 인지-행동 접근들이 나타나기 시작하였는데, Mecichenbaum의 인지행동수정이 대표적인 접근으로 볼 수 있다. 오늘날의 행동치료는 더 이상 단순히 고전적 조건형성과 조작적 조건형성의 임상적 적용이라고 할 수 없을 정도로 다양한 관점을 갖고 있다. 현재의 행동치료는 고전적 조건형성, 조작적 조건형성, 사회학습이론, 인지행동치료의 네 영역에서 발전되었다고 볼 수 있다. 즉 지금의 행동치료는 서로 다른 이론적 원리를 가지고 있는 광범위하고 다양한 절차를 포함하며, 개념적 토대, 방법론상의 필요조건과 효율성에 대한 증거 등의 측면에서 개방적 논쟁이 이루어지고 있다.

한편 Spiegler와 Guevremont(1998)은 행동치료의 특징을 다음의 7가지 주제로 제시하였다. 첫째, 행동치료는 과학적 방법의 원리와 절차에 근거한다. 따라서 행동치료에서 상담자들은 관찰과 측정을 매우 강조하며, 상담목표를 구체적이고 객관적인 용어로 기술한다. 둘째, 행동치료는 과거를 중요시하지 않으며, 내담자의 현재 문제를 다루고 그것에 영향을 주는 요인들을 다룬다. 따라서 상담자들은 현재 조건이 내담자가 가진 문제에 영향을 준다고 보며, 내담자의 행동에 영향을 주고 있는 현재의 관련 요인들을 변화시키기 위해 행동주의 기법을 사용한다. 셋째, 행동치료에서 내담자는 자신의 문제를 다루기 위해 구체적 행동들을 하도록 요구받는다. 넷째, 행동치료는 가능한 한 내담자의 실제 생활 속에서 이루어진다. 다섯째, 행동치료는 자기통제 접근을 강조한다. 여섯째, 행동 절차는 각 내담자의 욕구에 맞도록 만든다. 일곱째, 행동치료에서 상담은 내담자와 상담자 간의 협력적인 관계에 기초해서 이루어진다.

2 행동주의 이론의 개요

여기에서는 행동치료의 네 가지 중요한 영역인 Pavlov의 고전적 조건형성, Skinner의 조작적 조건형성, Bandura의 사회학습이론, Meichenbaum의 인지행동수정에 대해 살펴보고자 한다.

1) Pavlov의 고전적 조건형성

Pavlov는 개의 침 분비와 소화에 관한 연구를 수행하는 과정에서 실험자의 모습을 보거나 발자국 소리만 들어도 개가 침을 흘린다는 것을 우연히 관찰하게 되었다. Pavlov는 이러한 관찰을 바탕으로 학습에 관한 체계적인 실험을 실시하였으며, 그 결과 조건형성이론이 탄생하게 되었다. 즉 Pavlov는 개를 대상으로 한 실험을 통해 무조건 자극과 무조건 반응은 조건 자극과 무조건 자극의 연합을 통해 조건 자극에 대한 조건 반응, 즉 조건화가 형성된다고 주장하였다.

Pavlov의 연구가 조건형성과 관련된 최초의 연구라는 점에서 사람들은 그의 이론을 고전적 조건형성(classical conditioning)이라고 부르는데, 조건형성의 과정을 도식화하면 <그림 10-1>과 같다.

1단계(조건형성 전): 종소리(NS) → 무반응
음식물(UCS) → 침 분비(UCR)

2단계(조건형성 과정): 종소리(NS)
\+ → 침 분비(UCR)
음식물(UCS)

3단계(조건형성 후): 종소리(CR) → 침 분비(CR)

〈그림 10-1〉 고전적 조건형성의 과정

이와 같은 Pavlov의 고전적 조건형성이론에서는 몇 가지 중요한 학습의 원리를 제안하였다.

(1) 소거와 자발적 회복

Pavlov의 실험에서 조건형성이 이루어진 개에게 음식물(UCS)을 주지 않고 종소리(CS)만 울리는 과정을 수차례 반복하게 되면 개는 더 이상 침을 분비하는 반응(CR)을 보이지 않는데 이를 소거(extinction)라고 한다. 그러나 소거가 이루어진 이후에 어느 정도의 휴식 시간이 경과한 다음 종소리만 들려주어도 침을 흘리는 반응을 다시 나타내는데 이를 자발적 회복(spontaneous recovery)이라고 한다. 즉, 조건형성 과정에서 학습된 반응은 소거 절차가 있다고 해도 영원히 소멸되지 않으며 조건자극이 제시되면 학습된 행동이 재생된다는 것을 알 수 있다.

(2) 일반화와 변별

Pavlov의 개는 조건자극으로 제시되는 종소리와 유사한 종소리에도 침을 흘리는 반응을 보인다. 이처럼 특정한 조건자극과 유사한 자극에도 동일한 반응을 보이는 현상을 일반화(generalization)이라고 한다. 그러나 두 번째 제시되는 자극이 원래의 조건자극과 유사성이 떨어지면 질수록 조건반응의 크기는 점차적으로 작아진다. 이와 반대로 원래의 조건자극에 대해서만 반응하고 다른 자극에 대해서는 반응을 하지 않는 현상을 변별(discrimination)이라고 한다.

(3) 고차적 조건형성

종소리(CS1)를 듣고 침을 분비하는 반응(CR)을 보이는 개에게 이번에는 종소리가 아닌 번쩍이는 불빛을 통해서도 침을 분비하게 할 수 있다. 즉 종소리와 번쩍이는 불빛(NS)을 짝지어 제시하게 되면, 번쩍이는 불빛이 또 다른 조건자극(CS2)이 되어 개는 불빛이 번쩍이기만 해도 침을 흘리게 된다. 이처럼 제 2, 3의 조건자극을 만들어 내는 현상을 고차적 조건형성(higher-order conditioning)이라고 한다. 고차적 조건형성은 학생들이 교실에서 보이는 일부 두려움을 설명해 줄 수 있다(Ormrod, 2008). 예를 들어, 어린 아동에게 본래 '실패'는 아무런 정신적, 육체적 고통을 유발시키지 않는 중립자극이다. 그러나 체벌은 두려움을 유발시키는 무조건 자극이다. 시험에서의 실패가 체벌과 연합하게 되면 아동은 두려움에 빠지게 될 것이기 때문에 시험에서의 실패(CS1)와 두려움(CR)간에 조건형성이 이루어진다. 그러나 시험에서의 실패 경험으로 인하여 교실이 무서워진 아동에게 급우들 앞에서의 발표(NS)도 두려움을 유발시키는 요인이 된다. 즉 급우들 앞에서의 발표가 두려움(CR)을 일으키는 또 다른 조건자극(CS2)이 된다. 이러한 고차적 조건형성이 지속되면 학교 자체가 그 아동에게는 두려움의 대상이 될 수 있다.

2) Skinner의 조작적 조건형성

Skinner는 학습과 행동에 관한 이해의 폭을 확장시킨 20세기 가장 영향력있는 심리학자로 인정받고 있다. "인간행동의 어느 정도는 뒤따르는 결과의 종류에 의한다. 그러므로 그 결과를 통제함에 따라 유발되는 행동을 통제할 수 있다"는 주장에서 알 수 있듯이, 그는 인간의 행동은 특정한 행동이 일어나기 이전에 존재하는 자극이나 환경보다는 행동 이후에 수반되는 결과에 따라 더 많이 결정된다고 주장하였다. 예를 들어, 수업 중에 창의적인 답변을 해서 교사로부터 칭찬을 받은 아동은 추후에도 창의적인 대답을 더 많이 할 것이다.

Skinner의 실험에서 스키너 상자는 쥐가 지렛대를 누르면 먹이통에 먹이가 나오도록 되어 있다. 상자 속의 쥐는 여러 가지 행동을 하다가 우연히 지렛대를 누르게 되어 먹이를 먹게 되면서 지렛대 누르기와 먹이간의 관계를 학습하게 된다. 이때 쥐가 지렛대를 누른 행동은 상자 속에서 쥐가 할 수 있는 여러 가지 행동 목록 중의 하나였으며, 쥐가 지렛대를 누르는 행동은 먹이와 같은 결과를 만들어 내는 환경을 조작(operant)한 것이다. 쥐가 지렛대를 누르면 먹이가 나온다는 것을 습득하는 절차를 조작적 조건형성(operant conditioning)이라고 한다.

조작적 조건형성이란 어떤 행동이 외적 자극의 영향 없이 자발적으로 일어난 뒤에, 그 행동의 결과에 따라 행동의 빈도와 강도가 변화되는 것을 의미한다. 조작적 조건형성은 다양한 과정이 포함되어 있는데, 그 중에서 행동의 빈도에 핵심적인 역할을 하는 것은 반응에 대한 보상, 즉 강화(reinforcement)이다. 이러한 이유로 Skinner의 이론을 강화이론이라고 한다.

(1) 강화

Skinner는 쥐나 비둘기를 사용한 동물 실험에서 특정한 행동의 빈도를 증가시키기 위해 먹이를 제공했는데, 이때 먹이는 지렛대를 누르는 것과 같이 특정한 행동을 하도록 한다는 의미에서 강화인(reinforcer)이 되며, 행동의 발생 빈도를 증가시키기 위해 강화인을 제공하는 과정을 강화라고 한다. 강화에는 정적 강화와 부적 강화가 있다. 정적 강화란 어떤 행동이 일어나면 행위자가 만족할 만한 긍정적인 자극을 제시함으로써 추후에 그 행동이 일어날 확률과 빈도를 증가시키는 것을 말한다. 교사가 급우의 학습을 도와 주는 학생에게 칭찬을 해줌으로써 계속해서 학습이 부진한 급우를 돕도록 하는 것이 정적 강화의 예이다. 반면에 부적 강화란 어떤 행동이 발생한 후에 행위자가 싫어하거나 혐오스러운 자극을 제거하여 그 행동이 발생할 확률을 증가시키는 것을 의미한다. 여기에서 부적이라는 말은 가치판단을 의미하는 것이 아니라, 어떤 것이 제거되었다는 의미이다. 예를 들어, 어떤 교사가 늦게 귀가하는 것을 무척 싫어하는 학생을 학교에 지각했다는 이유로 교실에 혼자 남겨 늦게 귀가하도록 했는데, 오늘 그 학생이 지각하지 않아 제때에 귀가시켰다면, 그 교사는 부적 강화를 사용한 것이다. 이처럼 바람직한 행동을 증가시키기 위해 학생들이 일반적으로 싫어하는 요인을 제거하는 부적 강화는 혐오적인 자극을 제시함으로써 행동이 일어나는 빈도를 감소시키거나 억압하는 처벌(punishment)과는 구별된다.

(2) 벌

벌이란 특정한 행동을 약화시키거나 발생 빈도를 감소시키기 위해 처벌인(punisher)을 사용하는 과정이다. 즉 벌이란 그것을 받는 사람이 또 다시 같은 방식으로 행동하는 경향을 줄일 것이라는 가정 하에서 거북하고, 위험하고 또는 원하지 않는 행동을 행동 목록에서 제거시키기 위하여 설계된 것이다. 벌에는 제거성 벌과 제시성 벌이 있다. 제거성 벌은 특정한 행동이 발생한 후에 긍정적 자극을 제거시킴으로써 그 행동의 발생 확률을 감소시키도록 하는 것이다. 급우에게 욕설을 한 학생을 쉬는 시간에 빈 방에 격리시키는 타임아웃(time out)은 제거성 벌의 예이다. 제시성 벌은 꾸중이나 체벌과 같이 혐오적인 자극을 제시하여 행동의 발생 빈도를 감소시키는 것이다.

(3) 강화계획

강화의 효과를 결정하는 요인 중의 하나는 강화계획(reinforcement schedule)이다. 강화계획이란 강화인이 제공되는 시점과 빈도를 패턴화한 것이다. 질문이 있을 경우 손을 들어 줄 것을 요구하는 교사가 매번 손을 든 학생에게만 질문을 하도록 허락한다면, 학생들은 질문이 있을 경우 손을 들어 자신의 의사를 표현할 것이다. 이처럼 의도한 행동이 발생할 때마다 강화를 계속해 주는 것이 계속적이며, 이러한 형태의 강화는 새로운 행동을 학습시키는 데 효과적이다.

그러나 일상생활에서 강화 받을 행동이 발생할 때마다 계속적으로 강화를 해 주는 것은 쉽지 않다. 따라서 학습된 행동을 계속 강화해 주기보다는 가끔씩 강화해 주는 간헐적 강화가 학습된 행동을 유지하는데 유용한 경우가 많다. 사실 정확한 반응을 할 때 마다 보상을 받았던 유기체는 소거과정에 놓이게 되면 정확한 반응의 일부분에 대해서만 강화를 받았던 유기체에 비해 학습된 반응이 더 빨리 소멸된다. 즉 간헐적 강화는 계속적 강화보다 소거에 대해 더 저항적이어서 학습된 행동을 유지하는 데 유용하다.

간헐적 강화는 강화가 제공되는 시간 간격에 따라 고정간격(fixed interval)강화, 변동간격(variable interval)강화로 구분되며, 반응이 출현하는 횟수에 따라 고정비율(fixed ratio)강화, 변동비율(variable ratio)강화로 구분된다.

1 고정간격(FI)강화

강화가 일정한 시간이 경과해야 제공되는 것을 말한다. 비둘기가 원판을 5초 동안 쪼아야 먹이가 제공되는 것이나 학교에서 중간고사 혹은 기말고사를 치르는 것이 그 예이다. 고정간격 강화계획에서 유기체는 다음 강화가 주어질 시간을 예측할 수 있기 때문에 강화가 제공되기 전까지는 천천히 반응하지만 강화가 제공되는 시간이 가까워질수록 반응 비율이 급격히 상승하다가 강화가 제공된 직후에는 또 다시 반응을 거의 하지 않거나 천천히 한다. 일부 학생들은 5초 간격으로 강화를 받는 비둘기가 3-4초부터 맹렬히 원판을 쪼듯이 시험 직전에야 비로소 벼락치기 공부를 한다.

2 변동간격(VI)강화

강화가 제공되는 시간 간격의 평균은 일정하나 강화가 제공되는 시간 간격이 매번 다르다. 예들 들어, 비둘기에게 5초라는 고정간격 후에 또 다시 강화를 제공하는 대신에 2초 후에, 6초 후에, 4초 후에 강화할 수 있다. 예를 들면, 학생들에게 수업시간에 예고 없이 쪽지 시험을 치르는 교사 역시 이 계획을 활용하고 있다. 이러한 상황에서 학생들은 시험에 대비하기 위해 꾸준히 공부할 수 밖에 없다. 이 강화계획에서 유기체는 강화가 언제 제공될지 모르기 때문에 비교적 지속적으로 반응하며, 그에 따라 소거에 대한 저항력 역시 강하다.

3 고정비율(FR)강화

강화가 일정한 횟수의 반응이 일어난 뒤에 제공되는 것을 말한다. 10문제 풀 때마다 강화를 주는 것이 그 예이다. 이 강화계획에서 유기체는 고정간격 강화계획과 마찬가지로 강화가 제공되는 시기를 예상할 수 있으므로 강화가 예상되는 횟수에 근접할수록 반응이 빠르게 증가하지만 강화가 제공된 직후에는 반응이 일시적으로 감소하는 경향이 있다.

4 변동비율(VR)강화

강화가 반응의 횟수에 상관없이 불규칙적으로 제공된다. 유기체는 언제 강화가 있을지 모르기 때문에 계속해서 반응을 하게 된다. 교사가 어떤 학생들에게 5문제를 잘 풀어도 학용품과 바꿀 수 있는 스티커를 주고, 3문제를 풀어도 스티커를 준다면, 학생들은 언제 교사가 스티커를 줄지 모르기 때문에 계속해서 문제를 잘 풀려고 할 것이다. 이처럼 변동비율 강화계획에서 유기체는 강화를 받은 후에도 안정적으로 반응을 보이며 학습된 행동은 쉽게 소거되지 않는다.

3) Bandura의 사회학습이론

Bandura의 사회학습이론은 학습에 대한 행동주의적 관점의 타당성을 인정하면서도 인지 활동을 포함시켜 학습을 설명한다. 이 이론의 핵심은 모델링 혹은 관찰학습이다. 모델링이란 모델에게 대한 관찰을 통해 발생하는 인지적·정의적·행동적 변화이다. 이러한 모델링은 새로운 행동을 습득하게 하거나 촉진시키는 효과가 있을 뿐 아니라 대리 처벌을 통해 특정한 행동을 제지시키는 효과가 있다. 또한 모델링은 금지된 행동을 하도록 하는 탈제지 효과도 있다. 예를 들어, 폭력성이 많이 묘사된 영화는 아동들에게 이미 학습한 공격적인 행동을 강화시킬 수 있다. 마지막으로 모델링은 관찰자의 정서 변화에도 영향을 미친다. 예를 들어,

수업 중에 교사가 안절부절 못하는 모습을 보이면, 이를 관찰하는 학생들 역시 불안해 질 것이다.

관찰학습의 과정은 다음과 같이 주의집중, 파지, 운동재생, 동기화 과정을 통해서 이루어진다(Bandura, 1986).

(1) 주의집중 과정(attention process)

모델링은 모델에게 주의를 집중하면서부터 시작된다. 모델의 행동에 대해 주의를 집중하지 않으면 학습은 일어나지 않는다. 또한 모델과 모델의 행동을 단순히 관찰하는 것만으로 학습은 일어나지 않는다. 관찰자는 모델의 독특한 특징이나 단서를 정확하게 지각해야 모델로부터의 학습이 가능하다. 일반적으로 모델의 연령, 성별, 지위, 능력, 매력 등과 같은 모델의 특징은 학습자의 주의집중 과정에 영향을 미친다. 또한 관찰자가 느끼는 행동의 중요성, 관찰자의 지각 태세, 선행경험, 감각능력, 각성수준, 관찰기술 등과 같은 관찰자의 특징이나 행동의 기능적 가치 역시 주의집중에 영향을 준다.

(2) 파지 과정(retention process)

관찰자는 관찰한 행동을 기억해야 모델이 없는 상황에서도 관찰을 통해 얻은 정보를 유용하게 사용할 수 있다. 파지란 관찰된 모델의 행동이 관찰자의 기억 속에 유지되는 것을 말하며, 파지 과정은 정보가 심상적 체제나 언어적 체제와 같은 상징적 기호로 저장되는 것을 의미한다. 파지는 시연(rehearsal)을 통해 가능하다. 시연에는 관찰한 행동을 마음속으로 상상해 보는 내적 시연과 실제 행동으로 나타내 보는 외적 시연이 있다. 또한 관찰자는 파지 과정에서 인지적 기술이나 인지적 구조를 활용해야 한다.

(3) 운동재생 과정(motor-reproduction process)

관찰자가 파지 과정에서 상징적으로 부호화한 기억을 적절한 행동으로 전환시키는 과정이다. 간단한 행동은 관찰만으로도 재생이 가능하지만, 복잡한 문제 해결 과정이나 세련된 동작을 실행하기 위해서는 지속적인 연습, 피드백, 점검, 시범 등이 요구된다. 또한 기억 속에 저장된 행동을 재생하기 위해서는 필요한 신체적 능력을 갖추고 하위 요소 기능들을 숙달하여 활용할 수 있어야 한다.

(4) 동기화 과정(motivation process)

관찰자가 특정한 행동을 학습하고 그것을 수행할만한 능력을 갖추고 있다고 해도, 그 행동은 실제로 나타날 수도 있고 그렇지 않을 수도 있다. 그것은 동기화 과정이 학습한 행동의 수행 여부를 결정하기 때문이다. 동기화 과정에는 행위자가 특정한 행동을 하게 되면 그에 따라 직접적으로 제시되는 직접 강화(direct reinforcement), 특정한 행동을 한 모델에게 제시되는 강화에 의해 관찰자가 영향을 받는 대리 강화(vicarious reinforcement), 그리고 행위자 스스로 특정한 행동에 강화를 주는 자기 강화(self reinforcement)가 있다. 또한 유인가(incentive)에 대한 관찰자의 선호도, 편견, 내적 기준 등과 같은 관찰자의 특성에 의해서도 동기화는 영향을 받는다.

사회학습이론의 중요한 개념 중의 하나는 행동에 대한 자기조절(self-regulation)이 강조되었다(Zimmerman, 1995). 인간은 처음에는 외부 환경에 의해 영향을 많이 받지만 점차적으로 자신의 행동을 스스로 조절하는 자기조절 능력을 발달시킨다. 즉 사람들은 자신의 행동을 관찰하고, 자신이 설정한 기준에 따라 자신의 행동을 판단하고, 자신을 강화하거나 스스로 처벌하기도 한다(Bandura, 1986). 예를 들어, 아동들은 직접적이고 대리적인 강화와 처벌을 통해 바람직한 행동이 무엇인지 배우게 되지만, 성장 과정에서 바람직한 행동에 대한 자신들의 생각을 발달시키고, 그에 따라 자신들의 행동을 선택한다.

사회학습이론의 관점에서 볼 때 자기조절에는 기준 및 목표설정, 자기관찰, 자기평가, 자기반응과 같은 4가지 요소가 포함된다(Ormrod, 2008).

1 기준 및 목표 설정

인간은 자신의 행동을 수행하기 위해 어떤 기준을 세우기도 하고 자신의 행동을 안내하고 평가하기 위해 특정한 목표를 설정하기도 한다. 사람들이 스스로 수립한 수행 기준과 목표의 종류는 다른 사람들이 설정하고 있는 기준과 목표에 어느 정도 영향을 받는다. 즉 사람들은 자신의 능력과 유사한 사람이 설정한 기준과 유사한 기준을 설정하려고 하지만, 자신보다 훨씬 유능한 모델이 설정한 기준을 자신의 수행 기준으로 설정하려고 하지 않는 경향이 있다.

2 자기관찰

자기 조절의 중요한 부분은 목표를 추구해 가는 과정에서 스스로 자신의 행동을 관찰하는 것이다. 자기관찰은 수행을 체계적으로 점검하여 수행이 잘 이루어지고 있는 부분과 개선이 필요한 부분이 무엇인지 파악하도록 하는데 도움이 된다. 자기관찰은 언어 혹은 문서적 기록이나 자신의 행동과 반응을 양적으로 기록하는 방법을 통해 가능하다.

3 자기평가

사람들의 행동은 빈번하게 가족, 교사, 동료 등과 같은 다른 사람에 의해 판단되지만, 종국에는 자신이 스스로 세운 기준에 근거해 행동을 판단하고 평가한다. 자기평가는 자기관찰과 자기효능감, 목표, 지식 또는 기준에 의존한다.

4 자기반응

자기 조절 능력이 발달해 감에 따라 사람들은 스스로 설정한 목표를 성취했을 때, '잘했어'라고 스스로 말하는 것과 같이 자기강화를 하지만, 그렇지 못한 경우에는 죄책감이나 수치심을 느끼는 것과 같이 자기 스스로를 처벌하기도 한다.

4) Meichenbaum의 인지행동수정

행동치료는 인지치료와 결합되어 인지행동치료로 알려진 강력한 접근법을 형성하였다. 인지행동치료 접근법 중 가장 잘 알려진 것은 Meichenbaum의 인지행동수정이다. 인지적 행동수정은 우리의 부적응 행동을 수정하기 위해 자신의 부적응적 사고를 바꿈으로써 가능하다고 믿는 입장이다. 즉 인지적 행동수정 상담자는 관찰가능한 행동을 일차적으로 강조하는 것 대신에 주로 변화의 도구로 '언어'를 강조하며, 사고과정의 변화가 자신의 행동변화를 일으킨다고 믿는다. Meichenbaum(1977)은 "우리가 우리의 사고, 인지를 변화시키는 것을 학습한다면, 우리는 우리의 유기체적 반응, 우리의 행동을 훨씬 잘 통제하게 된다."고 주장하였다. 인지적 행동수정은 '인지재구조화(cognitive restructuring)'를 함으로써 우리의 행동을 변화시킬 수 있다는 것을 강조한다(노안영, 2005에서 인용).

3 상담과정과 기법

1) 상담목표

행동치료의 특징은 변화시킬 구체적 목표에 대해 강조한다는 점이다. 이에 따라 행동치료에서 상담자는 학습이론에 대한 철저한 이해를 바탕으로 내담자가 갖고 있는 문제행동이 무엇인가를 정확히 평가하여 구체적이고 체계적인 계획에 따라 행동의 변화를 가져오도록 노력한다. 따라서 행동치료에서는 부적응의 원인을 잘못된 학습에서 비롯된 행동의 습관에 기인한 바람직하지 않은 행동의 학습에서 찾는다. 즉 행동치료의 상담목표는 내담자의 현재 행동을 바람직한 행동으로의 변화하는 데 있다.

2) 상담기법

행동주의에 이론적 기반을 두고 있는 행동치료에서 일반적으로 사용하는 기법은 다음과 같다.

(1) 새로운 행동을 가르치거나 바람직한 행동을 증대시킬 때 사용하는 기법

1 행동조형

행동조형(shaping)이란 새로운 행동을 가르칠 때 주로 사용하는 방법으로 한 번에 달성하기 힘든 목표행동을 몇 개의 소단계로 나누어 한 단계씩 점차적으로 가르치는 기법이다. 이러한 행동조형은 새로이 가르치고자 하는 목표행동을 향해 강화대상 행동을 점진적으로 접근해 가는 과정이라고 하여 '점진적 접근(successive approximation)'이라고도 한다. 행동조형의 절차는 최종 목표행동에 얼마나 유사한 행동을 할 수 있는지, 즉 출발점 행동의 수준을 파악하는 데서부터 시작된다. 이와 같은 출발점 행동의 수준이 확정되면 여기서부터 출발하여 최종 목표행동에 점차적으로 도달할 수 있는 단계들로 나누어 쉬운 단계부터 시작해서 각 단계의 행동을 할 때마다 강화를 제공하면서 점진적으로 최종 목표행동을 달성할 수 있도록 한다.

2 행동시연

행동시연(behavior rehearsal)은 내담자가 바람직한 행동을 연습하여 어려운 상황에서 물러서지 않고 대처할 수 있도록 하는 일련의 전문적인 연습과정을 구성되어 있다. 이 과정은 점진적 접근으로 이루어지며, 난이도 수준이나 스트레스 종류에 따라 등급별로 시연을 시도해 볼 수 있다. 한 상황에 대한 적절한 연습은 보다 진전된 기술을 사용하는 다른 장면으로 넘어가기 전에 필요하다. 행동시연은 외현적이거나 상상적으로 표현될 수 있는데, 두 가지 방법 모두 매우 효과적인 것처럼 보인다. 내담자는 이 두 가지 방법 모두 사용해서 도움을 받을 수 있다.

우선 내담자는 이미지를 통해 연습할 수 있고, 그 다음 상담자와 함께 시나리오를 행동으로 옮기는 단계로 넘어갈 수 있다.

3 토큰강화

토큰강화(token economy) 기법은 내담자가 바람직한 행동을 했을 때 실제로 상을 주는 대신 토큰을 사용하여 약속된 상을 얻을 수 있도록 하는 방법이다. 이 때 사용되는 토큰으로는 스티커, 별표, 플라스틱 조각 등과 같은 물건과 함께 때로는 점수와 같은 상징적인 것도 사용할 수 있다. 이 기법은 Skinner의 강화원리를 이용한 것으로서 행동변화를 위해 널리 사용되고 있으며, 특히 유아 및 아동이나 정신지체아, 자폐아 등의 행동수정에 유용하다.

4 보조법과 용암법

보조법(prompting)은 내담자가 주어진 과제를 스스로 하는데 어려움이 있을 때 필요한 만큼의 도움을 제공하는 것이고, 용암법(fading)은 일단 주어진 보조의 양을 점진적으로 줄여가는 과정을 말한다. 도움이 많이 필요할 때는 손을 잡고 도와주는 것, 말로 설명해도 이해할 정도면 약간씩 설명을 통해 또는 그림카드 제시를 통해 보조하는 것, 과제의 수행 과정 중 일부분을 수행해줌으로써 전 과정의 수행을 도와주는 것이 모두 보조법에 속한다. 보조법의 사용 목적은 주어진 과제를 성공적으로 수행하도록 도와줌으로써 내담자가 보상을 받을 수 있도록 도와주는 데 있다. 따라서 보조법에서는 도와주어야 할 '때(timing)'와 필요한 도움의 '양'을 적절히 조절하는 것이 매우 중요하다. 보조법을 통해 과제 수행이 어느 정도 잘 진행되면, 보조 없이도 스스로 과제를 수행할 수 있도록 보조의 양을 점진적으로 줄여가는 용암법의 사용이 병행되어야 한다(김승국 외, 1998).

(2) 문제행동을 수정할 때 사용하는 기법

1 체계적 둔감화

체계적 둔감화(systematic desensitization)은 Wolpe가 개발한 기법으로 고전적 조건형성의 원리에 기초하고 있어 내담자의 높은 공포나 불안 수준을 둔감화시키기 위해 역조건형성을 사용한다. 이러한 체계적 둔감법은 상상 속에서 행해지거나 실제 생활 속에서 행해질 수 있다. 최고의 공포나 불안은 어떤 사람이 두려운 자극을 회피할 때 흔히 더 악화되며 회피 후 이어지는 편안한 감정에 의해 회피가 강화된다. 따라서 체계적 둔감법은 공포나 불안을 늘리기보다 줄이는 방식으로 내담자를 괴로운 자극에 점차 노출시킴으로써 이 과정을 역전시키도록 고안되었다(Seligman, 2006). Morris(1986)는 체계적 둔감법 사용을 ① 이완훈련, ② 불안위계표 작성, ③ 체계적 둔감법 실시와 같이 세 단계로 나누었다. 우선 이완훈련 단계에서 상담자는 매우 조용하고 부드러운 목소리로 근육이완을 단계적으로 가르친다. 내담자에게 호숫가에 앉아 있거나 초원을 거니는 것과 같은 이전 이완상황의 심상을 만들도록 한다. 그 다음 상담자는 내담자와 함께 불안위계표를 작성한다. 불안이나 공포를 유발하는 상황을 가장 약한 상황에서부터 가장 심한 상황까지 순서대로 등급을 매긴다. 그리고 나서 불안위계표에 있는 가장 약한 상황부터 노출시키면서 시작한다. 상담자는 내담자가 불안을 경험하고 있다고 신호할 때까지 단계적으로 위계를 올리며, 불안을 경험하고 있다는 신호를 하면 중단을 한다. 이완을 다시 시작하고 내담자는 계속해서 불안위계를 올려간다. 이러한 과정은 이전에 가장 많은 불안을 일으켰던 장면에도 내담자가 이완된 상태를 계속 유지할 수 있을 때까지 계속된다(Corey, 2001에서 재인용).

2 자기교시법

Meichenbaum의 자기교시법(self-instruction)은 내담자로 하여금 자기대화(self-talk)를 인식하도록 하여 내담자를 조력하는 것으로 자기관찰, 새로운 내적 대화의 시작, 새로운 기술 학습 등의 방법을 사용한다. 치료의 목표는 인지양식에 대한 자기검토를 통해서 보다 적응적인 사고를 독려하는 것이다. 즉 부적응 행동을 유발하는 자기교시나 비합리적 신념체계를 교정하거나 인지양식에 대한 자기검토를 통해 보다 적응적인 사고를 하도록 한다. 특히 이 방법에서는 적응적인 행동방법이나 행동전략을 자기 자신에게 이야기를 하도록, 즉 자기교시(self-instruction)를 하게 함으로써 적응적인 행동을 가르친다. 이러한 자기교시법은 성인 내담자뿐만 아니라 과잉행동을 하는 아동이나 심하게 위축된 아동들이 자신의 행동을 수정하도록 도와주는 데도 사용되고 있다.

3 소거

소거(extinction)는 바람직하지 않은 행동을 감소시키거나 제거하기 위해 그 행동에 이득을 주는 강화인을 철회하는 것이다. 예를 들어 아동의 부적응 행동을 강화하는 것이 부모나 교사가 보이는 관심일 수 있는데, 이런 경우에는 아동의 부적응 행동에 대해 무시하면서 철저히 관심을 철회함으로써 그 행동을 감소시킬 수 있다. 이때 소거를 받아야 할 바람직하지 않은 행동 이외의 다른 행동에 대해서는 정적 강화를 해주는 것이 매우 효과적일 수 있다.

4 타임아웃

타임아웃(time-out) 기법은 일종의 제거성 벌로서 내담자로부터 긍정적인 자극을 제거하는 것이다. 이를 위해 바람직하지 않은 행동을 할 때 일시적으로 고독감을 느낄 수 있도록 유쾌하지 않은 장소로 격리를 시킨다. 예를 들면 초등학교에서 수업시간에 어떤 학생이 수업방해가 되는 부적절한 행동을 할 때 시간을 정해 잠깐 동안 급우들과 격리시키는 것이다. 일반적으로 타임아웃 시간은 연령당 1분으로 하고, 타임아웃 장소는 지루하고 따분한 곳, 안전하고 밝으며 무섭지 않은 곳, 10초 이내에 갈 수 있는 곳 등으로 한다.

5 반응대가

반응대가(response cost)는 권리박탈이라고도 하는데, 아동과의 약속에서 약속을 이행하면 권리행사를 인정해주고, 약속을 이행하지 않으면 권리행사를 제한하는 방법을 말한다. 예를 들어 쉬는 시간 10분 중에서 수업시간에 떠들지 않으면 10분을 그대로 제공하지만, 떠드는 경우 1회당 2분씩 감해 제공하는 방법이다.

6 과잉정정

과잉정정(overcorrection)은 특정 행동을 지나칠 정도로 반복 연습시킴으로써 문제행동을 수정하는 방법이다. 과잉정정에는 두 가지 방법이 사용되고 있다. 하나는 행동의 결과에 대한 책임을 지우는 방법으로, 예를 들어 흘린 밥알을 강제로 모두 주워 먹게 하는 방법이고, 다른 하나는 문제행동의 발생을 예방하기 위한 방법으로, 예를 들어 밤에 오줌을 싼 경우 잠자리에서 화장실에 가는 동작을 20여회 반복해서 연습시키는 방법이다. 이러한 과잉정정 방법을 사용할 경우에는 반복적인 연습 이외의 언어적 또는 물리적 제재를 가해서는 안 된다(김승국 외, 1998).

7 포만법

포만법(satiation)은 특정 문제행동을 싫증나고 질릴 정도로 실컷 하도록 하거나 강제로 시킴으로서 문제행동의 감소를 유도하는 방법이다. 예를 들어 초코우유만 먹기를 원하는 아이가 있을 때 초코우유를 질리게 먹도록 한다거나 종이 찢기를 좋아하는 아동의 경우 종이를 한 상자 가득 채운 후 아동이 싫증낼 때까지 또는 싫증을 내더라도 더 찢도록 강요함으로써 문제행동을 감소시키는 방법이다.

8 홍수법

홍수법(flooding)은 불안이나 공포 자극에 많이 노출된다면 그 자극에 둔감해질 것이라는 원리를 기초로 한다. 따라서 홍수법은 상담자가 불안이나 공포 증세가 심한 내담자를 의도적으로 불안이나 공포 상황에 지속적으로 노출시키는 방법이다. 즉 장시간 동안 불안이나 공포를 유발하는 장면을 내담자에게 실제로 또는 심상의 형태로 제공하여 내담자 스스로 자신이 갖고 있는 불안이나 공포가 불합리한 것이며 실제로 아무 일도 일어나지 않음을 경험하게 하는 기법이다. 이러한 홍수법은 앞에서 설명한 체계적 둔감화와는 대조를 이루는 기법이다.

9 사고중지

사고중지(thought-stopping)는 내담자가 스스로 통제할 수 없는 지속적이고 강박적인 사고를 억제하기 위한 기법이다. 우선 상담자는 내담자에게 자신이 통제할 수 없는 그 강박적인 생각을 하도록 지시를 한 다음 갑자기 "그만!"이라고 소리친다. 이와 같이 여러 차례 실시한 후 상담자는 내담자에게 강박적인 생각이 떠오를 때마다 스스로 "그만!"이라고 말하도록 한다. 이와 같은 "그만!"이라는 자기지시 과정 훈련을 여러 차례 한 후 "그만!"이라고 하는 소리의 정도를 점차 줄여나가면 "그만!"이라고 소리를 지르는 대신에 스스로에게 조용하게 말해도 그 강박적인 생각을 멈출 수 있게 된다(이성진, 유효순, 1998).

(3) 문제행동 수정 시에 병행되는 강화방법

1 차별적 강화

차별적 강화(differential reinforcement of other behaviors/DRO)란 문제행동 수정 시에 병행되는 강화방법으로서 문제행동을 제외한 다른 행동들을 집중적으로 강화하는 방법을 말한다. 차별적 강화의 목적은 특정 문제행동 이외의 모든 행동을 강화해 줌으로써 문제행동이 발생되는 기회를 체계적으로 줄이면서 바람직한 행동에 대한 기회를 확대해 주는 데 있다. 이러한 차별적 강화는 주로 다른 기법의 보조수단으로 사용되는데, 문제행동을 통제하는 등의 처벌을 사용할 때는 반드시 병행해서 사용해야 하는 방법이다(김승국 외, 1998).

2 상반행동 강화

상반행동 강화(differential reinforcement of incompatible behavior/DRI)란 문제행동과 동시에 일어날 수 없는 행동을 선택적으로 강화하면서 문제행동을 벌하지 않는 가운데 문제행동의 감소를 유도하는 방법이다. 이 때 문제행동을 직접적으로 통제하지는 않지만, 문제행동과 동시에 일어날 수 없는 행동을 강화하기 때문에 상반행동 강화는 문제행동의 간접적인 규제로 볼 수 있다(정보인, 1994). 아동이 손을 빨 경우 손을 빠는 것에 대한 제재는 가하지 않지만, 손을 사용하는 놀이를 집중적으로 강화하는 것인데, 아동이 손을 빨 때마다 아동의 손을 잡고 장난감 단추를 누르게 한 후 보상을 주는 것이 상반행동 강화의 한 예다(김승국 외, 1998).

(4) Lazarus의 다중양식치료

다중양식치료(multimodal therapy)는 Lazarus(1971, 1989, 1997)가 개발한 행동치료로서 종합적이고 체계적인 접근이라 할 수 있다. 이 접근의 기본 가정에 따르면 내담자들은 다양하고 구체적인 문제로 고통을 받고 있으므로 다중양식적 상담전략이 내담자의 변화를 가져오는 데 효과적이다. 다중양식치료의 핵심은 인간의 복잡한 성격에 7가지 주요 기능 영역(BASIC-ID), 즉 행동(Behavior), 감정(Affect), 감각(Sensation), 심상(Images), 인지(Cognition), 대인관계(interpersonal relationship), 약물/생물학적 기능(Drugs/biology)이 있다는 것이다.

다중양식치료에는 다음의 네 가지 원리가 있다(Lazarus, 1997). 첫째, 우리 인간은 BASIC-ID의 7가지 영역에서 행동하고 상호작용한다. 둘째, 이 7가지 양식들은 서로 연결되어 있고 상호작용하는 체제로 간주되어야 한다. 셋째, 이 7가지 양식 각각과 이것들 사이의 상호작용을 체계적으로 파악할 때 정확한 평가가 이루어질 수 있다. 넷째, 상담에 대한 포괄적인 접근은 BASIC-ID에 걸쳐있는 중요한 문제에 대한 구체적인 수정을 포함한다.

BASIC-ID의 구체적인 내용은 다음과 같다(Lazarus, 1989, 1997).

1 B(Behavior, 행동): 이 양식은 관찰하고 측정할 수 있는 행위, 습관, 반응 등 주로 외현적 행동에 관한 것이다. 질문들로는 "당신이 변화시키고 싶은 것은 무엇입니까?" "당신은 얼마나 적극적입니까?" "당신은 어떤 행동을 시작하고 싶습니까" 등이 있다.

2 A(Affect, 감정): 이 양식은 감정, 기분에 관한 것이다. 질문들로는 "당신은 어떤 감정을 가장 많이 느낍니까?" "당신을 웃게 하는 것은 무엇입니까?" "당신을 울게 하는 것은 무엇입니까?" 등이 있다.

③ S(Sensation, 감각): 이 양식은 시각, 청각, 촉각, 미각, 후각의 기본적 오감에 관한 것이다. 질문들로는 "당신은 통증, 어지럼증 등의 불쾌한 감각 때문에 고통스럽습니까?" "당신이 특히 보고, 듣고, 만지고, 먹기를 좋아하거나 싫어하는 것은 무엇입니까?" 등이 있다.

④ I(Images, 심상): 이 양식은 우리 자신의 자기상, 기억, 꿈 등을 포함한다. 질문들로는 "반복되는 꿈이나 분명한 기억에는 어떤 것이 있습니까?" "당신은 현재의 당신을 어떻게 봅니까?" "미래에는 자신을 어떻게 볼 것 같습니까?" 등이 있다.

⑤ C(Cognition, 인지): 이 양식은 기본적 가치, 태도, 신념을 형성하는 통찰, 생각, 의견, 판단 등을 포함한다. 질문으로는 "당신의 사고가 당신의 감정에 어떻게 영향을 미치고 있습니까?" "당신이 가장 소중하게 여기는 가치나 신념은 무엇입니까?" "자신에 대해 부정적으로 생각하는 것에는 어떤 것들이 있습니까?" 등이 있다.

⑥ I(Interpersonal relationship, 대인관계): 이 양식은 타인과의 상호작용과 관련되어 있다. 질문으로는 "당신은 얼마나 사교적입니까?" "삶에서 당신의 중요한 인물에게 무엇을 기대합니까?" "당신이 변화시키고 싶은 대인관계가 있습니까?" 등이 있다.

⑦ D(Drugs/biology, 약물/생물학): 이 양식은 약물 이상의 의미를 갖는다. 섭식습관이나 운동양식을 포함한다. 질문으로는 "당신은 건강하거나 건강한 의식을 가지고 있습니까?" " 당신은 자신의 건강에 대해 걱정합니까?" "당신은 지금 무슨 약을 복용하고 있습니까?" 등이 있다.

4 행동수정의 실시과정과 연구설계

1) 행동수정의 실시과정

행동수정의 원리는 학습이론의 토대가 된 Pavlov의 고전적 조건형성과 Skinner의 조작적 조건형성을 응용해서 부적응행동을 유발시키는 요인을 제거하고 적응행동으로 변화시키는 것이다. 행동의 변화를 목적으로 시작한 행동수정의 과정은 개인의 특성에 따라 도달점 행동과 출발점 행동을 세분화하여 그 행동의 변화 과정을 객관적으로 평가하고 관찰·측정하는 과정이다. 또한 이러한 구체적인 절차를 통해 변화된 행동을 지속·유지하기 위해 그 전략과 방법을 검토하고 수정해 나가야 한다.

행동수정의 과정은 대체로 다음의 단계를 거쳐 진행된다.

1 목표행동(도달점 행동)을 설정한다.

행동수정 프로그램의 실시에 있어 가장 먼저 고려해야 할 문제는 수정하려고 하는 행동을 명세화하고 바람직한 목표행동을 설정해야 한다. 이 때 목표행동은 구체적이고 측정 가능한 용어로 기술되어야 하며, 바람직하지 않은 행동과 바람직한 행동 모두 상세히 기술되어야 한다.

2 기초선(baseline) 자료를 수집한다.

문제행동의 기초자료 수집은 목표행동의 세분화와 함께 가급적 빠른 시일 내에 실행되어야 한다. 이러한 문제행동의 기초자료 수집을 통해 문제행동을 정확하게 식별하고 행동의 발생빈도와 발생조건 등을 파악할 수 있다.

3 행동의 변화를 촉진하기 위한 기법을 결정한다.

4 유관설정 및 서면계약을 작성한다.

행동강화에 있어서 유관설정은 '~하면 ~하게 해준다'라는 기법을 사용하는 것이다. 가장 대표적인 사례로 유관계약법(contingency contract)이 있으며, 우선 목표행동을 정의하고 성공적 수행에 주어지는 강화조건을 아동 또는 부모나 교사의 동의 하에 계약서를 작성한 후에 시행에 들어가게 된다.

5 목표행동에 대해 계속 처치한다.

이 단계의 목적은 바람직한 목표행동을 확고하게 하기 위한 것으로 강화와 소거 또는 처벌 등을 사용할 수 있다. 따라서 바람직한 행동이 나타나기 시작하면 그 행동이 만족할 만한 수준에 이를 때까지 계속해서 강화하다가 행동의 빈도가 높아지면 점차 강화빈도의 종류와 정도를 감소하면서 강화물을 1차적 강화물에서 2차적 강화물로, 또는 외적 보상체계에서 내적 보상체계로 전환한다.

6 기초선 자료와 처치 결과를 평가·비교한다.

행동수정의 결과에 대한 평가는 목표행동에 구체적으로 진술된 내용을 기준으로 한다. 치료자가 얼마나 치료를 잘했는지 또는 사용된 수정방법이 얼마나 효과적이었는지를 검토하는 것이다.

7 행동수정 프로그램을 필요에 따라 수정한다.

아무리 이론적으로 잘 설정된 목표행동이라도 학습의 효과가 나타나지 않을 때는 기존의 목표행동이나 수정방법을 아동의 수준과 반응 정도를 고려해서 변경해야 한다. 즉 상담자는 자신의 행동수정기법이나 설정한 목표행동이 효과를 보지 못하고 있는 것이 확인되면 그 즉시 전략과 방법을 검토하고 진로를 수정해야 한다.

8 행동수정 프로그램을 종료한다.

2) 행동수정의 연구설계

행동수정 연구에서 가장 많이 사용하는 연구설계법은 반전설계법(reversal design)이다. 반전설계법이란 실험처치가 제거된 상태에서 일정한 기간 동안 표적행동을 관찰하여 앞 단계의 처치효과가 어느 정도 지속되는지의 여부를 확인함으로써 실험처치 변인과 표적행동과의 관계를 규명하는 방법이다.

반전설계법에 의한 행동수정의 연구는 다음의 다섯 단계로 진행된다.

1 1차 기초선 단계

기초선 측정이란 일정한 기간 동안 평상시의 조건하에서 부적응 행동, 즉 행동수정을 위한 표적행동의 수준을 관찰·측정하여 기록하는 것을 말한다. 평상시에 특정 부적응 행동(표적행동)이 어느 정도 발생하고 있는지를 알아보는 단계가 1차 기초선 측정의 주된 내용이 되며, 이 자료는 정상 조건하에서의 행동을 비교·평가할 근거를 마련하기 위해서이다.

2 1차 실험처치 단계

기초선 측정이 끝나면 곧바로 부적응 행동을 개선하기 위한 행동수정기법을 적용하는 실험단계가 시작된다.

3 2차 기초선 단계(반전단계)

이 단계에서는 1차 실험처치 단계 동안에 사용했던 행동수정기법을 중단하고 실험처치 전의 상태, 즉 평상시의 조건으로 되돌아가서 행동을 관찰하는 단계이다. 이와 같은 반전 또는 2차 기초선 단계가 필요한 이유는 실험처치 기간 중 표적행동에 변화가 있을 경우 그러한 변화가 과연 실험조건으로 인한 변화인지 아니면 자연적인 변화인지를 알아보기 위해서이다.

4 2차 실험처치 단계

이 단계에서는 부적응 행동을 수정하기 위하여 1차 실험처치 단계에서 그 효과가 입증된 행동수정기법을 다시 적용하는 단계이다.

5 사후확인 단계(추후조사 단계)

이 단계는 반전설계 연구법의 마지막 단계이며, 일단 형식적인 실험기간이 끝난 후에도 행동의 변화가 계속 유지되고 있는가를 점검하게 된다. 2차 실험처치 단계 동안에 측정이 매일 실시된다면, 이 단계 동안에는 일주일에 평균 한두 번만 실시한다. 이는 사용된 행동수정기법이 장기간 지속 효과가 있는지를 파악하기 위해서이다.

제 11 장

인간중심상담

1·인간관

2·주요개념

3·상담과정과 기법

1 인간관

Carl Rogers의 인간중심상담은 인본주의에 토대를 둔다. 인본주의에서는 우리 인간에 대해 상담자의 직접적인 개입 없이도 자신의 문제를 해결할 수 있는 능력이 있고, 타고난 잠재력을 실현할 수 있으며, 자신의 삶을 긍정정적으로 변화시킬 수 있는 능력을 지닌 존재로 본다. 이러한 관점에 따라 인간의 본능적 욕구를 지나치게 강조하면서 상담자가 진단적이고 해석적이며 지시적인 태도를 취하는 정신분석학에 반대하였고, 인간의 행동을 자극에 대한 반응으로 지나치게 단순화하는 행동주의를 비판하였다. 이에 Rogers는 인본주의에 기초를 둔 비지시적인 인간중심상담을 주장하였다. Rogers의 인간중심상담은 이론 초기인 1940년대에는 지시적 상담과 대별해서 '비지시적 상담'으로 불렸으며, 1950년대에는 상담자중심 상담과 대별해서 '내담자중심 상담'으로 수정되었다. 그 이후 1970년대에 들어서면서 그의 사상이 계속 확장되고 광범위한 영역에 적용되기 시작하면서 '인간중심상담'으로 수정되었다.

Rogers의 인간관은 다음과 같다. 첫째, 인간은 선천적으로 '실현화 경향성(actualizing tendency)'을 갖고 태어나며 자아실현을 위해 끊임없이 노력하는 경향성을 지닌 존재이다. 여기에서 '실현화 경향성'이란 자신을 유지하거나 성장시키는 데 도움이 되는 방향으로 자신의 모든 능력을 개발하려는 유기체의 선천적 경향성을 의미하며, 특히 '실현화 경향성' 중 가장 중요한 심리학적 형태를 '자아실현 경향성'이라 불렀다. 둘째, 인간은 선천적으로 선하게 태어났기 때문에 타고난 잠재력을 발휘할 수 있는 조건이 적절히 갖추어진다면 타고난 잠재력을 발달시켜 무한한 성장과 발전이 가능한 존재로 보았다. 즉 인간은 선천적으로 타고난 잠재력을 실현하는 과정에서 자신의 인생 목표와 행동 방향을 스스로 결정하고, 이러한 결정에 따르는 책임을 지면서 합리적이고 건설적인 방향으로 성장해 나가는 미래지향적 존재로서 자기를 조절하고 통제하는 능력이 있다고 보았다.

2 주요개념

1) 인본주의

인본주의에서는 인간을 세상의 중심에 두고, 가치 있고 중요시 여기며, 필수적이고 중추적인 존재로 본다. Kirschenbaum(2004)에 따르면 인본주의는 세 가지 주요한 측면에서 정신분석이나 행동주의와는 다르다. 첫째, 인본주의는 현상학적이며, 사람들의 내적 참조 틀(internal frame of reference)과 그들의 경험에 대한 개인적인 의미에 초점을 맞춘다. 둘째, 인본주의는 낙관적으로 개인의 성장과 잠재력의 실현을 도모할 수 있도록 격려한다. 셋째, 인본주의는 인간이 다른 종과 구분되는 선택, 자유, 가치 등과 같은 특성을 강조한다(Seligman, 2006).

이러한 인본주의의 기본적인 입장은 도토리가 어떻게 자라나는지에 대한 예로 잘 이해할 수 있다. 적절한 조건만 갖추어지면 긍정적인 방향으로 "자동적"으로 성장하는 도토리 나무처럼 우리 인간도 자연스럽게 자아실현을 이룰 수 있는 방향으로 나아간다고 본다. 따라서 인간중심상담의 토대를 이루는 인본주의에서는 성장과 자아실현을 유도하는 분위기를 만들어내는 상담자의 태도를 중요시한다(Corey, 2001).

2) 현상학적 관점

Rogers의 인간중심상담은 현상학에 영향을 받아 형성되었다. 현상학에서는 개인이 세상에 대해 자신만의 독특한 지각을 가지고 있다고 믿는다. 즉 우리에게 중요한 것은 대상이나 사건 그 자체가 아니라 개인이 대상이나 사건을 어떻게 지각하느냐 하는 것이다. 그 지각은 사람들의 신념, 행동, 정서, 관계를 결정한다. Rogers(1951)에 따르면 "유기체는 그들이 경험하고 지각하는 만큼의 영역에 반응한다, 이러한 지각 영역은 개인에게 실제 현실이다." 우리가 삶에서 하는 모든 선택은 우리의 지각으로부터 나오는 것이기 때문에 우리는 우리의 영역에 초점을 맞춘다. Rogers는 각 개인이 끊임없이 변화하는 세상의 중심에 존재한다고 믿었다. 심지어 우리가 객관적이라고 믿을 때에도, 우리의 주관적인 지각은 우리의 삶의 방향을 결정한다. 따라서 내담자를 이해하는 것은 이러한 주관적인 지각을 인식하고 수용하는 것이다(Seligman, 2006).

3) 실현화 경향성

Rogers가 가정한 유일한 동기는 '실현화 경향성(actualizing tendency)'이다. 이것은 자신을 유지하거나 성장시키는 데 도움이 되는 방향으로 자신의 모든 능력을 개발하려는 선천적 경향성이다. 걸음마를 배우고자 하는 아이의 힘겨운 노력이 그 예라 할 수 있다. 우리 인간은 자유선택이 주어지고 외부의 힘이 작용하지 않을 때, 아프기보다는 건강을, 의존보다는 독립을 더 선호한다. Rogers는 인간이 긍정적인 방식으로 발전하려는 타고난 실현화 경향성이 인간다움 뿐만 아니라 인간 스스로를 발전시키고 유지시킬 수 있다고 생각한다.

4) 가치의 조건화

Rogers에 따르면 아이들의 자아개념은 그들의 삶에서 중요한 사람들과의 상호작용과 그 사람들에게서 받는 메시지를 통해 형성된다(Rogers, 1961). 만일 아이들이 조건적 가치를 경험하고, 판단적이고 비판적인 메시지를 경험하게 된다면, 아이들의 자아상과 성장은 손상될 것이다. 지나치게 과보호하거나 지배적이고 위협적인 환경은 아이들의 발달에 부정적인 영향을 주고, 아이들이 자유롭고 강하다고 느끼는 데 어려움을 줄 수 있다. 부정적인 환경에서 자란 아이들은 전형적으로 가치 있고 가치 없는 것의 측면으로 자신의 모습을 지각하고, 이를 수용하며 내면화한다. 아이들은 자신의 모습에 무가치하다고 지각할 때, 스스로를 받아들이는 것을 중지하고 억제하며, 가치를 감소시키는 경향이 있다. 이는 아이들에게 내적 갈등과 부조화를 일으키고, 성장을 향한 자신의 실현화 경향성을 억제한다. 그러나 비록 Rogers가 인간 발달에 영향을 줄 수 있는 부정적인 환경의 해로움에 대해 인정하긴 했지만, 수용과 무조건적 긍정적 존중을 해 주는 촉진적인 환경이 제공된다면 개인은 '충분히 기능하는 사람(fully functioning person)'으로 발달해 갈 수 있다고 보았다.

3 상담과정과 기법

1) 상담목표

인간중심상담에서의 상담목표는 '가치의 조건화'에 따른 내담자 자신의 왜곡된 지각 내지 감정을 수정하여 궁극적으로 개인의 자아실현 경향성을 발현할 수 있도록 돕는 데 있다.

2) 상담과정

인간중심상담의 기본 가정은 다음과 같이 요약할 수 있다. "상담자가 어떤 유형의 관계를 제공하면 내담자는 이러한 관계를 이용하여 자신에게 성장하고 변화하는 능력이 있다는 사실을 발견하고 개인적인 발달을 할 수 있게 된다." Rogers는 한 걸음 더 나아가 "긍정적인 성격변화는 이러한 관계 속에서만 가능하다."고 가정했다(Corey, 2001).

Rogers는 내담자의 변화를 일으키는 데 필요충분조건으로서 상담의 여섯 가지 과정을 제안했으며, 그 중 상담자의 세 가지 태도가 내담자를 변화시킨다고 보았다. 그가 제안했던 여섯 가지 조건은 다음과 같다.

첫째, 두 사람(내담자와 상담자)이 심리적 접촉을 한다.

둘째, 내담자는 불일치한 상태에 있다.

셋째, 상담자는 조화로운 상태에 있고 관계를 맺으려 한다.

넷째, 상담자는 내담자에게 무조건적인 긍정적 존중을 경험한다.

다섯째, 상담자는 내담자의 내적 참조 틀을 바탕으로 공감적 이해를 경험하고, 내담자에게 이러한 경험을 전달하려고 노력한다.

여섯째, 상담자의 공감적 이해와 무조건적인 긍정적 존중이 내담자에게 전달되어야 한다.

3) 상담기법

인간중심상담에서는 상담기법보다 상담자의 태도를 중시한다. 상담관계의 본질적 부분으로서 진정성, 무조건적인 긍정적 존중, 공감적 이해 등 상담자의 세 가지 태도는 내담자의 변화를 유도한다. 즉 인간중심상담의 핵심 요소는 한 인간으로서 상담자의 태도인 것이다.

1 진정성

첫 번째 태도는 진정성(genuineness), 진실성(realness), 일치성(congruence)이다. 내담자와의 관계에서 상담자 자신이 직업적인 모습이나 개인적인 가면을 벗고 진정한 자기 자신이 될수록 내담자는 건설적인 모습으로 변하고 성장한다. 이는 상담자가 순간마다 마음속에서 흐르는 감정들과 태도에 대하여 개방적이 되는 것을 의미한다(Rogers, 1980). 즉 진정성은 상담자가 내담자와 공유하는 것이 진심에서 우러나온 것이고, 내담자와 관련된 것이며, 내담자에게 도움이 되는 것을 의미한다. 반면에 진정성이 없는 경우에는 내담자에게 혼란과 불신을 가져올 수 있고, 상담관계를 손상시킬 수 있다. 만약 상담자의 진정성을 믿을 수 없다면, 내담자는 자신이 어떻게 행동하고 자신에 대해 무엇을 공개해야 하는지 판단하는 데 어려움을 느낄 수 있다. 진정성이 있는 상담자는 상담관계에서 순간순간 경험하는 감정을 있는 그대로 솔직히 인정하고 표현하며, 겉으로 표현하는 것과 내면에서 경험하는 것이 일치하고, 분명하고 일관된 메시지를 전달한다. 이와 같은 상담자의 진정성, 진실성, 일치성은 내담자의 신뢰와 개방을 촉진시키고, 기만과 숨김이 없는 관계를 형성하며, 긍정적인 역할모델을 제공한다.

2 무조건적인 긍정적 존중

두 번째 태도는 무조건적인 긍정적 존중(unconditional positive regard), 수용(acceptance)이다. 내담자가 그 순간 어떻게 하든지 상담자가 내담자에 대하여 긍정적이고 수용적인 태도를 보여줄 때 촉진적 관계가 형성된다. 상담자는 내담자로 하여금 혼란, 적의, 두려움, 분노, 용기, 사랑, 자부심 등 어떤 감정이든 느낄 수 있도록 기꺼이 허용해야 한다. 즉 상담자는 내담자를 조건적으로 대하지 않고 하나의 인격체로서 무조건적으로 존중하고 수용해야 한다(Rogers, 1980).

Rogers는 사람들이 긍정적이고 부정적인 감정 모두를 가지고 있다고 인정하기는 했지만, 사람들은 본래 가치 있는 존재라고 보았다. 따뜻하고 긍정적인 존중이 담긴 관계에서 사람들은 자신을 보다 좋아할 수 있게 되고, 자신의 긍정적인 감정이나 정서를 느끼게 되고, 자신의 어려움을 성공적으로 극복할 수 있는 충분한 힘을 인식할 수 있다. 이와 같이 수용적이고 무조건적인 긍정적 존중을 하는 상담관계에서 내담자는 자신이 가치가 있는 사람이며, 자신의 감정이 존중받고 있다고 믿게 된다. 이러한 수용적 분위기가 형성되었을 때 내담자는 자신의 감정이나 경험 등을 자유롭게 표현할 수 있으며 그 동안 형성한 가치의 조건화를 서서히 바꾸게 된다.

3 공감적 이해

세 번째 태도는 공감적 이해(empathic understanding)다. 이 태도는 내담자가 경험하고 있는 감정과 개인적인 중요한 의미를 상담자가 정확히 이해하고, 또 그렇게 이해한 것을 내담자에 전달해 주는 것을 말한다(Rogers, 1980). Rogers(1959)는 공감에 대해 "····· '마치 ~인 것처럼(as if)'이라는 조건을 잃지 않은 채 마치 그 사람인 것처럼 정확성과 정서적인 요소들을 가지고 다른 사람의 '내적 참조 틀(niternal frame of reference)'을 지각하는 것이다."라고 설명하였다. 여기서 내적 참조 틀이란 개인의 현상학적 장으로서 개인이 주관적으로 경험하는 내적 세계이며, 이는 왜 사람들이 그렇게 느끼고 행동하는가를 이해할 수 있도록 해 준다.

이와 같이 공감적 이해는 상담자가 내담자의 감정에 빠져들지 않으면서 내담자의 감정을 자신의 감정인 것처럼 느끼는 것이다. 정확한 공감은 내담자들이 명확하지 않게 경험한 감정을 분명하게 인식할 수 있도록 하는 것 이상의 의미를 갖는다. 내담자에 대한 공감적 이해를 하기 위해 상담자는 내담자의 경험을 반영하는 능력도 갖추고 있어야 한다. 상담자의 반응은 내담자가 자기 자신을 더 잘 반영하도록 격려하고 이끌어 주는 기능을 한다. 이와 같은 상담자의 공감으로 내담자는 자신을 이해하고 자신의 신념과 세계관을 보다 명료화할 수 있다.

제 12 장

의미치료

1· 인간관

2· 주요개념

3· 상담과정과 기법

1 인간관

Victor Frankl은 자신이 나치 포로수용소에서 삶과 죽음에 대한 체험을 하였으며 극한 상황에서 나타나는 인간 행동을 관찰할 기회를 가졌다. 역경에도 불구하고 어떤 죄수들은 자신의 내적 삶과 다른 사람들에 대해 행동하는 방식에서 선택할 자유를 유지하고 자신의 비극을 승리로 바꾸는 것을 관찰하였다. 그는 자신의 체험과 관찰을 통해 인간이 고통 속에서도 의미를 추구하는 실존적 도전을 하는 존재라는 것을 믿게 되었다. 이러한 믿음을 바탕으로 의미치료(logotherapy)라고 부르는 실존주의적 상담을 주창하여 발전시켰다. 의미치료의 목적은 내담자가 자신의 삶 속에서 '삶의 의미'를 찾도록 조력하는 것이다(노안영, 2005).

Frankl은 인간을 결정론적 관점에서 보는 것을 반대하고 현상학과 실존주의에 철학적 기반을 두는 인본주의적 관점에서 이해하려고 하였다. Frankl은 다음과 같은 인간관을 갖고 있다. 첫째, 인간은 '의미에 대한 의지'를 원동력으로 살아가는 존재이다. 즉 인간은 삶의 의미를 추구하는 존재이다. 둘째, 인간은 자신의 삶에 대해 스스로 선택할 수 있으며, 이러한 선택의 자유에 수반되는 행위를 통해 자신의 삶에 대해 책임질 수 있는 존재이다.

2 주요개념

1) 의지에 대한 자유

인간은 유한하며 태어나면서부터 생물학적, 심리학적, 사회학적 상황이나 조건에 얽매여 있다. 그러나 인간은 이러한 상황이나 조건과 맞서는 자유를 가지고 있다. 즉 인간은 자신의 상황이나 조건으로부터의 자유가 아니라 자신에게 직면한 어떤 조건에 대해 취할 자유를 갖고 있다. Frankl(1963)에 따르면 우리 인간은 어떤 상황이나 조건에서도 최후의 결정은 자신이 자유롭게 선택할 수 있다. 이러한 정신적 차원을 자기분리(self-detachment)라고 한다. Frankl은 우리 인간이 이러한 자기분리 능력을 가지고 있다고 보았다.

의지의 자유(freedom of will)란 우리 인간이 여러 상황이나 조건의 영향을 받기는 하지만 그럼에도 불구하고 이러한 조건에 대한 반응을 자유롭게 선택할 수 있는 것을 말한다. 즉 극단적인 한계상황이나 조건 속에서도 인간은 인간으로서 존엄을 유지하며 살아남게 되는 방식을 스스로 선택할 의지의 자유를 가지고 있다. 이런 점에서 Frankl은 인간이 생물학적 본능이나 어렸을 때의 갈등 등과 같은 요인이나 조건에 의해 결정된다는 입장을 반대한다.

2) 의미에 대한 의지

의미에 대한 의지는 인간에게 삶의 기본적인 동기이다. 인간은 인생 항로의 끝에서 마지막 숨을 거둘 때까지 의미를 탐색할 욕구에 직면한다. Frankl은 "인간의 의미 탐구가 삶의 일차적 힘이다. 의미는 독특하고 구체적이며 단지 자신에 의해서만 충족될 수 있다. 이러한 의미는 자신의 의미에 대한 의지를 만족시킴으로써 성취된다."라고 표현하였다(노안영, 2005). 즉 인간행동의 가장 근원적인 동기는 자신의 삶에서 의미를 발견하고자 하는 욕구이다. 의미를 찾느냐 아니면 그렇지 못하느냐 하는 것은 철저하게 자기 자신에게 달려 있다. Frankl은 의미에 대한 의지가 좌절되고 자신의 삶에 의미를 발견하지 못한 상태를 실존적 공허(existential vacuum)라고 하였다.

3) 삶의 의미와 실존적 공허

삶의 의미(meaning of life)는 개인에게 가치로 이해되며, 삶은 개인이 선택하는 가치에 의해 의미 있게 된다. 그러나 삶의 의미는 항상 변화하고 잠시도 머물지 않기 때문에, 인간은 삶에 어떤 의미를 주는 가치를 끊임없이 선택해야 한다. 그 기본적 가치는 '창조적 가치', '경험적 가치', '태도적 가치'이다. 이것은 인간의 삶에서 의미를 발견할 수 있는 세 가지 중요한 방법을 반영하고 있다. 즉 Frankl에 따르면 사람들이 삶 속에서 의미를 발견할 수 있는 세 가지 방식이 있는데, 첫째는 사람들이 자신의 삶에 의미를 부여하는 것으로서 '창조적 가치'이고, 둘째는 사람들이 삶에서 얻은 것으로 '경험적 가치'이며, 셋째는 사람들이 더 이상 변화시킬 수 없는 운영에 대해 취하는 자세로 '태도적 가치'다.

삶의 의미 탐구는 의미치료의 본질이다. 인간은 의미를 찾으려는 욕구, 즉 의미에 대한 의지를 가지고 있다. 따라서 우리 인간은 삶의 의미가 없다면 무엇 하나도 수행할 수가 없다. 우리가 삶의 의미를 찾지 못하거나 자기가 뜻하는 삶을 살지 못했을 때 무의미나 공허감을 느끼게 된다. Frankl은 이렇게 될 때 실존적 공허에 빠진다고 하였다(노안영, 2005). 일찍이 Maslow는 개인의 인생에 있어서 깊은 몰입과 황홀감을 수반하는 최고로 고양된 만족과 환희의 체험을 '절정의 경험(peak experience)'이라는 용어로 설명했는데, Frankl은 이와 대응되는 개념으로 실존적 경험의 상태를 '나락의 체험(abyss experience)'이라고 하였다(Frankl, 1969).

Frankl(1963)은 현대인의 실존적 공허 현상에 대한 징후를 다음과 같이 설명하였다.

1. 미래에 대한 장기적인 계획이 없이 그날 그날 살아가는 하루살이의 생활태도
2. 환경과 본능적 충동에 자신을 몰아세우는 운명론적 태도
3. 자신의 인격을 거부하고 책임지기를 싫어하며 집단 속으로 자신을 숨기기 위해 자기의 정체성을 포기하는 동조주의적 태도와 전체주의적 태도
4. 자신의 인격과 의견만이 인정되기를 바라는 광신도적인 태도

의미치료에서는 인간의 주된 문제가 삶의 의미를 발견하지 못하거나 상실한 경우에서 비롯된 것으로 보며, 이렇게 될 때 실존적 공허 상태에 빠지게 된다. 이러한 실존적 공허는 인간을 신경증으로 이끌 수 있다. Frankl은 가장 일반적인 세 가지 신경증을 우울, 약물중독, 공격성이라고 지적하였다.

4) 의미의 원천

실존적 공허에 빠진 삶의 태도를 바꾸기 위해 삶의 의미를 찾을 수 있는 원천은 무엇일까? 이에 대해 Frankl은 일(work), 사랑(love), 고통(pain), 과거(past) 그리고 최상의 의미(supra-meaning)로부터 삶의 의미를 찾을 수 있다고 하였다.

1 일의 의미

: 고용되지 않거나 실직을 당해서 일을 하지 못할 경우 신경증을 보일 수 있다.

2 사랑의 의미

: 사랑은 자기의 모든 유일성과 독자성 안에서 타인의 경험을 체험하는 것이다. 자아가 타아 속에서 고스란히 받아들여지며 서로 사랑하는 사람에겐 없어서는 안될 바꿀 수 없는 인격으로 되어야 한다.

3 고통의 의미

: 고난이나 고통은 인간이 무감각하거나 권태롭게 되는 것을 막아준다. 우리 인간은 자신의 고통을 성취로 바꿀 내적 자유를 여전히 행사할 수 있다.

4 과거의 의미

: 의미 탐구가 일차적으로 사람들의 미래에 맞추어진 것이지만, 과거는 여전히 의미의 원천일 수 있다.

5 최상의 의미

: 최상의 의미는 삶과 고통의 궁극적 의미를 나타내는 것이다. 이는 지적 수단에 의해서가 아니라 신념에 의해 파악될 수 있으며, 사람들이 자신의 고통과 관련해서 찾는 종교에 의해서 가장 잘 이해될 수 있다.

3 상담과정과 기법

1) 상담목표

의미치료의 상담목표는 내담자로 하여금 실존적 공허를 통해 갖는 무의미감이나 신경증에서 벗어나 삶의 의미를 발견하도록 하고, 또한 인간이 의지에 대한 자유를 가진 선택자로서 자신의 삶에 의미 있는 선택을 할 수 있도록 하는 것이다.

2) 상담과정

의미치료의 상담과정은 다음과 같은 과정으로 나누어 볼 수 있다(김승국 외, 1998).

1 라포형성 단계

Frankl은 상담에서 기법보다 만남의 의미를 더욱 강조한다. 상담자는 내담자에 대한 공감적 이해를 가져야 한다.

2 문제인식 단계

인간의 문제가 문제 자체에 있다기보다는 문제를 받아들이는 태도에 있다는 것을 깨닫게 하여 자신의 문제에 대한 새로운 인식과 함께 자기 자신에 대한 책임을 느끼게 하는 단계이다.

3 정보제공 단계

이 단계는 의미치료의 성패를 좌우하는 단계이다. 자기실존이나 인생관의 문제와 관련된 갈등이나 회의를 객관적으로 분석하면서 삶에 대한 의미를 발견하도록 한다. 상담자가 중심이 되어 내담자에 다양한 경험과 지식을 제공하여 줄 수도 있다.

4 자기결정 단계

상담과정을 통해 내담자가 새로운 의의와 가치를 발견하도록 하며, 스스로 삶에 대한 목표를 세우도록 하는 단계이다.

5 문제해결 및 구체적 행동 단계

지금까지의 과정을 통해 알게 된 삶의 의미와 인생의 목표를 현실 속에서 어떻게 적용시킬 것인가에 대해 관심을 갖는다. 현실과의 부조화를 예상하지 않을 수 없으므로 이에 대한 구체적인 방안이나 행동계획 등이 마련되어야 한다. 또한 상담자는 내담자에게 동기와 신념을 갖도록 격려해 주어야 한다.

3) 상담기법

의미치료 상담자가 사용하는 주요한 두 가지 상담기법으로 역설적 의도와 탈숙고가 있다.

1 역설적 의도

역설적 의도(paradoxical intention)는 내담자가 염려하고 일어날까봐 두려워하는 행동을 실제로 행동해보고 이를 과장하도록 하는 기법이다. 이 기법은 내담자가 예상하고 있는 어떤 결과가 악순환하는 불안 의식을 없애려는 데 목적이 있다. 예를 들어 공포증이나 강박증을 가진 사람들의 경우, 상황이나 사건에 대한 두려운 기대가 기대불안을 야기하고, 이러한 기대불안은 지나친 주의나 지나친 의도의 원인이 된다. 결과적으로 공포에 대한 공포는 공포를 증가시키고, 불안에 대한 불안은 불안을 증가시킨다. 역설적 의도 기법은 내담자가 이러한 악순환으로부터 탈피하도록 하기 위해 불안이나 공포로부터 도피가 아니라 직면하도록 하는 것이다.

역설적 의도 기법을 적용하려는 상담자는 내담자가 느끼는 두려움의 결과를 우습게 하는 문장을 만들어 적용할 수 있다. 예를 들어 직장 상사와 악수할 때 손에 땀을 흘린 경험이 있는 사람이 계속적으로 악수에 대한 두려움을 가진 경우에 상담자는 "당신이 얼마나 땀을 흘릴 수 있는지 보여주세요. 지난번에는 겨우 1리터 밖에 흘리지 못했는데 이번에는 10리터는 흘리겠다고 생각해 보세요."라고 할 수 있다. 여기에서 중요한 것은 내담자가 "땀 흘리는 것을 보여주겠다."와 같은 실행에 목표를 맞추는 것이 중요하지 "땀을 흘릴 것이다."와 같은 예상에 목표를 맞추게 해서는 안 된다. 그 이유는 예상이 두려움을 다시 악화시킬 수 있기 때문이다. Frankl은 이러한 방법을 사용하기 위해서는 유머가 중요한 역할을 한다고 주장했다. 실제로 역설적 의도는 최대한 유머러스한 태도를 취한 만큼 효과를 나타낸다. 유머는 우리 인간으로 하여금 자신으로부터 자기를 분리시킬 수 있도록 하고, 그렇게 함으로써 자신을 완전히 통제할 수 있는 능력을 갖도록 해 준다.

2 탈숙고

탈숙고(dereflection)는 지나친 숙고에서 오는 불안에 적용될 수 있다. 지나친 숙고는 과거의 잘못된 감정적 태도에 대한 숙명적인 기대를 자주 머리에 떠올리게 하여 실제로 그 의식의 지배를 받아 계속적으로 잘못된 태도를 취하게 만든다. 역설적 의도와 탈숙고의 차이점은 역설적 의도가 인간의 자기분리 능력을 이용하게 하는 것인 반면, 탈숙고는 자기초월 능력을 활용하게 하는 것이다. 이에 대해 Frankl은 "역설적 의도는 내담자가 자신의 노이로제에 대해 웃을 수 있게 하는 것이고, 탈숙고는 증상을 떠나 바라보게 하는 것이다."라고 하였다. Frankl(1969)이 소개한 다음의 이야기는 지나친 주의나 지나친 숙고가 의미하는 바를 깨닫게 할 수 있다. "어떤 지네가 있었는데 그의 적이 그에게 '너의 다리가 어떤 순서로 움직이는가?'라고 물었다. 그래서 지네는 그 질문에 주의를 기울였을 때, 지네는 전혀 움직일 수가 없었다."

제 13 장

게슈탈트상담

1·인간관

2·주요 개념

3·[illegible] 과정과 기법

1 인간관

Friz Perls는 1920년대 Wertheimer, Köhler, Koffka 등의 게슈탈트 심리학에 관심을 갖게 되었다. 게슈탈트 심리학자들은 당시에 팽배했던 행동주의에 정면으로 반대하는 심리학의 체계를 개념화하고 있었는데, 이들은 심리학적 현상이 특별하고 분자적인 부분의 합이라기보다는 오히려 조직화되고 형태화된 전체라는 개념에 입각한 이론을 수립하였다. 게슈탈트(Gestalt)는 다음과 같이 설명될 수 있다(English & English, 1958). "게슈탈트란 통일된 전체로서, 부분들과 그것들의 관계를 단순히 합하는 것으로부터는 도출될 수 없는 속성을 갖고 있는 하나의 형태, 윤곽, 또는 전체성을 의미한다. 그것은 물리적 구조를 말할 수도 있고, 생리적 및 심리적 기능을 말하거나 상징적인 단위를 말할 수도 있다."

게슈탈트상담은 실존적·현상학적 접근의 기본 전제를 따르고 있다. 상담의 기본 목표는 내담자가 자신의 경험과 행동을 자각하게 하는 것이다. 이러한 자각을 통해서 변화는 자연스럽게 일어난다. 이 접근은 현실을 절대적인 것으로 규정하지 않고 내담자의 현실 지각을 강조한다는 점에서 현상학적이며, 우리 인간의 삶이 생물학적으로 결정되는 것이 아니라 인간은 각기 독특한 유기체로서 필요한 욕구를 선택하여 게슈탈트를 형성하면서 자신의 삶에 대한 책임을 진다는 점에서 실존적이다.

Perls는 다른 인본주의자들처럼 인간을 긍정적이고 능력이 있는 존재로 본다. 그에 따르면 정신적으로 건강한 사람은 끊임없이 우리의 관심을 끌고 있는 다양한 환경자극에 의해 혼란에 빠지지 않고 자신의 자각 상태를 유지할 수 있다. 이러한 사람은 자기 자신의 욕구와 그것을 충족시키기 위한 환경대안들을 충분하고 분명하게 경험할 수 있다. 건강한 사람도 자기 내부의 갈등과 좌절을 경험하지만, 집중하고 자각하는 수준이 높기 때문에 환상적인 것에 복잡하게 얽혀 들어가지 않고도 자신의 문제를 해결할 수 있다. 이와 같이 그들은 가능한 타인과의 갈등을 해결하려고 노력하며 그렇지 못할 때에는 잊어버린다. 자신의 욕구와 환경을 자각하는 수준이 높은 사람이라면 어떤 문제와 갈등은 해결이 가능하고, 또 어떤 것은 그렇지 못하다는 것을 잘 알고 있다(Thompson & Henderson, 2008).

Perls는 다음과 같은 인간관을 갖고 있다(노안영, 2005). 첫째, 인간은 완성을 추구하는 경향이 있다. 이 가정은 우리가 끊임없는 게슈탈트의 완성을 통해 삶을 영위하고 있음을 나타내는 가정이라 볼 수 있다. 미완성된 일은 우리의 집중력을 방해하고 미완성된 일이 중요하면 할수록 우리가 집중해서 일하는 것을 반복적으로 방해한다. 둘째, 인간은 자신의 현재 욕구에 따라 게슈탈트를 완성할 것이다. 이 가정은 우리가 '지금' 필요한 게슈탈트를 형성하고 완성한다는 것이다. 게슈탈트상담에서 상담자가 자주 사용하는 질문인 "지금 이 순간에 당신이 자각하는 것이 무엇인가?"는 이 가정과 밀접하게 관련되어 있다. 셋째, 인간의 행동은 그것을 구성하는 구체적인 구성요소, 즉 부분의 합보다 큰 전체다. 이 가정은 "전체는 부분의 합보다 크다."는 게슈탈트 이론의 기본 명제를 반영한 내용이다. 이런 점에서 게슈탈트상담은 인간의 행동을 자극-반응의 원리에 의해 설명하는 행동주의 입장과는 대립된다. 넷째, 인간의 행동은 그 행동이 일어난 상황과 관련해서 의미 있게 이해될 수 있다. 이 가정은 게슈탈트 이론의 주요 입장인 '장이론'(field theory)을 강조한 내용이다. 우리와 관계하는 다른 사람의 단편적인 행동을 보고 성급하게 판단하여 오해하거나 비판하는 것도 전체적인 맥락이나 상황 속에서 그 사람의 행동을 파악하지 않았기 때문인 경우가 많다. 다섯째, 인간은 전경(figure)과 배경(ground)의 원리에 따라 세상을 경험한다. 이 가정은 Perls가 게슈탈트 이론에서 인간의 지각 원리를 보다 확장하여 게슈탈트상담에 반영한 것이다. 우리가 갖는 관심의 초점이 무엇이냐에 따라 전경과 배경의 원리는 역동적으로 일어난다고 볼 수 있다. 이런 점에서 게슈탈트상담은 우리 각자가 주관적으로 세상을 경험하면서 살아가는 존재임을 강조한다.

2 주요 개념

1) 자각

자각은 지금 현재 나의 몸 안에서 나의 존재를 의식하는 것이다. 즉 자각이란 지금 현재 자신이 무엇을 느끼고 생각하는지, 어떻게 행동하고 있는지, 신체에 무슨 일이 일어나는지에 대한 인식이라고 할 수 있다(Joyce & Sills, 2001). 게슈탈트 상담자에게 자각은 정서적 건강에 핵심적인 요소다. Perls(1969)는 자각에 대해 다음과 같이 설명한다. "자각은 그 자체로 치료적일 수 있다. 완전히 자각하면 유기체의 자기조절에 대해 자각하게 되기 때문에 유기체가 방해나 간섭을 받지 않고 역할을 하게 할 수 있다. 우리는 유기체의 지혜에 의존할 수 있게 된다." 따라서 게슈탈트상담에서 자각은 건강한 사람의 특징이며 상담목표인 것이다.

2) 접촉

사람들은 자각을 얻기 위해 많은 노력을 하는데, 그 중에서 환경과의 접촉이 매우 중요하다. 접촉은 보기, 듣기, 만지기, 이야기하기, 움직이기, 냄새맡기, 맛보기와 같은 기능을 통해 이루어진다. 접촉은 성장을 위해 반드시 필요하다. 우리가 타인이나 세상 등 환경과 접촉할 때 우리는 반응하고 변화해야 한다. 접촉 경험은 우리에게 자기 자신과 환경에 대해 가르쳐주며, 우리가 세상의 일부를 느끼도록 돕는다. 또한 우리가 누구인지 보다 명확하게 정의하게 해 준다. 타인과 가까워짐을 피하고 제한된 삶을 사는 사람들은 스스로를 보호하고 있다고 믿겠지만, 실제로는 자신의 성장을 막고 있는 것이다(Seligman, 2006).

3) 전경과 배경

우리의 삶과 세상은 항상 유동적이며 항상 변화한다. 사람들은 계속해서 불균형을 경험하고, 그 때마다 균형을 회복하기 위해 애쓴다. Perls는 이를 명료화하기 위해 전경(figure)과 배경(ground)이라는 개념을 사용했다. 우리를 둘러싸고 있는 세상은 우리 삶에서 배경이다. 우리가 경험하는 모든 측면에 전부 주의를 기울이는 것은 불가능하다. 대신에 우리의 욕구에 따라 어떤 요소가 전경으로 나오게 된다. 즉 우리가 그 순간에 가진 중요한 욕구가 이 과정을 영향을 주는 것이다.

게슈탈트상담에서는 우리 인간이 게슈탈트를 형성하여 지각하는 것도 전경과 배경의 관계로 설명한다. 게슈탈트를 형성한다는 말은 우리가 어느 한 순간에 가장 중요한 욕구나 감정을 전경으로 떠올린다는 말과 같은 의미다. 우리가 전경으로 떠올렸던 게슈탈트를 해소하고 나면, 그것은 전경에서 사라져 배경으로 물러난다. 그러면 다시 새로운 게슈탈트가 형성되어 전경으로 떠오르고, 다시 해소되고 나면 배경으로 물러나는 과정을 되풀이한다. 이러한 순환 과정을 '게슈탈트의 형성과 해소' 혹은 '전경과 배경의 교체'라고 부른다(천성문 외, 2006).

건강한 사람은 한 번에 한 가지 욕구에만 뚜렷하게 초점을 맞추고 다른 욕구는 배경으로 처리해 버린다. 그 욕구가 충족되었거나 게슈탈트가 완성되었을 때 그것은 배경으로 처리되고 새로운 욕구가 나타나게 된다. 이처럼 전경과 배경의 관계가 원활히 기능하는 것이 건강한 성격의 특징이다. 전경은 그것이 생명을 보존하려는 것이든 아니면 신체적으로나 심리적으로 덜 치명적인 것이든 간에 가장 뚜렷하게 만족을 강요하는 욕구다. 사람들이 자신의 욕구를 충족시키고 게슈탈트를 완성하여 다른 것으로 옮겨갈 수 있으려면 자신이 무엇을 필요로 하는지를 결정할 수 있어야 하고, 그들 자신과 자신의 환경을 다루는 법을 알아야 한다. 심지어는 순전히 생리적인 욕구조차도 오로지 환경과의 상호작용을 통해서만 충족될 수 있다(Perls, 1975; Thompson & Henderson, 2008에서 인용).

4) 성격층

Perls는 인간의 성격을 펼쳐 보이는 것을 양파껍질 벗기는 것에 비유하면서 다섯 가지 층을 설명하였다. 게슈탈트상담에서 상담과정은 종종 사람들이 이 층들을 통과해 나가도록 돕는 것이 되는데, 성격의 더 건강한 층들을 드러내기 위해 양파껍질 같은 각각의 층을 벗겨 나가게 된다. 이러한 방식으로 사람들은 자신의 진정한 모습을 자각하게 되고, 환경과 타인은 물론 자신과 완전히 접촉할 수 있게 된다. 다섯 가지 층에 대해 가장 바깥에 있는 층부터 살펴보면 다음과 같다(Corey, 2001).

1 허위층(phony layer)

우리가 직면하는 첫째 층은 허위층으로 진실성이 없고 정형화된 방식으로 사람들에게 반응하는 상태를 의미한다. 이 수준에서 인간은 게임을 하며 자신의 역할에 몰두한다. 자신이 아닌 다른 사람처럼 행동하면서 자신 혹은 타인이 만들어내 환상에 따라 생활하려고 하지만, 게임의 허구성을 자각하고 보다 솔직하게 되면 불쾌감와 고통을 경험하게 된다.

2 공포층(phobic layer)

다음으로 직면하는 층은 공포층이다. 이 수준에서 인간은 거부하고 싶어했던 자신의 모습을 직시하면서 나타나는 고통을 피하려고 노력한다. 있는 그대로의 자신을 인정하지 않으려는 저항이 나타난다. 자신이 실제로 누구인가를 인식하고 타인들에게 이런 부분을 드러내게 된다면, 타인들이 자신을 거부할 것이라는 엄청난 공포를 가지고 있다.

3 곤경층(impasse layer)

공포층 다음에는 곤경층이 있다. 이 층에서 우리는 환경을 조작하여 자신에게 맞도록 보는 것, 듣는 것, 느끼는 것, 생각하는 것, 결정하는 것 등을 바꾸려 한다. 곤경층에서는 극도의 혼란감, 당혹감, 무력감 등을 경험하게 되는데, 사람들은 종종 이 층에 매달려서 다음 층으로 나아가지 않으려고 한다. 그러나 우리가 생생하게 살아 있다는 느낌을 가지고 싶다면 이 곤경층을 극복해야 한다.

4 내파층(impolsive layer)

극도의 혼란감과 무력감을 피하지 않고 완전히 경험하게 되면 그 다음 내파층에 이르게 된다. 이 층에서 사람들은 자신이 스스로를 어떻게 제한해 왔는가를 자각하게 되어 변화를 위한 실험을 하고 미해결과제를 다루며 방어를 낮추고 더 큰 통합을 향해 움직이기 시작한다. Perls(1970)는 진정한 자기와 접촉하기 위해서는 이 내파층을 극복해야 한다고 했다. 이 단계에 이르면 우리는 자신의 방어를 노출시키고 진정한 자기를 만나게 된다.

5 외파층(explosive layer)

마지막 외파층에 이르면 가짜 역할과 위장에서 벗어나면서 자신이 아닌 것처럼 위장하는 데 묶여있던 엄청난 에너지가 발산된다. 사람들은 자신의 욕구와 감정을 분명하게 알아차려 강한 게슈탈트를 형성하여 환경과의 접촉을 통해 해결한다. 또한 이전에 억압하고 차단했던 미해결 과제를 전경으로 떠올려 해결한다. 생동적이면서 진솔하기 위해서는 고통과 기쁨을 발산하는 것이 필요하다.

5) 지금-여기

게슈탈트상담의 주요 공헌점 중 하나는 '지금-여기(here-now)'에 대한 강조로서 현재 이 순간을 감지해 완전히 경험하는 것을 강조한 점이다. Perls(1969)에 따르면 "바로 지금 외에 존재하는 것은 아무것도 없다.…… 과거는 지나갔다. 미래는 아직 오지 않았다.…… 당신은 바로 지금에 살아야만 한다." 현재 사람들과 대화하면서도 정서는 과거 상처에 붙들려 있고, 생각은 미래 기대를 떠돌아다니고 있을 수 있다. 우리가 현재에 집중하지 못할 때, 타인에게 혼란스런 메시지를 주게 되고, 우리 자신에 대한 통합된 느낌을 갖지 못하게 되며, 자신·타인·환경과의 접촉에도 어려움을 겪게 된다.

따라서 게슈탈트상담에서 상담자는 내담자가 현재와 접촉하는 것을 돕기 위해 "왜"라고 묻는 대신에 "무엇", "어떻게"라는 질문을 한다. '지금-여기'에 대한 자각을 증진시키기 위해 상담자는 내담자에게 "지금 일어나고 있는 일은 무엇입니까?", "지금 진행되고 있는 일은 무엇입니까?", "지금 이 순간 어떤 생각을 하고 있습니까?", "지금 어떤 감정을 느끼고 있습니까?" 등과 같은 질문을 함으로써 현재 시제로 대화에 참여하도록 한다(Corey, 2001).

그러나 게슈탈트상담에서 현재를 강조한다고 해서 내담자의 과거를 무시하거나 관심이 없다는 것은 아니다. 내담자의 과거를 다루는 과정은 '현재화'와 관련이 있다. 내담자가 자신의 과거를 이야기 할 때, 상담자는 내담자에게 마치 과거의 일이 지금 현재 이 순간에 일어나고 있는 것처럼 과거를 현재화하도록 요청한다. 즉 상담자는 내담자에게 과거를 현재로 가져오도록 하여 과거에 경험하였던 감정을 재체험하게 한다. 이를 위해 내담자는 "나는 그랬습니다."라고 말하는 대신에 "나는 그렇습니다."라고 현재형으로 말한다. 내담자는 현재에서의 상상을 통해서지만 보다 많은 방법으로 과거를 접한 만큼 과거의 일에 보다 많은 생기를 불어 넣을 수 있다.

6) 미해결 과제

우리 인간은 어떤 욕구가 해결되지 못해 게슈탈트를 완성하지 못하면 미해결 과제를 갖게 된다. 이러한 미해결 과제(unfinished business)는 분노, 증오, 고통, 불안, 슬픔, 죄책감, 회한 등과 같은 표현되지 못한 감정으로 나타난다. 이 감정들은 충분히 자각되지 않았기 때문에 자신이나 타인과의 접촉을 방해하는 형태로 현재 생활에 나타난다. 미해결 과제는 개인이 표현하지 못했던 감정을 직면할 때까지 지속된다(Corey, 2001). 이와 같은 미해결 과제는 만족스럽게 해결되지 못했거나 종결되지 못한 외상 혹은 어려움과 같은 과거 상황과 관련이 있다. 욕구가 나타나면 건강한 상태에서는 접촉이 이루어지고 게슈탈트가 완성된다. 그러나 상황에 대한 이해나 지지와 같은 자원을 가지고 있지 않다면 욕구는 해결되지 않은 채로 남겨지며 미성숙한 채로 종결될 수 있다.

7) 양극성

양극성은 모든 면에서 나타난다. 인간의 모든 양상은 양면 중 하나인데 다른 한 면은 단지 자각 밖에서 전경을 위한 배경이 된다. 어떤 것은 '남성성과 여성성', '약함과 강함', '행복과 슬픔'처럼 분명하게 구분되지만, 어떤 것은 알아차리기 힘들 수 있다. 가장 보편적이고 유명한 양극성 중 하나는 '강자(topdog)'와 '약자(underdog)'의 양극성이다(Joyce & Sills, 2001).

1 강자

Perls(1969)는 강자에 대해 다음과 같이 설명한다.

"강자는 대체로 정의로우며 권위적이다. 강자는 때때로 옳지만 항상 정의롭다. 강자는 약자를 괴롭히며 '너는 ~을 해야 해' 혹은 '너는 ~을 해서는 안 돼'는 식으로 일을 처리한다. 강자는 '만약 네가 그 때 하지 않는다면, 너는 사랑받지 못할 것이고 천국에 가지 못할 것이고 죽게 될 것이다' 등과 같은 위협으로 교묘하게 다룬다."

2 약자

Perls(1969)는 약자에 대해 다음과 같이 설명한다.

"약자는 방어적이고 변명을 하며 감언이설로 얼버무리고 징징거림으로써 수작을 부린다. 약자는 '~를 하고 싶어'와 같은 식으로 일을 처리하며, '열심히 하고 있어' 혹은 '그럴 의도가 아니었어'와 같은 변명을 늘어놓는다. 또한 약자는 교활해서 늘 강자를 눌러 이기려고 한다. 그 이유는 약자의 위치가 우리의 성격 중에서 쾌락을 추구하는 측면에 호소하기 때문이다."

강자나 패자의 우세도 한 쪽의 부재도 삶에 대한 만족스러운 공식이 아니다. 강자의 우세는 완벽주의에 대한 만족할 줄 모르는 추구를 가져올 수 있고, 약자의 우세는 무력감이나 혹은 꾸준한 저항과 유사한 상태를 초래할 수 있다. 강자와 약자 각각은 통합된 성격 속에서 각자의 위치를 가지고 있다.

3 상담과정과 기법

1) 상담목표

게슈탈트상담의 상담목표는 내담자가 현재 무엇을 하고 있으며, 어떻게 하는지를 자각하도록 촉진하는 동시에 자신의 삶을 책임지고 접촉을 통해 게슈탈트를 완성하도록 조력하는 것이다.

2) 상담기법

게슈탈트상담에서는 내담자의 자각을 향상시키기 위해 다음과 같은 기법을 사용한다.

1 빈의자 기법

빈의자 기법은 빈의자를 이용하여 내담자의 내적 갈등, 그리고 대인 간의 갈등으로서 미해결 과제를 해소하기 위해 사용된다. 우선 내담자의 내적 갈등을 다루기 위해 빈의자 기법을 사용할 때, 내담자는 서로 마주보고 있는 각각의 의자에 번갈아 앉아 각 의자가 나타내는 관점으로 대화를 한다. 대화는 일반적으로 내담자의 강자나 지배적인 부분이 방어적이고 취약한 약자에 강한 비판을 하는 것으로 시작한다. 대화가 계속되면서 상담자는 강자가 더 가혹해지도록 격려하는 동시에 약자가 고통과 슬픔을 표현하도록 촉진한다. 이러한 과정에서 내담자의 과거 기억, 오해, 그리고 이전에 말하지 못하고 무시되었던 감정들이 표면화될 수 있다. 어느 순간 자기 자신에 대해 진정한 자각을 하게 될 때, 강자는 더 잘 인내하고 수용하게 되는 반면, 약자는 자신감과 직접적인 자기표현의 수단을 얻게 된다. 즉 자기 자신의 강자와 약자를 보다 잘 인정하게 되고 통합시킬 수 있게 된다.

또한 대인 간의 갈등으로서 미해결 과제를 다룰 때에는 한쪽 의자에 내담자가 앉고, 마주보고 있는 빈 의자에 중요한 미해결 과제가 걸려 있는 어떤 사람을 시각화하도록 한다. 미해결 과제와 관련된 갈등의 대상은 부모, 친구, 교사, 배우자, 직장상사 등일 수 있다. 상담자는 내담자에게 갈등을 빚고 있는 그 대상이 마치 빈의자에 앉아 있는 것처럼 생각하도록 하고 이야기하도록 한다. 그 후엔 내담자에게 마주보고 있는 빈의자에 앉아서 갈등 대상이 되는 사람의 입장에서 대화하도록 한다. 내담자가 그 대상에 대한 자신의 생각과 감정을 모두 표현할 때까지 이런저런 대화가 계속된다. 이런 과정을 통해 내담자는 어떤 타인이나 사건을 더 잘 이해하고 자각하게 된다.

2 신체 과장하기

게슈탈트상담에서 상담자는 내담자의 표정, 시선, 말투, 자세 등과 같은 신체언어에 주목한다. 어떤 순간이든 음성언어와 함께 신체언어는 동시에 나타난다. 게슈탈트상담에서 신체언어에 대한 자각을 중요시 하는 것은 다음과 같은 이유 때문이다. 첫째, 개인이 드러낸 어떤 신체언어든 간에 그것은 그 순간 자신을 표현하는 것이다. 둘째, 사람들은 자기가 한 말은 잘 의식해도 자신이 나타낸 신체언어는 별로 의식하지 않는다. 셋째, 대체로 음성언어는 의도적으로 표현하는 일이 많지만, 신체언어는 비의도적으로 나타나는 경우가 많다. 넷째, 신체언어를 깨닫게 하면 내담자는 자기 자신에 대한 전반적인 자각을 강화하게 될 뿐만 아니라 자신의 삶을 새로이 발견할 수 있게 된다. 이와 같이 내담자의 신체언어는 내담자가 인식하지 못하는 감정들을 드러내기 때문에 많은 정보를 주는 단서가 된다. 따라서 상담자는 내담자의 음성언어와 신체언어 간의 부조화를 잘 감지해야 한다.

사람들은 자신의 생각과 감정은 비교적 잘 자각하지만, 자신의 신체 감각은 무시하거나 차단시키는 경향이 있다. 게슈탈트상담에서는 신체의 메시지를 중요시 여긴다. 이에 따라 상담자는 내담자가 만약 손가락으로 책상을 두드리거나 다리는 떠는 것처럼 신체의 일부가 반응하고 있는 것을 본다면, 그 움직임에 주의를 기울이고 움직임의 메시지에 대해 질문할 수 있다. 또한 내담자의 신체 움직임을 관찰할 때, 상담자는 종종 내담자에게 그것을 반복하고 과장하도록 하기도 한다. 예를 들어 상담자는 "당신이 다리를 떨고 있는 것을 봤습니다. 당신이 다리 떠는 것을 과장해 봤으면 합니다. 가능한 세게 해 보세요. 그러고 나서 어떤 기분이 들었는지 말해주세요."라고 이야기할 수 있다(Seligman, 2006).

제 14 장

합리적 정서행동치료

1 · 인간관

2 · 주요개념

3 · 상담과정과 기법

1 인간관

Albert Ellis의 합리적 정서행동치료(Rational-Emotive Behavior Therapy)는 "인간의 마음을 어지럽히는 것은 사건 그 자체가 아니라 사건에 대한 자신의 판단이다."라고 주장한 철학자 Epictetus의 철학에 기초하고 있다. 따라서 REBT에서도 우리에게 일어난 사건보다 우리가 그 사건을 어떻게 생각하는가의 신념체계가 우리의 감정이나 행동에 영향을 미친다고 가정을 한다. 이 때문에 Ellis의 REBT서는 인간이 가진 사고, 감정, 행동 중에서 사고에 초점을 맞추며, 인간의 사고에 따라 감정이나 행동이 달라진다고 본다. 이 이론은 1955년에 '합리적 치료(Rational Therapy, RT)'로 처음 소개된 이후, 1961년에 '합리적·정서치료'(Rational-Emotive Therapy, RET)로 변경하였고, 1963년에 다시 '합리적 정서행동치료'(Rational-Emotive Behavior Therapy, REBT)로 명칭을 변경하였다.

Ellis(1988)의 REBT는 다음과 같은 인간관을 갖고 있다.

첫째, 인간은 합리적이고 올바른 사고를 할 수도 있지만 또한 비합리적이고 올바르지 못한 사고를 할 수 있는 가능성을 모두 가지고 태어난다고 본다. 즉 우리 인간은 자기유지, 사고능력, 성장, 자기실현화 경향 등을 가지고 있으면서, 이와 동시에 자기파괴, 나태, 반복적 실수, 미신적 사고, 완벽주의, 자기비난, 잠재력 실현 회피 경향 등도 가지고 있다는 것이다. 둘째, 우리 인간은 왜곡된 사고나 비합리적 신념을 합리적인 것으로 변화시킬 능력을 가지고 있다고 본다. REBT에서는 인간은 우리의 사고, 감정, 행동 등을 통제하며, 우리 자신의 지시에 따라 삶을 살아갈 수 있다고 본다. 인간은 일어난 사건이나 실재로 존재하는 것을 통제하기는 어렵지만, 세상을 바라보는 방식과 어려움에 반응하는 방식은 선택하고 통제할 수 있다. 인간은 끊임없이 자기와 대화하고 자기를 평가하면서 자신의 삶을 유지할 수 있다.

2 주요개념

1) 비합리적 신념

비합리적 신념이란 부적절하고 자기패배적 정서를 야기하는 사고를 말한다. Ellis는 비합리적 신념의 근간이 되는 것은 세 가지 당위성, 즉 '자신에 대한 당위성(I must)', '타인에 대한 당위성(Others must)', '상황이나 조건에 대한 당위성(Condition must)'과 관련되어 있다고 주장하였다. 다음의 예는 비합리적 신념을 보유하고 있는 세 가지 문제영역이다.

1 나에게 뛰어난 능력이 있다면 정말 좋을 것이다. 따라서 나는 반드시 그렇게 되어야 한다. 만일 그렇지 못하다면 너무 끔찍할 것이고, 나는 쓸모없는 사람이 될 것이다.

2 다른 사람들이 나를 사려 깊고 공정하게 대하는 것은 아주 바람직한 일이다. 따라서 그들은 반드시 그렇게 해야 한다. 만일 그렇지 않다면 그들은 저주받아 마땅한 타락한 사람들이다.

3 내가 고통보다 쾌락을 경험하는 것은 더할 나위 없이 좋은 일이다. 따라서 세상은 반드시 유쾌한 일들로 채워져야 한다. 만일 그렇지 못하다면 삶은 끔찍할 것이고, 나는 그것을 견딜 수 없을 것이다.

Ellis(1973)는 사람들에게 문제가 되는 비합리적 신념에 대해 다음과 같이 제시하고 있다.

① 모든 사람으로부터 사랑받고 인정받아야 한다(타인에 대한 당위성).

② 가치 있는 사람으로 인정받으려면 모든 면에서 반드시 유능하고 성공을 해야한다(자신에 대한 당위성).

③ 사악하고 나쁜 사람들은 반드시 비난받고 처벌받아야 한다(타인에 대한 당위성).

④ 일이 바라는 대로 되지 않는다면 그것은 끔찍스러운 파국이다(조건에 대한 당위성).

⑤ 불행은 외적인 사건 때문이며 그것은 인간의 힘으로 통제할 수 없다(조건에 대한 당위성).

⑥ 위험하거나 두려운 일에 대해 늘 생각하고 걱정해야 한다(조건에 대한 당위성).

⑦ 인생에 있어 어떤 난관이나 책임을 직면하기보다는 피하는 것이 더 쉽고 현명한 일이다(조건에 대한 당위성).

⑧ 사람은 누구나 타인에게 의지해야 하고, 의지할 만한 강한 누군가가 있어야 한다(타인에 대한 당위성).

⑨ 현재의 행동은 과거의 경험이나 사건에 의해 결정되며, 그 영향에서 벗어날 수 없다(조건에 대한 당위성).

⑩ 주위의 어떤 사람에게 문제나 불행이 생겼을 경우 나 자신의 일처럼 속상해야 한다(자신에 대한 당위성).

⑪ 모든 문제에는 완벽한 해결책이 있으며, 만일 이러한 해결책을 찾지 못한다면 파멸이다(조건과 자신에 대한 당위성).

⑫ 세상은 반드시 공평해야 하며 정의는 반드시 승리해야 한다(조건에 대한 당위성).

⑬ 나는 항상 고통 없이 편안해야 한다(자신에 대한 당위성).

⑭ 나는 미쳐가고 있는지도 모른다. 그러나 미쳐서는 안 된다. 왜냐하면 그것을 견딜 수 없기 때문이다(자신에 대한 당위성).

2) 성격의 A-B-C 이론

성격의 A-B-C 이론은 REBT 이론과 실제의 핵심이다. 여기에서 'A'는 선행사건(Activating Event)을, 'B'는 신념체계(Belief system)를, 'C'는 결과(Consequence)를

의미한다. 이 이론에 따르면 정서적·행동적 결과(C)는 선행사건(A) 때문에 유발되는 것이 아니라 신념체계(B)로 인해 유발되는 것이다.

Ellis는 인간이 가질 수 있는 신념체계를 합리적 신념과 비합리적 신념으로 분류하였다. 합리적 신념체계를 갖는 사람은 자신에게 일어난 사건에 대해 합리적 해석을 하여 대처하기 때문에 바람직한 정서적·행동적 결과를 낳는다. 하지만 비합리적 신념체계를 갖는 사람은 일어난 사건에 대해 비합리적으로 해석하여 바람직하지 않은 정서적·행동적 결과를 경험하게 된다. 따라서 Ellis에 따르면 정신적으로 건강한 사람은 합리적 신념체계에 따라 행동하는 사람이며, 건강하지 않은 사람은 비합리적 신념체계의 지배를 받는 사람이다.

3 상담과정과 기법

1) 상담목표

Ellis의 REBT에서 상담목표는 내담자의 비합리적 신념을 합리적 신념으로 바꾸어 합리적 결과를 갖게 함으로써 내담자의 정서적·행동적 변화를 일으키는 데 있다. 즉 내담자의 문제를 일으키는 신념과 가치체계를 새로 학습시키는 데 있다.

2) 상담과정

REBT에서 상담과정은 선행사건(Activating event), 신념체계(Belief system), 정서적·행동적 결과(Consequence)를 의미하는 세 단어의 첫 글자에 상담자의 논박(Disputing)과 논박 후의 효과(Effect), 그리고 효과 때문에 나타나는 새로운 감정(Feeling)을 의미하는 ABCDEF 모형으로 설명할 수 있다. 이러한 여섯 단계를 살펴보면 다음과 같다.

1 선행사건(Activating event)

A(선행사건)는 내담자에게 정서혼란을 야기한 어떤 사건을 의미한다. 상담자는 내담자의 부적절한 정서나 행동 결과를 유발한 선행사건이 무엇인지를 탐색한다.

2 신념체계(Belief system)

B(신념체계)는 어떤 사건이나 행위 등과 같은 환경적 자극에 대해 내담자가 갖는 신념체계를 의미한다. 선행사건에 대한 신념체계는 합리적이거나 비합리적일 수 있다. 따라서 상담자는 내담자의 신념체계가 합리적 신념체계인지 아니면 비합리적 신념체계인지를 탐색한다.

3 결과(Consequence)

C(결과)는 내담자의 비합리적 신념으로 사건을 해석함으로써 나타나는 정서적·행동적 결과를 의미한다. 내담자의 신념체계가 합리적이라면 합리적 결과를 초래하지만, 그렇지 않고 비합리적이라면 부적절한 결과를 초래한다. 따라서 상담자는 내담자의 비합리적 신념체계에서 비롯된 내담자의 부적절한 정서나 행동 결과를 탐색한다.

4 논박(Disputing)

D(논박)는 자신과 외부 현실에 대한 내담자의 비합리적 신념을 논박하는 것을 의미하며, 상담자는 이러한 논박을 통해 내담자의 비합리적 신념을 합리적 신념으로 수정한다. 본질적으로 논박은 내담자가 자신의 비합리적 신념에 도전하도록 도와주기 위해 과학적인 방법을 적용하는 것이다. 여기서 내담자는 논리적 원리를 배우고, 이 원리를 통해 비현실적이고 증명할 수 없는 가설을 파괴할 수 있다. 이러한 논박 과정의 세 요소로 탐지(detecting), 반박(debating), 변별(discriminating)이 있다. 첫째, 내담자는 자신의 비합리적 신념, 특히 "하지 않으면 안된다", "해야 한다"는 식의 절대적 신념과 "~하는 것은 끔찍스러운 일이다"는 식의 자기비하적 신념을 탐지하는 방법을 배운다. 그리고 나서 내담자는 논리적이고 경험적으로

질문하는 방법과 자신에게 강력하게 논쟁해서 그것을 행하지 않는 방법을 배움으로써 자신의 비합리적 신념을 반박한다. 마지막으로 내담자는 합리적 신념과 비합리적 신념을 변별하는 것을 배운다(Ellis, 1994, 1996).

5 효과(Effect)

E(효과)는 논박의 결과로 획득하게 되는 일종의 효과적·합리적 철학이다. 상담자는 내담자로 하여금 비합리적 신념에서 합리적 신념으로 생각이 바뀜에 따라 나타나는 정서적·행동적 결과를 알도록 도와주어야 한다.

6 감정(Feeling)

F(감정)는 합리적 신념을 갖게 된 후에 새로이 갖게 되는 자기수용적 태도와 긍정적인 느낌을 말한다. 부적절한 사고에서 적절한 사고로 바뀌면 새로운 감정을 낳게 된다. 이러한 감정을 갖게 하는 최상의 방법은 효과적이고 합리적인 철학을 발달시키는 것이다.

[그림 14-1] REBT의 상담과정

3) 상담기법

REBT에서는 다양한 인지적, 정서적, 행동적 기법을 내담자에게 맞게 적용한다. 여기에서는 Ellis가 설명한 대표적인 인지적 기법과 정서적 기법을 소개하고자 한다(Corey, 2003).

■ 인지적 기법

인지적 기법으로는 다음과 같이 비합리적 신념 논박하기, 인지적 과제 주기, 내담자의 언어를 변화시키기 등이 있다.

1 비합리적 신념 논박하기

REBT에서 가장 많이 사용하는 인지적 기법으로서 상담자가 내담자의 비합리적 신념에 적극적으로 논박해서 이 도전을 스스로 받아들이는 방법을 가르치는 것이다. 내담자가 스스로에게 말하도록 배워야 하는 질문이나 진술의 예는 다음과 같다. "왜 사람들이 나를 정당하게 대해야만 하는가?" "내가 하고자 하는 중요한 일을 성공하지 못한 것이 어떻게 내가 완전히 실패한 것인가?" "내가 원하는 학교에 진학하지 못하는 것은 실망스럽지만 충분히 참을 수 있다." "인생이 항상 뜻대로 되지 않더라도 그것은 끔찍한 일이 아니라 단지 불편할 뿐이다."

2 인지적 과제 주기

상담자는 내담자에게 자신의 문제 목록표를 만들게 하고 그 신념을 논박하게 한다. 그리고 내담자 자신의 "하지 않으면 안 된다"나 "해야 한다"와 같은 말을 줄이기 위해 REBT의 A-B-C 이론을 일상생활에 적용하도록 하는 과제를 부과한다.

3 내담자의 언어를 변화시키기

REBT에서는 부정확한 언어가 왜곡된 사고과정의 원인 중 하나라고 간주한다. 내담자의 "해야 한다" "하지 않으면 안 된다" 등과 같은 언어를 "하고 싶다" "하겠다" 등과 같은 언어로 대치할 수 있도록 학습시킨다. 또한 "~한다면 끔찍스러운 일이다."라고 말하는 대신 "~한다면 좀 불편하다."라고 말하는 것을 학습시킨다. 이와 같이 내담자들은 자신의 언어 패턴을 변화시키고 새로운 자기진술을 만들어 가는 과정을 통해 다르게 생각하고 행동하게 되며, 그 결과 다르게 느끼기 시작한다.

■ 정서적 기법

정서적 기법으로는 다음과 같이 합리적 정서 상상하기, 역할연기, 수치감 공격연습 등이 있다.

1 합리적 정서 상상하기

이 기법은 새로운 정서 패턴을 확립하도록 설계된 강렬한 정신 훈련이다. 내담자는 그들이 실제 생활에서 생각하고 느끼고 행동하고자 하는 바로 그 방식으로 생각하고 느끼고 행동하는 자신을 상상한다. 그리고는 그들에게 일어날 수 있는 최악의 상황 중 하나를 상상하는 방식, 이러한 상황에 대해 부적절한 혼란을 느끼는 방식, 자신의 감정을 강하게 경험하는 방식, 그리고 나서 경험을 적절한 감정으로 변화시키는 방식이 있을 수 있다. 일단 내담자가 상상하는 상황에서 그들의 감정을 적절한 것으로 변화시킬 수 있다면, 내담자는 그 상황에서 행동을 변화시킬 더 나은 기회를 얻을 수 있게 된다. 이 기법은 대인관계와 개인에게 문제가 될 수 있는 다른 상황에도 유용하게 적용될 수 있다.

2 역할연기

역할연기에는 정서적 요소와 행동적 요소가 모두 포함되어 있다. 내담자가 자신의 말을 통해 스스로 혼란을 야기하는 것과 자신의 부적절한 가정을 적절한 감정으로 변화시킬 수 있다는 것을 보여주기 위해 상담자 개입한다. 내담자는 어떤 행동을 시연함으로써 그 상황에서 느끼는 것을 알아볼 수 있다. 내담자는 행동 시연을 통해 비합리적 신념과 이에 따른 감정의 관계를 탐색할 수 있다.

3 수치감 공격 연습

Ellis(1988)는 사람들이 어떤 행동에 대한 비합리적인 수치감을 감소시키도록 도와주는 연습을 개발하였다. 내담자들은 다른 사람들이 자신을 어떻게 생각할까 하는 것 때문에 두려워하게 되므로 상담자는 내담자에게 어떤 것을 과감히 하도록 과제를 부여할 수 있다. 내담자는 이러한 과제를 수행하면서 다른 사람들이 자신의 행동에 대해 실제로 그렇게 많은 관심을 가지고 있지 않다는 것을 알게 된다. 이러한 연습을 꾸준히 수행하다 보면 결국 내담자들은 자신이 하고 싶은 행동을 타인의 반응이나 불인정 때문에 못할 이유가 없다는 것을 알게 된다.

제 15 장

인지치료

1 · 인간관

2 · 주요개념

3 · 상담과정과 기법

1 인간관

인지치료는 1960년대 초에 우울증에 대한 Aaron Beck의 연구 결과로 시작되었다. Beck은 주로 우울증 환자들을 치료하면서 "정서적 장애는 개인이 자신의 경험을 구조화하는 방식에 의해 결정된다."는 전제에서 인지치료를 개발했다. Beck(1976)의 인지치료에서는 다음과 같은 인간관을 갖고 있다.

첫째, 인지치료에서는 인간을 사고에 따라 감정과 행동이 결정되는 존재라고 본다. 즉 인지치료는 개인의 사고가 개인의 감정과 행동을 결정한다는 전제에 근거하고 있으며, 사람들이 거의 인식하지 못하는 자동적 사고는 성격발달에 중요한 역할을 한다고 주장한다. 따라서 인지치료의 주요 초점은 내담자가 겪는 자동적 사고를 찾아서 변화시키는 데 관심을 둔다.

둘째, 인간은 주변의 사건이나 상황의 의미를 해석하는 정보처리 과정에서 범하는 체계적인 오류인 인지왜곡이 나타날 수 있는 존재로 본다. Beck에 따르면 잘못된 전제와 가정에 기초한 개인의 가치와 지각은 역기능적이거나 부적응적 인지도식 발달을 초래하게 되고, 이에 따라 어떤 개인이 자신과 미래에 대한 부정적 견해를 갖는 도식을 가지면 자신에게 진행되는 경험에 대한 지각은 부정적일 것이라고 본다. 따라서 정신적으로 건강하지 못한 사람들은 자기 자신은 물론 자신의 미래, 자신이 살고 있는 세상에 대해서도 부정적 사고를 하는 습관적 경향을 갖게 되는데, Beck은 이를 '인지삼제(cognitive triad)'라고 불렀다.

2 주요개념

1) 자동적 사고

자동적 사고(automatic thoughts)는 인지치료의 핵심개념으로서 어떤 환경적 사건에 대해 자기도 인식하지 못하는 사이에 떠오르는 생각을 말하며, 이러한 자동적 사고로 특정한 감정이나 행동 반응이 자동적으로 일어나게 된다. 심리적 장애의 원인이 되기도 하는 자동적 사고는 흔히 왜곡되거나 극단적이거나 부정확하다는 특징이 있다.

자동적 사고의 주요 특징은 다음과 같다(Mckay, Davis, & Fanning, 1981; 노안영, 2005에서 재인용).

첫째, 자동적 사고는 구체적이며 분리된 메시지다.

둘째, 자동적 사고는 흔히 축약되어 언어, 이미지 또는 둘 다의 형태로 나타난다.

셋째, 자동적 사고는 아무리 비합리적이라 할지라도 거의 믿게 된다.

넷째, 자동적 사고는 자발적인 것으로서 경험된다.

다섯째, 자동적 사고는 흔히 당위성을 가진 말로 표현된다.

여섯째, 자동적 사고는 일을 극단적으로 보는 경향성을 내포한다.

일곱째, 자동적 사고는 개인에 따라 독특하게 나타난다.

여덟째, 자동적 사고는 중단하기가 쉽지 않다.

아홉째, 자동적 사고는 학습된다.

이러한 자동적 사고는 어떻게 생겨나는가? 이는 부적응적 인지도식으로 인해 부정적인 내용의 자동적 사고가 활성화되는 것이라 할 수 있다. 인지도식이란 주변 세계와 중요한 신념에 대해 어떻게 생각하고 있고, 사람, 사건, 그리고 환경에 관한 기본가정을 말한다. 이러한 인지도식은 흔히 아동기에 개인적 경험과 타인들과의 상호작용에 의해 발달되는데, 적응적 인지도식과 부적응적 인지도식으로 구분된다.

2) 인지왜곡

부적응적 인지도식은 인지왜곡으로 이어지기 쉽다. 인지왜곡(cognitive distortions)이란 주변의 사건이나 상황의 의미를 해석하는 정보처리 과정에서 나타나는 체계적인 오류로서 부정적 자동적 사고라고 불린다. 이러한 인지왜곡은 다음과 같은 형태로 나타난다(Beck, 1976).

1 임의적 추론

임의적 추론(arbitary inference)이란 충분하고 적절한 증거 없이 특정 결론을 이끌어내는 현상을 의미한다. 임의적 추론은 '독심술적 사고'과 '부정적 예측'으로 구분된다. 독심술적 사고는 정확하고 객관적인 증거를 별로 고려하지 않고 상대방의 생각을 자신이 아는 것처럼 생각하고 판단하는 것을 말한다. 그 예로는 "저 친구가 나에게 이렇게 말하는 것은 나를 좋지 않게 생각하고 있기 때문이야."를 들 수 있다. 그리고 부정적 예측은 어떤 증거도 없이 나쁜 일이 일어날 것이라고 믿는 것이다.

2 선택적 추상

선택적 추상(selective abstraction)은 다른 정보를 무시한 채 전체 맥락 중 일부 아주 작은 부정적인 장면을 기초로 결론을 내리는 현상을 말한다. 예를 들어 발표수업에서 자신의 발표에 대해 많은 친구들이 긍정적 반응을 보였는데도 한두 명의 부정적 반응에 낙담하는 경우를 들 수 있다.

3 과잉일반화

과잉일반화(overgeneralization)는 한두 번의 일부 경험 혹은 거기서 얻은 결론을 가지고 무리하게 그와 관련이 없는 상황에까지 광범위하게 적용하는 현상을 의미한다. 예를 들어 한 번 시험을 망친 학생이 “난 공부에 능력이 없는 놈이야”라고 생각하는 것이나 어떤 모임에 한 번 참가하고 그 곳에서 불편한 경험을 한 사람이 “난 사람을 사귀는 데 소질이 없어”라고 생각하는 경우를 들 수 있다.

4 확대·축소

확대(magnification)·축소(minimization)는 어떤 현상의 중요성 정도를 심하게 왜곡하여 평가하는 것으로서 한 측면은 과장하고 다른 측면은 축소하는 사고방식을 말한다. 확대·축소의 경향이 있는 사람들은 자신의 장점, 자신이 성공한 일이나 잘한 일과 같은 긍정적인 측면에 대해서는 축소하고, 자신의 단점, 자신이 실패한 일이나 못한 일과 같은 부정적인 측면에 대해서는 과장하는 경향이 있다. 이러한 인지왜곡은 자신이 타인보다 열등하다고 생각하게 만들고, 이로 인해 우울증의 원인이 될 수 있다.

5 개인화

개인화(personalization)는 어떤 사건을 인과적 관계에 대한 증거 없이 자기 자신에게 귀인시키는 현상을 의미한다. 예를 들면 한 학생이 “내가 공부해서 오기만 하면 수업시간에 선생님은 나에게 질문을 왜 안하는 거야.”라고 푸념하는 경우를 들 수 있다.

6 이분법적 사고

이분법적 사고(dichotomous thinking)는 흑백논리 혹은 양극단적 사고라고도 불리는데, 중간은 없고 이것 아니면 저것이라는 사고방식을 말한다. 이러한 이분법적 사고는 성공과 실패, 좋아함과 미워함, 선과 악 등 모든 현상을 양극단의 범주 중 하나로 평가한다. 예로는 한 학생이 “공부를 안 하는 애들은 별로 좋은 애들이 아니야.”라고 생각하는 경우이거나 과제를 하다가 자기가 생각했던 만큼 과제가 이루어지지 않았을 때 과제 수행을 아예 포기해 버리는 경우를 들 수 있다.

7 파국화

파국화(catastrophizing)는 개인이 걱정하는 한 사건을 지나치게 과장하여 두려워하는 현상을 말한다. 예를 들면 어떤 학생이 "이번 시험에서 떨어지면 내 인생은 끝난거야."라고 생각하는 경우를 들 수 있다.

3) 인지타당성 평가

Beck과 Emery(1995)은 인지타당성을 평가하는 5단계 과정을 머리글자 A-FROG로 설명하였다. A-FROG는 개인이 합리적으로 생각하고 있는가의 여부를 평가하는 것으로서 다음과 같은 준거에 따라 사고를 평가한다(노안영, 2005에서 재인용).

- A : Alive (나의 사고는 나를 생기있게 하는가?)
- F : Feel (나는 이러한 사고의 결과로 기분이 더 나아졌는가?)
- R : Reality (나의 사고는 현실적인가?)
- O : Others (나의 사고는 다른 사람과의 관계에 도움이 되는가?)
- G : Goals (나의 사고는 나의 목표를 성취하는 데 도움이 되는가?)

만약 자신의 사고에 대한 위의 질문에 모두 '예'라고 답하지 않으면, 당신의 사고는 역기능적이며 왜곡된 것일 수 있다.

3 상담과정과 기법

1) 상담목표

인지치료에서 상담목표는 내담자의 자동적 사고를 변화시키고 부적응적 인지도식을 재구성하여 새로운 사고를 하도록 변화시키는 데 있다. 따라서 상담자는 내담자가 인식하지 못하는 자동적 사고와, 그것과 관련된 정서와 행동을 확인하며, 이러한 사고의 타당성을 평가하여 부적절한 사고를 수정하도록 도와주어야 한다.

2) 상담기법

인지치료의 상담과정에서 주로 사용하는 상담기법은 다음과 같다.

1 소크라테스식 질문

소크라테스식 질문을 통해 내담자가 자신의 자동적 사고가 현실적으로 타당한가를 평가하고 좀 더 현실적인 생각을 하도록 만드는 방법이다. 상담 회기 중에 상담자가 다음과 같은 소크라테스식 질문으로 내담자의 자동적 사고에 대하여 탐색을 되풀이하게 되면, 내담자는 일상생활에서도 자신의 자동적 사고에 대해 스스로 논답을 하며 평가할 수 있게 된다. 내담자가 자신의 자동적 사고에 대한 타당성을 스스로 평가해볼 수 있도록 하기 위해 다음과 같은 질문이 자주 사용된다(천성문 외, 2006).

- 그렇게 생각하는 근거는 무엇인가?

부분적인 현실에 근거한 주관적인 생각에 머물러 있는 내담자가 있는 그대로의 현실에 주의를 기울이도록 하는 질문으로서 인지치료에서 상담자가 가장 많이 사용하는 질문이다.

• 그 상황을 달리 설명할 수는 없는가?

내담자는 상황을 보는 시각이 폐쇄적이고 제한적이어서 보다 현실적인 관점을 취하는 데 어려움을 겪을 수 있다. '달리 설명할 수는 없습니까?', '다른 식으로 볼 수는 없습니까?' 등의 질문을 통해 다른 설명을 이끌어내어 자신의 생각을 좀 더 열려진 마음으로 평가할 수 있는 심리적 거리를 만들 수 있다.

• 실제 그 일이 일어난다면 과연 얼마나 끔찍한가?

이 질문은 불안과 관련된 문제를 많이 보이는 내담자에게 자주 사용하는 질문이다. 불안한 내담자는 자신이 두려워하고 있는 상황이 과연 그렇게 끔찍한지, 그리고 그러한 상황이 일어날 확률이 얼마나 되는지를 면밀히 생각해 보지 않을 뿐만 아니라 자신의 대처 능력을 과소평가하여 그러한 상황에 처하면 자신이 할 수 있는 전혀 없다고 생각하는 경향이 있다. 따라서 '일어날 수 있는 최악의 일은 무엇입니까?', '일어날 수 있는 최선의 결과는 무엇입니까?' 등과 같은 질문을 통해 현재 내담자의 대처 능력으로도 충분히 헤쳐 나갈 수 있는 길이 있음을 깨닫게 하는 것이 필요하다.

2 재귀인

재귀인(reattribution) 기법은 사건의 대안적인 원인을 고려함으로써 자동적 사고와 가정을 검증한다. 내담자들은 어떤 상황이나 사건에 대한 책임이 거의 없는 경우에도 그것을 개인적인 것으로 받아들이거나 그 책임을 자신에게 귀인하는 경우가 있다. 이 경우에 내담자는 이로 인해 죄책감이나 우울감 등을 느낄 수 있는데, 이 때 상담자는 재귀인 기법을 사용해서 그 책임을 분산시키는 데 도움을 주어야 하며, 내담자가 부적절한 귀인으로 인해 받는 고통에서 탈피할 수 있도록 조력해야 한다.

3 탈파국화

파국화(catastrophizing)는 개인이 걱정하는 한 사건을 지나치게 과장하여 두려워하는 현상을 말하는데, 이 현상에서 내담자가 탈피하도록 도와주기 위해 'what-if(만약 ~하면 어떨까? 혹은 그러면 뭐가 어때?) 기법이 사용된다. 이 기법은 내담가가 가능한 결과에 대해 지나치게 비관적이고 부정적으로 생각할 때 효과적이다. 예를 들어 "이번 시험에서 내신이 2등급으로 떨어지면 내 인생은 끝난 거야."라고 파국으로 모는 경우에 "만약 네가 2등급으로 떨어지면 어떤 일이 있을까?"와 같이 질문을 하여 그러한 결과가 있을 수 있다는 것을 깨닫게 할 수 있다.

4 탈자기중심화

자신이 다른 사람들에게 관심의 초점이라고 느끼고 타인의 시선을 지나치게 의식하는 사람들에게는 탈자기중심화가 필요하다. 일종의 부정적 스타의식에 사로잡힌 이들은 다른 사람들이 자신의 일거수일투족에 신경을 곤두세우고 민감하게 반응한다고 생각한다. 그리하여 자신이 실수를 하거나 잘못을 저지르면 비웃고 비난할 것이라고 생각한다. 이들에게는 설사 자신이 실수를 해도 다른 사람들이 그리 심각하게 생각하지 않는다는 사실, 자신의 실수를 다른 사람들이 오래 기억하지 않는다는 사실을 깨닫게 할 필요가 있다. 따라서 이들에게는 다른 사람이 자신을 어떻게 지각하는지 확인하는 작업이 필요하다. 가장 좋은 방법은 일부러 실수를 저지르거나 특이한 행동을 하고 사람들이 그에 어떻게 반응하는가를 관찰하는 것이다. 예를 들어 단추가 떨어진 옷을 입고 출근하여 사람들의 반응을 살피도록 하는 방법은 다른 사람들의 시선이 생각보다 자기에게 집중되지 않는다는 사실을 확인할 수 있는 기회가 될 수 있다(박성희, 이동렬, 2002).

5 절대적 사고에의 직면

내담자들은 흔히 "나보다 더 바보 같은 사람을 없을 거예요."라는 말처럼 극단적인 표현으로 자신의 스트레스 상황을 나타낸다. 내담자의 과장되고 극단적인 표현에 흔히 사용되는 단어로는 '누구나', '항상', '언제나', '결코', '아무도',

'어느 누구도', '단 한번도' 등이 있다. 이러한 경우 내담자의 절대적 진술에 대한 질문이나 직면을 통해 내담자가 보다 정확하게 진술할 수 있도록 도울 필요가 있다(강진령, 2009).

6 노출기법

노출기법은 내담자의 자동적 사고를 실제에 노출시켜서 그 타당성을 검증하는 방법이다. 이 기법은 특히 수행불안을 느끼는 내담자들에게 효과적이다. 예를 들어 운전공포증이 있는 내담자의 경우, 운전하면서 느끼는 불안 수준, 생리증상, 사고, 심상들을 보고하게 한다. 그리고 운전하면서 그들이 겪는 수많은 생리증상과 부정적 예측이 거짓된 경보장치에 불과하다는 자료를 수집한다. 운전하면서 떠오르는 생각과 느낌을 기록하는 이 같은 작업을 반복하면, 내담자는 그 부정적 예측이 거짓이라는 정보를 쌓아올리게 된다. 즉 불안이 실제 위험과 별 상관이 없으며, 그와 같은 미래 예측이 정확하지 않다는 사실을 평가할 수 있게 한다. 이처럼 노출기법은 자동적 사고를 현실 세계에 노출시킴으로써 미리 걱정하고 불안해 하는 상당 수준의 내용들이 터무니없다는 사실을 깨닫게 하는 방법이다(박성희, 이동렬, 2002).

제 16 장

교류분석

1·인간관

2·주요 개념

3·상담과정과 기법

1 인간관

Eric Berne은 인간의 본성을 긍정적인 관점으로 보았다. 즉 그는 "모든 사람이 왕자나 공주로 태어났다"라고 말했듯이 인간은 모두 '예(OK)'라는 기본 가정에서 출발한다. 따라서 교류분석에서는 자기긍정-타인긍정(I'm OK-You're OK)에 가정한 상담접근을 강조한다. 또한 그는 인간이 태어날 때는 왕자와 공주 같이 귀중한 존재로 태어나지만, 얼마 되지 않아서 부모와 환경이 아동들을 개구리와 같은 존재로 만든다고 생각하였다. 그러나 그는 사람들이 교류분석(transactional analysis)을 학습하고 교류분석의 교훈을 자신의 삶에 적용한다면 자신의 고귀한 위치를 회복할 수 있는 잠재능력을 가지고 있다고 믿었다. 즉 인간은 출생에서 성장에 이르는 과정을 통해 자신의 의지와는 상관없이 성격이나 행동양식이 형성되지만, 과거에 한 자기의 결정을 이해하는 능력이 있으며, 나아가 그것을 재결단할 수 있는 존재라는 것이다. 이와 같이 교류분석에서는 반결정론적 철학에 뿌리를 두고 인간을 이해한다.

Berne의 인간관에 대해 정리하면 다음과 같다(강갑원, 2004). 첫째, 인간은 자율적 존재이다. 현실세계를 인식하고, 정서를 스스로 표현할 수 있으며, 타인과 사랑을 나누고 친교를 할 수 있는 자율적 존재라는 것이다. 둘째, 인간은 자유로운 존재이다. 인간은 무엇에 의해 결정되지 않는 존재이다. 완전한 자유는 아니더라도 많은 자유를 가지고 있다. 그렇다고 사회적 영향을 전혀 받지 않는 것도 아니지만 사회나 어릴 때의 경험에 의해 완전히 결정된 것도 아니다. 셋째, 인간은 스스로 운명을 선택하고 결정할 수 있는 존재이다. 인간이 자율적이고 자유롭다는 것은 자신의 삶을 선택하고 결정할 수 있는 존재라는 것을 의미한다. 다른 사람들에게 의존적인 상황에서 내린 인생 초기의 결정은 재검토할 수 있고, 그 결정이 적절하지 않은 경우에는 새로운 결정을 내릴 수 있다. 넷째, 인간은 책임질 수 있는 존재이다. 스스로 선택하고 자율적일 수 있다는 것은 자신에 대하여 책임을 질 수 있다는 것을 의미한다. 어릴 때 부모의 영향을 받더라도 궁극적으로 자신의 삶에 책임질 수 있다.

2 주요 개념

1) 성격 구조

교류분석이론에서는 인간의 성격 구조에 대해 세 가지 자아 상태, 즉 부모자아 상태(Parent ego state), 성인자아 상태(Adult ego state), 아동자아 상태(Child ego state)를 가지고 있다고 가정한다. 이는 Freu의 초자아(Superego), 자아(Ego), 원초(Id)와 유사하지만 근본적인 차이가 있다. 즉 Freud의 정신분석이론에서는 무의식에 초점을 두는 반면, 교류분석이론에서 부모자아, 성인자아, 아동자아는 모두 의식 영역에 존재하며, 일상생활에서 쉽게 사용할 수 있는 것이다.

① 부모자아(P)

성격에서 부모자아와 관련된 측면은 대부분 부모와 중요한 권위적 인물들로부터 물려받은 지시, 태도, 행동 등을 포함하고 있다. 즉 부모자아 상태는 자신이나 타인에게 강요하는 당위적인 명령으로 구성되어 있는 권위적 자아 상태로서 Freud의 초자아(Superego)에 해당한다. 부모는 두 가지 상이한 태도를 취할 수 있는데, 어떤 태도를 취하느냐는 상황에 따라 다르다. 양육적 부모(Nurturing Parent)는 자녀에게 보살펴주고 도와주는 행동을 보여주고, 비판적 부모(Critical Parent)는 비판, 통제, 처벌을 제공한다. 부모자아는 자신을 키워준 부모가 한 것처럼 비판적이고도 하면서 양육적으로 행동하고 느낀다. 부모자아는 "너는 ~해야 해." 혹은 "너는 ~하지 말아야 해.", "남자는 남자다워야지.", "여자는 집에 있어야 해."라고 훈계한다. 이와 같이 부모자아는 바르게 통제되어 있기를 원하고 우월감과 권위를 가지고 행동하지만, 한편 아동들을 사랑하고 보살피는 데 책임을 느끼며 자신 안에 있는 아동자아를 존중해 주기도 한다.

2 성인자아(A)

성인자아 상태는 Freud의 자아(Ego)에 해당하는 것으로서 현실을 검토하고 컴퓨터와 같은 방식으로 객관적인 정보를 제공하여 이성적이고 논리적으로 작동한다. 성인자아는 컴퓨터처럼 감정 없이 사실을 검토하여 의사결정을 하며, 현실을 바탕으로 하여 성숙하고 객관적이며 합리적으로 사고를 하면서 "이 일은 이렇게 하는 것이다."라고 말한다. 이러한 성인자아는 연령과 관계가 없다. 어린 아동들도 객관적으로 여러 사실을 수집하고 평가하여 현실을 다룰 수 있다. 성인자아는 성격의 균형을 위해 중심적 역할을 하며, 성격의 전체적 적응과정에 가장 기여하는 부분이다.

3 아동자아(C)

아동자아 상태는 쾌락적이고 충동적이고 흥미를 추구하는 자아 상태로서 Freud의 원초아(Id)에 해당한다. 이는 출생 후 5세경까지의 외적인 일에 대한 감정적 반응이 내면화된 것으로 기쁨, 창의성, 자발성, 직관, 즐거움, 유쾌함을 주므로 성격의 중요한 부분이다. 아동자아는 두 부분으로 나뉜다. 적응적 아동자아(Adaptive Child)는 중요하고 권위적인 인물의 요구에 따른 결과로 나타나며 수동적인 특징을 가지고 있다. 그리고 자연적 혹은 자유로운 아동자아(Natural or Free Child)는 충동적이고 길들여지지 않았으며 자기애적이고 쾌락을 추구하는 특징을 가지고 있다.

잘 적응된 사람은 상황에 맞도록 세 가지 자아 상태 간에 균형을 유지하면서 자아 상태의 조절을 결정한다. 일반적으로 나타나는 문제는 하나의 자아 상태가 지배적으로 통제하는 경우이다. 예를 들어 견고한 부모자아는 독단적이고 편견을 가진 것처럼 보이고, 견고한 성인자아는 분석적이고 따분한 것처럼 보이며, 견고한 아동자아는 미성숙하고 지나치게 민감하게 반응하는 것처럼 보인다. 이러한 세 가지 자아 상태 중 어느 것도 연령과 관계가 없다. 아동도 성인자아와 부모자아를 갖고, 노인도 아동자아로 반응할 수 있다.

2) 스트로크

스트로크(stroke)란 사회적 행동의 동기를 제공하는 요인으로 평생 지속되는 인정자극이다. Claude Steiner(1971)가 창안한 개념으로 서로 주기도 하고 받기도 하는 주의(attention)로 정의된다. 생애 최초의 스트로크는 산모가 자신의 배를 두드리는 것으로 보기도 한다(Dusay, 1977). 스트로크는 생의 초기에는 주로 포옹, 머리 쓰다듬기와 같은 신체접촉을 통해 제공되지만, 성장하면서 언어, 표정, 관심 등의 심리적 스트로크로 대체된다(강진령, 2009에서 인용).

스트로크는 긍정적 스트로크와 부정적 스트로크로 나뉘고, 이는 다시 조건적 스트로크와 무조건적 스트로크로 구분된다.

1 긍정적 스트로크

긍정적 스트로크(positive stroke)는 칭찬, 인정, 긍정적 평가 등과 같이 사람을 기분 좋게 만드는 따뜻하고 부드러운 인정자극을 말한다. 이러한 긍정적 스트로크는 다시 긍정적 무조건 스트로크와 긍정적 조건 스트로크로 구분된다. 긍정적 무조건 스트로크(positive unconditional stroke)는 아무런 조건이나 이유 없이 어떤 사람을 좋아하는 반응인 반면, 긍정적 조건 스트로크(positive conditional stroke)는 조건을 부여하면서 제공하는 긍정적 스트로크를 의미한다.

2 부정적 스트로크

부정적 스트로크(negative stroke)는 "나는 너를 좋아하지 않는다."와 같은 표현으로 언어적이거나 비언어적으로 나타날 수 있다. 이러한 부정적 스트로크는 부정적 무조건 스트로크와 부정적 조건 스트로크로 구분된다. 부정적 무조건 스트로크(negative unconditional stroke)는 상대방에게 아무런 이유나 조건 없이 어떤 사람을 싫어하는 반응인 반면, 부정적 조건 스트로크(negative conditional stroke)는 어떤 조건이나 이유를 가지고 제공하는 부정적인 스트로크를 말한다.

3) 구조분석

구조분석(structural analysis)은 주로 부모(P), 성인(A), 아동(C)의 3가지 자아 상태가 어떻게 구성되어 있는지 분석하는 것을 의미한다. 교류분석으로 상담을 받는 내담자는 자신의 자아 상태를 확인하는 방법을 배우게 된다. 구조분석은 내담자가 어쩔 수 없다고 느끼는 행동을 해결하는 데 도움을 준다. 또한 자기 행동의 기초가 되는 자아 상태를 발견하게 된다. 이런 지식을 가지고 개인은 자신이 무엇을 선택해야 할지 결정한다(천성문 외, 2006). 성격구조와 관련된 오염(contamination)과 배제(exclusion)의 문제는 구조분석으로 이해될 수 있다. 지속적으로 부적응 행동을 나타내게 되는 경우는 P, A, C의 경계선이 지나치게 이완되거나 경직된 경우이다.

1 오염(contamination)

오염은 P, A, C의 경계선이 지나치게 이완되어 있는 경우를 말한다. 이는 부모자아나 아동자아 상태가 성인 자아 상태를 침범하여 상황을 객관적으로 판단하는 것을 방해하는 것이다.

2 배제(exclusion)

배제란 P, A, C의 경계선이 지나치게 경직된 경우를 말한다. 이는 상황과는 관계없이 일관된 자아구조를 작동시킬 때 발생된다. 여기에는 세 가지 배제가 있다. 부모자아가 성인자아와 아동자아를 배제하는 경우, 성인자아가 부모자아와 아동자아를 배제하는 경우, 아동자아가 부모자아와 성인자아를 배제하는 경우다.

4) 기능분석

기능분석(functional analysis)이란 개인의 자아 상태가 실제로 어떻게 기능하는가를 알기 위한 방법이다. 즉 구조가 자아 상태의 내용을 말한다면, 기능은 자아 상태가 어떻게 활용되는가를 말한다. 기능분석은 구조분석을 기능적으로 세분화하여 부모자아(P)를 비판적 부모자아(CP)와 양육적 부모자아(NP)로 나누고, 아동자아를 자유로운 아동자아(NC)와 순응적 아동자아(AC)로 나눈다. 그러나 성인자아는 현재에 반응하는 객관적이고 논리적인 기능을 나타내기 때문에 나누지 않는다(천성문 외, 2006).

부모자아(P)	비판적 부모(CP)	비판, 편견, 통제, 처벌, 지시, 제한, 완고 -〉 너무 지나치면 독단적이 됨
	양육적 부모(NP)	보호, 배려, 공감, 수용, 이해, 격려 -〉 너무 지나치면 과보호적이 됨
성인자아(A)		합리적, 객관적, 논리적, 현실적 -〉 성격의 균형을 위해 중심적 역할을 함
아동자아(C)	자유로운 아동(FC)	자유, 쾌락, 욕구, 흥미, 직관, 창조, 공상 -〉 너무 지나치면 제멋 대로인 것처럼 보임
	순응적 아동(AC)	순응, 적응, 의존, 타협, 반항, 원망 -〉 너무 지나치면 죄책감을 가지거나 발끈함

Dusay와 Dusay(1989)는 이고그램(egogram)을 통해 이러한 다섯 가지 기능적 자아 상태가 어떻게 나타나는가를 막대그래프로 보여 주었다. 이고그램에서는 다섯 가지 기능적 자아를 나타내는 막대그래프로 구성되며 가장 높은 막대가 가장 많은 시간과 에너지가 소비되는 자아 상태를 나타낸다. 바람직한 이고그램의 형태는 중앙에 있는 성인자아(A)가 가장 에너지가 많고, 다음으로 성인 자아 좌우로 양육적 부모자아(NP)와 자유로운 아동자아(FC)가 많으며, 가장 적은 에너지를 비판적 부모자아(CP)와 순응적 아동자아(AC)가 가진 경우이다. 선분으로 다섯을 연결하면 종형(∩)이 된다. 부적응적인 이고그램의 형태는 이상적인 형태와 정반대인 유자형(∪)과 유사한 형태를 보인다. 교류분석상담에서 기능적인 인간

이란 이 다섯 가지 기능을 충분하게 활용하는 사람을 말하며, 어느 하나라도 제 기능을 하지 못하면 역기능적인 삶을 살아갈 수 있다고 본다.

5) 교류패턴분석

교류패턴분석(transactional pattern analysis)은 교류분석의 핵심 과정으로 부모자아(P), 성인자아(A), 아동자아(C) 상태에 대한 이해를 바탕으로 하여 일상생활에서 주고받는 말, 태도, 행동 등을 분석하는 것이다. 일반적으로 언어적이든 신체적이든 간에 어떤 사람이 다른 사람의 존재를 인정할 때마다 교류라는 것이 발생한다. 교류(transaction)란 인간의 의사소통 단위 혹은 두 사람의 자아 상태들 간 자극-반응의 연결로 정의된다. 교류는 다음과 같이 세 가지 범주로 구분된다.

1 상보적 교류

상보적 교류(complementary transaction)는 기대하는 자아상태에 맞는 특정 반응이 나오면 발생한다. 즉 수신된 자아상태와 반응하는 자아상태가 일치할 때 나타난다. 이와 같은 교류는 편안하고 예상할 수 있는 느낌을 갖게 하기 때문에 대화가 계속된다. Berne은 이러한 상보적 교류를 건강한 인간관계에서 나오는 자연스런 의사소통이라고 하였다.

2 교차적 교류

교차적 교류(crossed transaction)는 기대하는 자아상태에 맞지 않은 특정 반응이 나오면 발생한다. 즉 수신된 자아상태와 반응하는 자아상태가 일치하지 않을 때 나타난다. 이러한 교류는 의사소통이 제대로 이루어지지 않는 느낌이 들게 하여 대화의 단절을 가져올 수 있다.

3 이면적 교류

이면적 교류(ulterior transaction)는 이중적인 메시지가 전달되는 교류로서 말하는 내용과 다른 숨은 의도가 깔려 있는 의사소통을 말한다. 즉 상대방의 두 가지 자아 상태를 향해 현재적 교류와 잠재적 교류 두 가지가 동시에 작용하는 복잡한 교류를 의미한다. 예를 들어 언어적인 메시지인 말의 내용과 비언어적 메시지인 음성이나 얼굴표정이 다른 경우를 말한다. 대부분이 숨겨진 의도로 하는 심리적 게임은 대표적인 이면적 교류라 할 수 있다.

6) 게임분석

교류분석은 심리적 게임이라는 이론을 토대로 하고 있다. 게임이란 겉으로는 합리적인 대화로서 대화 내용이 성인 자아 대 성인 자아의 교류처럼 보이나 그 이면에는 다른 속셈이 깔려있는 이면적 교류로서 한쪽 또는 양쪽 모두에게 불쾌한 라켓 감정(racket feeling)을 불러일으키는 역기능적인 의사소통을 의미한다. 이러한 게임은 인간관계에서 심각한 손상을 초래하고 자기 성장과 발달에 심각한 장애를 일으킬 수 있다(천성문 외, 2006).

게임을 이해하기 위해 Karpman(1968)은 '박해자', '구원자', '희생자'의 삼각구도로 구성된 '드라마 삼각형(drama triangle)'을 고안하였다. 이는 마치 무대에서 배우의 교체가 있는 것처럼 게임에서도 연기자들 간에 극적인 역할 교대를 하고 있음을 보여준다. 일반적으로 드라마 삼각형에서 박해자는 지배적인 힘을 가지고 상대의 행동을 억압하거나 지시하는 역할을 연기하며, 주로 비판적 부모자아(CP)가 관여한다. 또한 희생자는 이용당하거나 인내를 강요당하는 역할을 연기하며, 주로 순응적인 아동자아(AC)가 관여한다. 그리고 구원자는 희생자를 돕거나 박해자를 지지하는 역할로서 중재를 하거나 관대한 태도를 보여 상대방을 자기에게 의존하게 하려는 보호적인 역할을 연기하며, 주로 양육적 부모자아(NP)가 관여한다.

한편 게임은 무의식적으로 행해지기 때문에 알아차리기 어렵다. 그러나 다음과 같은 몇 가지 특징을 유념하여 자신이나 타인의 행동을 관찰해 보면 게임을 하고 있는지 발견할 수 있다. 첫째, 게임에는 그럴듯한 변명이 있지만 내면적으로는 도발자 자신도 깨닫지 못하는 의도나 목적이 있다. 즉 게임에는 애정이나 자극을 얻기 위한 의도나 목적이 숨어 있다. 둘째, 게임은 반복된다. 비슷한 일련의 과정이 일상에서 되풀이된다. 셋째, 게임의 결과는 항상 불쾌한 감정을 동반한다.

Berne이 파악한 많은 게임 중에서 몇 가지를 소개하면 다음과 같다(Thompson & Henderson, 2008).

1 "~하는 게 어때요? 네, 그렇지만....(Why don't you; Yes, but)"게임

어떤 사람이 상대방에게 충고할 때 그 사람의 성인자아가 상대방의 아동자아나 부모자아를 속이게 하는 것이다.

- 엄마: 선생님한테 수학을 도와달라고 하는 게 어때?
- 아들: 네, 그렇지만 선생님이 시간 없다고 하면 어쩌죠?

이러한 대화 결과, 상대방인 아들은 기분이 나빠진다. 즉 "나도 OK가 아니고, 당신도 OK가 아니다. 왜냐하면 당신은 내 문제해결에 도움을 줄 수 없으니까"라는 감정을 갖게 된다.

2 "나 좀 차 주세요(Kick me)"게임

이 게임은 상대방을 도발케 하여 자기를 낮춘다든지 혹은 상대방의 거절을 유도하는 것과 언동을 계속하면서 결국에는 고독한 입장에 몰리게 하는 것이다.

- 엄마(희생자): 얘야. 너를 위해 옷을 사 왔단다.
- 딸(박해자): 엄마는 내가 빨간색 싫어하는 줄 알면서 또 빨간 치마를 사 왔어요?
- 엄마(희생자): 내가 너의 기분을 잘 못 맞추었구나.
- 아빠(구원자): 너. 엄마에게 그게 무슨 말버릇이냐! 빨리 들어가서 공부나 해.
- 딸(희생자): (볼멘 목소리로)아빠는 정직하라고 하면서 솔직하게 말하면 야단친다니까.
- 엄마(구원자): 얘야. 밥 가져 왔다. 아빠는 원래 그런 분이야.
- 엄마(박해자): 여보. 딸에게 너무 엄하게 꾸짖지 말아요. 애 맘 상하겠어요.

- 아빠(희생자): 여보. 난 사실 당신을 좀 도와주려고 했을 뿐인데, 당신은 나의 아픈 부분을 찌르는구려.
- 딸(구원자): 엄마. 그만두세요. 아빠 많이 피곤할 거에요.
- 엄마(희생자): 다 너를 위해 그러는데....

3 "너 이번에 딱 걸렸어(NIGYYSOB)"게임

NIGYYSOB(Now I've got you, you son of bitch) 게임은 어떤 사람이 상대방을 이중으로 잡으려고 할 때 나타난다. 이 경우 상대방이 그렇게 해도 비난받고, 그렇게 하지 않아도 비난받는다.

- 엄마: 보람아, 너 엄마를 사랑하니?
- 보람: 그럼요.
- 엄마: 그런데 왜 엄마 말을 안 듣니?

4 '바보(Stupid)'게임

이 게임은 타인을 도발하여 자신에게 꾸지람을 하도록 하여 나쁜 감정을 맛봄으로써 스트로크를 얻어내려는 의도가 숨어 있다.

- 아들: 아빠. 난 바보에요.
- 아빠: 넌 바보가 아니야.
- 아들: 아니에요. 난 바보에요.
- 아빠: 넌 바보가 아니야. 요전번 학예회 때 넌 정말 잘했잖아. 선생님은 네가 제일 똑똑한 아이라고 생각하고 있어.
- 아들: 선생님이 그렇게 생각하고 있는 걸 아빠는 어떻게 알아요?
- 아빠: 선생님이 그렇게 말했는데.
- 아들: 그런데 선생님은 어째서 나를 멍청이라고 불러요?
- 아빠: 그건 널 놀린다고 그러는 거야.
- 아들: 난 바보에요. 저 스스로도 잘 알고 있어요. 내 학교성적을 보세요.
- 아빠: 넌 머리가 나쁘지 않아. 아빠는 그걸 알고 있단 말이야.
- 아들: 아빠가 뭐라 해도 난 바보에요.

- 아빠: (큰소리로) 넌 바보가 아니야.
- 아들: 아니에요. 난 바보야.
- 아빠: 넌 바보가 아니야. 몇 번 이야기해야 알아들어. 이 바보야!
- 아들: 그래요. 난 바보에요.

5 '법정공방(Courtroom)'게임

상담 장면에서 법정공방게임은 두 명의 내담자가 상담자에게 책임의 소재를 정하도록 요구해 올 때, 상담자는 판사나 배심원의 입장에 놓이게 된다. 내담자들은 희생되는 것을 즐기는 것처럼 자기가 거절되거나 거부되도록 행동한다. 그 결과 박해자, 희생자, 구원자 세 사람 모두 기분이 나빠지게 된다. 그 이유는 이러한 게임 결과 구원자(상담자)는 일반적으로 다른 두 내담자에 의해 희생되는 것으로 끝나기 때문이다.

7) 생활자세

인간의 각본 형성에서 최초로 나타나는 각본 중 하나는 생활자세(life position)이다. 생활자세는 어릴 때 부모나 중요한 타인들과 주고받은 스트로크를 토대로 형성되는 자기, 타인, 세상에 대한 태도를 의미하며, 이는 개인의 생활각본을 구성하는 주요 요소가 된다. 이러한 생활자세는 다음과 같이 자기긍정-타인긍정, 자기긍정-타인부정, 자기부정-타인긍정, 자기부정-타인부정 등 네 가지로 구분된다.

1 자기긍정-타인긍정(I'm OK - You're OK)

이 유형은 "나도 이만하면 괜찮고 당신도 그만하면 괜찮다"는 자신과 타인에 대한 긍정적 삶의 태도로서 가장 바람직한 생활자세다. 아동의 정서적·생리적 욕구가 애정적이고 수용적인 방식으로 충족되면서 성장한 아동의 경우 이러한 생활자세를 형성하고 승리자 각본을 갖게 된다.

2 자기긍정-타인부정(I'm OK- You're Not OK)

"나는 잘났고 당신은 별 볼일 없다"는 생활자세로서 투사적 입장이다. 어릴 적에 심하게 무시당하거나 비난이나 억압을 당하고, 부모로부터 폭력을 당한 경험이 있을 때, 나쁜 사람은 내가 아닌 다른 사람이라고 생각할 수 있다. 이러한 생활자세를 가진 사람은 타인에 대한 불신, 증오, 비난, 양심부재 현상이 나타날 수 있고, 비행이나 범죄를 저지르는 사람들이 주로 이 생활자세를 갖고 있으며, 심하면 타살 충동으로 연결될 수 있다. 이들은 자신의 범죄행위가 다른 피해자에게 미친 악영향을 생각하기보다는 오히려 자신의 잘못을 타인이나 사회의 탓으로 여겨 자신을 마치 가족이나 사회의 희생양으로 여기곤 한다.

3 자기부정-타인긍정(I'm Not OK-You're OK)

이 생활자세는 "나는 별 볼일 없고 당신은 잘났다"는 삶의 태도로서 다른 사람과 비교해서 무력감을 느끼는 사람들이 공통적으로 취하는 입장이다. 이는 인생 초기에 부모의 무조건적인 스트로크를 경험하면서 동시에 자기 자신은 무능하여 다른 사람의 도움 없이는 살아갈 수 없다는 좌절감을 경험할 수 있다. 이러한 생활자세를 가진 사람은 자기비하, 자책, 죄의식, 우울, 열등감, 무가치감, 무력감과 같은 정서적 태도를 갖게 된다.

4 자기부정-타인부정(I'm Not OK-You're Not OK)

이 생활자세는 "나도 별 볼일 없고 당신도 별 볼일 없다"는 비관적이고 부정적인 태도로서 무용론적 입장을 보이는 사람들에게 나타난다. 아동이 성장하면서 스트로크가 심각하게 결핍되거나 극도로 부정적일 경우, 그 아동은 자기부정-타인부정이라는 결정을 할 수 있다. 이러한 생활자세를 가진 사람은 삶의 의미상실, 자포자기, 정신분열의 상태에 빠지기도 하며, 심한 경우에는 자살이나 타살의 충동까지 느낄 수 있다.

8) 각본분석

각본분석이란 자신의 자아 상태에 대하여 통찰함으로써 자기의 각본을 이해하고 벗어날 수 있도록 하는 것을 말한다. 교류분석에서는 앞에서 보았던 것처럼 네 가지 생활자세를 가정한다. 이러한 기본적 생활자세는 대부분의 사람들이 인생 초기에 부모로부터 어떻게 영향을 받았느냐에 따라 결정되는 경향이 높다고 가정한다. 그리고 이러한 생활자세는 각 개인의 대인관계 양식과 인생각본의 형성에 지대한 영향을 준다. 인생의 승리자 각본을 유지하는 사람은 '자기긍정-타인긍정(I'm OK-You're OK)'의 생활자세를 가진 사람이다. 이러한 생활자세를 가지고 있는 사람의 구조분석을 해 보면 양육적 부모자아(NP)와 성인자아(A)가 인격의 주도권을 장악하고 있으며, 이들은 타인들과 심리적인 게임을 하지 않고 개방적인 태도에서 의사소통을 하고 있다. 따라서 교류분석에서 상담자는 부정적인 세 가지 생활자세, 즉 '자기긍정-타인부정', '자기부정-타인긍정', '자기부정-타인부정'의 생활자세를 '자기긍정-타인긍정(I'm OK-You're OK)'의 생활자세로 변화시키는 데 그 목적을 둔다고 할 수 있다. 교류분석에서는 내담자가 지금까지 부정적인 생활자세로 살아왔다면 '재결단(redecision)'을 통해 '자기긍정-타인긍정(I'm OK-You're OK)'의 생활자세로 바꾸어 생활해 나갈 것을 강조한다(노안영, 2005).

3 상담과정과 기법

1) 상담목표

교류분석상담에서 상담목표는 다음 세 가지로 요약될 수 있다. 첫째, 내담자의 성격을 구성하고 있는 세 가지 자아 상태, 즉 부모자아, 성인자아, 아동자아

상태가 건전하게 발달되도록 하는 데 있다. 둘째, 내담자가 대하는 상대방이 어떤 자아 상태에서 이야기하는가를 파악하여 그가 전달한 메시지에 따라 보완적 교류가 될 수 있도록 하는 데 있다. 셋째, 내담자가 현재 자신의 행동과 인생의 방향과 관련하여 새로운 결단을 내리도록 하는 데 있다. 즉 내담자가 지금까지 부정적인 생활자세로 살아왔다면 재결단을 통해 자기긍정-타인긍정의 생활자세로 바꾸어 생활해 나갈 수 있도록 해야 한다.

2) 상담과정

교류분석에서 일반적인 상담과정은 다음과 같은 여섯 단계를 거친다.

계약 → 구조분석 → 교류패턴 분석 → 게임분석 → 각본분석 → 재결단

3) 상담기법

교류분석의 주요 상담기법은 다음과 같다.

① 구조분석

구조분석이란 내담자의 성격을 구성하는 자아 상태를 분석하는 것, 즉 상담자가 내담자의 세 가지 자아 상태(부모자아, 성인자아, 아동자아)를 통해 내담자 자신을 이해하도록 조력하는 것이다.

② 교류패턴분석

교류패턴분석이란 구조분석에 의해 명확하게 된 내담자의 자아상태에 대한 이해를 바탕으로 일상생활에서 주고 받는 말, 태도, 행동 등을 분석하는 것이다.

3 게임분석

게임분석이란 내담자가 다른 사람과 하는 의사소통 중에서 좋지 않은 방법으로 결국에는 대가를 치루게 되는 심리적으로 감추면서 하는 이면적 교류를 분석하는 것이다.

4 각본분석

각본분석이란 내담자가 강박적으로 사용하는 구체적인 인생각본을 분석하는 것이다.

제 17 장

현실치료

1· 인간관

2· 주요개념

3· 상담과정과 기법

1 인간관

현실치료의 핵심은 우리 인간이 무엇을 선택하든지간에 선택에 대한 책임은 전적으로 자신에게 있다는 것이다. 즉 현실치료는 인간의 외부의 힘에 결정된다는 결정론적 입장을 반대하고 인간을 긍정적 관점에서 보면서 인간은 자신이나 환경을 통제할 수 있는 존재이며, 스스로 자신의 행동을 결정하고 책임질 수 있는 존재로 본다. 이에 따라 현실치료에서는 과거를 거의 다루지 않고 내담자의 '현재'와 '현재 행동'에 초점을 맞추고 있으며, 자신의 행동 선택에 책임을 지도록 하는 데 강조를 한다.

인간의 본성에 관한 William Glasser의 견해는 다음의 원리에 기초한다 (Thompson & Henderson, 2008). 첫째, 자신의 행동을 통제할 수 있는 유일한 사람은 자기 자신이다. 둘째, 오랫동안 지속된 심리적 문제는 모두 사람들이 다른 사람들을 통제하기 위한 시도에서 나온 관계 문제이다. 셋째, 인간은 생존, 소속감, 힘, 자유, 즐거움 등 다섯 가지 기본 욕구를 가지고 있다. 넷째, 과거의 사건은 현재 우리가 존재하는 것과 모두 관계되어 있지만, 현재에서만 기본 욕구를 충족할 수 있고 미래를 위한 계획을 세울 수 있다. 다섯째, 전행동은 행동하기, 생각하기, 느끼기, 생리적 반응을 포함한 모든 행동이다. 이 중 행동하기와 생각하기는 직접 통제할 수 있지만, 느끼기와 생리적 반응은 어떻게 행동하고 생각하는지를 선택함으로써 간접적으로 통제할 수 있다.

2 주요개념

1) 선택이론

Glasser는 처음에 현실치료의 이론적 틀로 통제이론(control theory) 입장을 취했다. 통제이론은 모든 유기체가 자신의 목적에 따라 외부세계를 통제하기 위해 어떻게 행동하는가를 설명하는 이론이다. 즉 이 이론에서는 모든 행동이 목적을 가진다는 것과 어느 누구도 다른 사람을 통제할 수 없다는 것을 강조한다. 따라서 현실치료에서는 우리 자신의 기본 욕구를 충족시키려는 목적에서 인간의 모든 행동이 나타나는 것으로 본다. 근래에 Glasser는 통제이론보다 선택이론(choice theory)이란 말을 사용한다. 선택이론에서는 '우리가 통제할 수 있는 유일한 행동은 우리 자신의 행동이다'라는 명제에 토대를 둔다. 이 이론에서는 개인의 자유를 강조하기 때문에 개인이 느끼는 우울 등 흔히 정신질환으로 여겨지는 행동까지도 선택한 것이며, 이 때 조차도 보다 만족스러운 어떤 것을 선택할 선택권을 갖는다고 본다. 선택이론에서는 우리 인간이 생존, 소속감, 힘, 자유, 즐거움 등 다섯 가지 기본 욕구를 가지고 태어나며, 이 다섯 가지 기본 욕구에 따라 인간은 행동한다고 믿었다.

2) 기본 욕구

Glasser(1965)가 가정하는 다섯 가지 기본 욕구는 소속감, 힘, 즐거움, 자유라는 네 가지 심리적 욕구와 생존이라는 생리적 욕구이다.

1 소속감(belonging) 욕구

소속감 욕구는 사랑하고, 나누고, 돌보고, 협력하고자 하는 속성으로서 가정, 또래집단, 학교, 직장, 사회에 소속되어 다른 사람과의 관계를 유지하면서 사랑을 주고받고자 하는 인간의 속성을 말한다. 예를 들어 가족관계, 교우관계, 또래관계, 우정, 사랑, 직장동료관계, 지역사회, 각종 모임이나 집단에 참여하고자 하는 욕구이다.

2 힘(power) 욕구

힘 욕구는 경쟁하고, 성취하고, 중요한 존재이고 싶어 하는 속성으로서 성취감, 존중감, 인정, 능력 등을 말한다. 이러한 힘 욕구의 충족을 위해 다른 사람과 서로 통제하려고 하다가 관계가 악화되거나 파괴되기도 한다. 그 예로는 가정에서 부모-자녀관계, 또래관계, 부부관계 속에서의 갈등, 혹은 직장에서 승진으로 인한 문제 등이 있다.

3 즐거움(fun) 욕구

즐거움 욕구는 새로운 것을 배우고 놀이를 통해 즐거움을 추구하고자 하는 속성을 말한다. 이 즐거움을 욕구를 충족시키기 위해 생명의 위험도 감수하면서 자신의 생활양식을 과감히 바꾸어 나가는 것을 볼 수 있는 데, 그 예로는 암벽타기, 번지점프, 자동차경주 등을 들 수 있다.

4 자유(freedom) 욕구

자유 욕구는 이동하고 선택하는 것을 마음대로 하고 싶어 하는 속성으로 선택, 독립, 자율성 등을 의미한다. 이러한 자유 욕구는 개인 그 자신이 하는 선택을 통해 충족된다. 이는 각자 원하는 곳에서 살고 대인관계와 종교활동 등을 포함한 삶의 모든 영역에서 자신의 생활방식을 선택하고 마음대로 의사표현을 하고 싶어 하는 욕구를 말한다. 하지만 자신의 욕구 충족에 있어서 다른 사람들의 자유를 침범하지 않도록 타협과 양보를 통해 사람들과 함께 살아갈 수 있는 절충안을 찾아야 한다.

5 생존(survival) 욕구

생존 욕구는 인간의 가장 기본적이고 생리적인 욕구로서 살고자 하는 생식을 통한 자기 확장을 하고자 하는 속성을 말한다.

3) 전(全)행동

인간의 전행동(total behavior)이란 모든 행동이 분리될 수 없지만 구별되는 네 개의 구성요소, 즉 행동하기(doing), 생각하기(thinking), 느끼기(feeling), 생리적 반응(physiological reaction)으로 구성되어 통합적으로 기능하는 행동체계를 말한다. Glasser(1998)에 따르면 모든 행동은 선택되지만 직접적인 통제는 '행동하기'와 '생각하기'에 제한된다. 특히 '행동하기'는 거의 완전한 통제가 가능하기 때문에 현실치료에서는 '행동하기'가 중시된다. '생각하기' 또한 비교적 통제가 쉬운 편이다. 이에 반해 '느끼기'와 '생리적 반응'은 직접 통제하기 어렵기 때문에 사람들이 생각하고 행동하기 위해 선택한 방법에 의해서 간접적으로 통제될 수 있다.

행동 선택을 자동차에 비유한다면, 엔진은 우리 인간의 다섯 가지 기본욕구이며, 핸들은 바람(want)으로서 가고자 하는 세상으로 우리를 인도한다. 또한 '행동하기'와 '생각하기'는 앞바퀴로서 자동차를 이끌며, '느끼기'와 '생리적 반응'은 뒷바퀴로서 앞바퀴를 따라간다. 뒷바퀴가 독자적으로 혹은 직접적으로 방향을 잡지 못하는 것처럼 '느끼기'와 '생리적 반응'은 우리가 직접 선택할 수 없는 것이다. '느끼기'와 '생리적 반응'을 직접적으로 선택할 수는 없지만 간접적으로 선택할 수는 있다. 예를 들어 벽에다 머리를 박으면(앞바퀴) 통증을 느낀다(뒷바퀴). 더운 날에 달리기를 하면(앞바퀴) 땀을 흘리는 생리적 현상이 나타난다(뒷바퀴). 이와 같은 '행동하기'와 '생각하기'를 선택하지 않았다면 머리 아플 일이나 땀을 흘리는 일이 없었을 것이다(Corey, 2001).

4) 3R

현실치료에서는 내담자가 바람직한 방법으로 자신의 욕구를 충족할 수 있도록 하는 데 있어 책임감(Responsibility), 현실(Reality), 옳거나 그름(Right or wrong) 등 3R을 강조한다. 즉 인간의 욕구는 현실적이고, 책임감 있게, 그리고 옳은 방법으로 충족되어야 함을 강조한다(노안영, 2005).

1 책임감(Responsibility)

현실치료의 기본이 되는 것은 개인적 책임이다. 즉 개인적 책임을 지지 않는 데서 개인에게 문제가 생긴다고 보고 있다. Glasser는 책임감이란 "다른 사람이 그의 욕구를 충족시키는 것을 방해하지 않으면서 자신의 욕구를 충족시키는 능력"이라고 정의한다. 즉 책임감은 사람들이 자신의 생활을 효과적으로 통제할 수 있다는 것을 의미한다.

2 현실(Reality)

현실치료에서 책임을 받아들인다는 것은 곧 개인이 현실을 직면해야 함을 말한다. 개인이 책임을 져야 하는 모든 행동은 현실에서 일어나기 때문에 내담자는 현실, 즉 현재 행동에 직면해야 한다. 따라서 현실치료는 내담자가 더욱 책임 있는 행동을 함으로써 자신의 문제를 해결할 수 있는 현실을 직면하도록 돕는 것이라 할 수 있다

3 옳거나 그름(Right or wrong)

이는 개인의 기본적 욕구를 충족시키는 행동을 하는데 있어 도덕적 판단이 있어야 함을 의미한다. 따라서 현실치료에서는 타인에게 해가 되지 않는 옳은 판단을 통해 자신의 욕구를 충족할 것을 강조한다.

3 상담과정과 기법

1) 상담목표

현실치료의 목표는 내담자가 다른 사람들의 욕구 충족을 방해하지 않는 범위에서 자신의 심리적 욕구인 소속감, 힘, 자유, 즐거움을 현실적이고 옳은 방법으로 책임감 있게 충족시킬 수 있도록 도와주는 것이다.

2) 상담과정

현실치료의 상담과정에 대해 Wubbolding(1991)은 'WDEP'라는 말로 설명하였다. WDEP에서 각 철자는 다음과 같은 단계를 의미한다.

① 욕구 탐색(Want)

이 단계에서 상담자는 내담자에게 "무엇을 원합니까?"라고 질문함으로써 자신의 욕구를 충족시킬 수 있는 방법을 발견할 수 있도록 한다. 내담자가 자신이 원하고 있는 것을 정확히 파악할 수 있도록 도와주는 질문에는 다음과 같은 것이 있을 수 있다.

- "당신이 되고 싶었던 사람이 되었다면, 당신은 어떤 사람이 되어 있겠습니까?"
- "당신과 가족들이 원하는 것이 다 이루어져 있다면, 지금 당신의 가정은 어떤 모습일 것 같습니까?"
- "당신이 원하는 방식대로 살고 있다면, 당신은 지금 무슨 행동을 하고 있겠습니까?"
- "진정으로 당신의 삶을 변화시키기를 원합니까?"
- "원하는 마음은 크지만 삶에서 얻을 수 없는 것으로 보이는 것은 무엇입니까?"
- "당신이 원하는 변화를 막고 있는 것이 무엇이라 생각합니까?"

② 현재 행동 파악(Doing)

현실치료는 현재 행동을 강조하고 과거 사건에 대해서는 내담자가 지금 행하고 있는 행동에 영향을 끼칠 때에만 관심을 갖는다. 이 단계는 상담자가 상담 초기에 내담자로 하여금 자신이 어디로 가고 있는가를 탐색하도록 도와주는 단계이며, 이 때 상담자는 내담자에게 "당신은 현재 무엇을 하고 있습니까?"라고 질문한다. 이는 내담자의 전행동(total behavior)에 대한 인식을 획득하는 것에 초점을 둔다.

3 평가하기(Evaluating)

현실치료에서 내담자 전행동의 각 요소를 평가하도록 하는 것은 매우 중요하다. 내담자가 스스로 자신의 행동을 평가하여 효과적인 선택을 하도록 돕기 위해 상담자는 내담자에게 자신의 행동 결과를 직면시켜야 한다. 이 단계는 내담자의 행동과 욕구와의 관계를 점검해 보고 내담자 스스로 자기평가를 하게 하는 단계이다. 이 때 상담자는 내담자가 자신의 행동을 평가하도록 도와주기 위해 "지금 현재 행동이 당신에게 도움이 됩니까?" 와 같은 질문을 한다. 이러한 질문에는 다음과 같은 것이 있을 수 있다.

- "당신이 하는 행동은 당신에게 도움이 됩니까 아니면 해가 됩니까?"
- "당신이 지금 하고 있는 행동은 당신이 하고자 하는 행동입니까?"
- "당신이 하고 있는 행동과 당신의 신념이 서로 일치합니까?"
- "당신이 하고 있는 행동은 당신이 설정한 규칙에 어긋납니까?"
- "당신이 원하는 것은 현실적이며 달성할 수 있는 것입니까?"
- "그러한 방식으로 보는 것이 당신에게 도움이 됩니까?"
- "당신은 상담 과정이나 생활 변화에 얼마나 열심히 노력했습니까?"
- "당신이 주의를 요하는 것을 검증하고 난 후 당신이 가장 흥미롭게 여기고 타인이 가장 흥미롭게 여기는 것이 나타납니까?"

4 계획하기(Planning)

현실치료의 상담과정에서 내담자의 욕구를 충족시킬 구체적인 방법을 찾는 것은 중요한 과제이다. 이 단계는 내담자의 욕구를 충족시킬 수 있는 계획을 수립하는 것이다. 내담자가 계획을 세우고 실천하는 과정을 통해 자신의 생활을 효과적으로 통제하고 선택할 수 있게 된다. 만약 계획이 어떤 이유에서건 효과가 없다면 상담자와 내담자는 함께 다른 계획을 수립한다.

Wubbolding(1991)은 효율적인 계획을 수립할 때 고려해야 할 사항을 'SAMIC3'로 표현하고, 다음과 같이 설명했다.

- Simple: 계획은 단순해야 한다.
- Attainable: 계획은 도달할 수 있는 것이어야 한다.
- Measurable: 계획은 측정할 수 있어야 한다.
- Immediate: 계획은 즉각적이어야 한다.
- Controlled: 계획은 계획자에 의해 통제되어야 한다.
- Consistent: 계획은 일관성이 있어야 한다.
- Committed: 계획은 이행하겠다는 약속이 있어야 한다.

3) 상담기법

현실치료의 상담과정에서 주로 사용하는 상담기법은 다음과 같다.

1 질문

현실치료에서 상담자의 질문은 내담자의 전행동 탐색, 욕구 파악, 현재 행하고 있는 행동 파악, 평가, 계획 수립을 촉진한다. Wubbolding(1988)에 따르면 현실치료에서 질문은 내담자가 자신의 내면세계에 들어가고, 정보를 수집하며, 정보를 제공하고, 보다 효과적으로 통제할 수 있도록 도와준다.

2 직면

현실치료에서는 내담자의 변명을 허용하지 않고 책임감을 강조하기 때문에 직면은 상담과정에서 필수적이고 효과적인 기법이 된다. 상담자는 내담자를 비판하거나 논쟁하지 않으면서 내담자가 자신의 전행동을 탐색하여 효과적인 계획을 수립하도록 한다. 직면은 내담자의 행동에 대한 책임을 지도록 하면서 내담자의 변화를 촉진하는 방법이다. 상담자는 내담자가 자신의 욕구 달성과는 불일치한 행동을 할 때 직면을 통해 내담자가 선택한 행동에 대해 책임을 지도록 하고 새로운 계획을 수립하도록 한다.

3 유머 사용

현실치료에서는 즐거움이나 흥미를 기본 욕구로 강조한다. 상담자와 내담자가 농담을 공유한다는 것은 서로가 동등한 입장에서 흥미 욕구를 공유한다는 것을 의미한다. 상담자가 유머를 통해 내담자와 친근한 관계를 유지하면 내담자의 소속감 욕구를 충족시킬 수 있다(노안영, 2005).

제 18 장

해결중심상담

1·인간관

2·기본 규칙

3·상담과정과 기법

1 인간관

이전의 상담이론들이 대부분 장기 상담에 기초를 두었다면, 해결중심상담은 문제의 원인을 규명하기보다는 단기간 내에 해결책을 찾도록 돕는 것을 목표로 하는 상담이라 할 수 있다. de Shazer(1985)와 Berg(1994)에 의해 시작된 해결중심상담은 내담자가 이미 자신의 문제에 대한 해결책을 갖고 있다는 생각을 기본 전제로 하기 때문에 문제의 원인보다는 내담자가 원하는 해결이 무엇인가에 초점을 두어 단기간 내에 해결을 가져올 수 있는 상담이다. 이 상담은 과거에 초점을 두는 전통적인 상담과 달리 현재와 미래에 초점을 두며, 인간에 대해 긍정적인 관점을 갖는다. 즉 인간은 건강하고 능력이 있고 자신의 삶을 향상시킬 수 있는 해결을 구성할 능력을 가지고 있다고 본다.

해결중심상담에서 보는 인간의 본성에 대한 관점을 구체적으로 정리하면 다음과 같다(Thompson & Henderson, 2008). 첫째, 인간은 기본적으로 선하고, 합리적인 사고의 능력을 지녔고, 긍정적인 변화를 일으킬 수 있으며, 선택의 자유를 갖는 것으로 간주한다. 그러나 상담자의 지도가 없을 때 사람들은 자신의 삶에서 부정적인 면에 사로잡히기를 바라는 성격을 나타낸다. 둘째, 일단 상담의 초점이 부정적인 것에서 긍정적으로 바뀌면, 사람들은 자신의 삶에서 잘 되고 있는 것에 대해 얘기하기를 더 좋아한다. 그리하여 문제가 없는 시간이 지속된다. 셋째, 만약 상식문제 해결전략들을 분명히 할 수 있는 기회가 주어지기만 한다면, 사람들은 상식에 근거한 행동을 할 수 있는 능력을 지녔다. 넷째, 사람들은 자신의 상황에서 인지적·정서적 요소를 다루는 것과 반대로 그들의 행동에서 긍정적인 변화를 만들 때 상담에 더 잘 반응한다. 인지적이고 정서적인 상담과 관련된 어떤 추상적인 사고를 다루는 데 어려움을 겪고 있는 아동의 경우에는 행동 변화에 초점을 맞추는 것이 가장 유용하다. 다섯째, 사람들은 자신이 해결할 수 없는 문제를 갖게 된 원인에 초점을 둔 과거지향적인 상담보다 현재와 미래를 지향하는 상담에 더 잘 반응할 것이다.

2 기본 규칙

해결중심상담은 de Shazer(1991)가 제시한 다음의 세 가지 기본 규칙에 근거한다(James & Gilliland, 2003; 노안영, 2005에서 재인용).

첫째, "부서지지 않았다면 고치지 말라." 상담목표를 결정하는 사람은 내담자이지 상담자가 아니다. 문제 정의, 생각과 느낌의 탐색, 대인관계나 개인 내적 또는 환경적 영향 등과 관련한 상담자의 주제들은 내담자가 해결을 찾도록 하는 데 큰 도움을 주지 못한다.

둘째, "일단 효과가 있는 것을 발견하면 그것을 더 많이 하라." 효과가 있는 일을 반복해서 하면 내담자는 긍정적 행동이 증가되는 것을 이해하게 되어 발생적 행동을 강화해서 더 많은 성공을 하게 된다.

셋째, "만약에 부서졌으면, 그것을 고치도록 시도하라. 만약 효과가 없으면 다시 그것을 하지 말라." 이전에 효과가 있었던 어떤 일을 하거나 다른 어떤 일을 하는 것이 중요하다. 만약 그것이 효과를 보이지 않으면 다른 일이 시도될 수 있다.

3 상담과정과 기법

1) 상담과정

해결중심상담은 일반적으로 다음과 같은 다섯 단계로 이루어진다(조경덕 외, 2007).

1 협력 관계 형성

: 상담자는 내담자에게 존중과 권한을 부여하는 분위기를 조성하며, 그에 도움이 되는 의사소통기법을 사용한다. 또한 상담의 전 과정은 내담자의 준거 틀에 기초하여 해결책을 구축해 나아간다.

2 목표의 타협과 결정

: 해결중심 단기상담에서는 현실적이며 명확한 상담목표의 수립이 요구된다. 상담목표의 내용이 구체화되고 목표 설정이 잘 될수록 상담이 성공할 가능성이 높고 상담기간도 단축된다.

3 내담자를 해결로 유도하는 단계

: 내담자를 해결 방향으로 유도하기 위해서는 문제 상황보다는 해결 상황을 형성해 가는 데 관심을 두는 것이 중요하다. 내담자의 변화를 위해 상담자는 면담 전 변화에 관한 질문, 기적질문, 예외질문, 척도질문, 관계성질문 등을 통해 내담자가 스스로 자신의 힘과 자원을 이용할 수 있도록 도와주어야 한다.

4 해결중심적 개입단계

: 이 단계에서 상담자는 내담자의 긍정적이고 성공적인 것을 지적하는 것이 중요한데, 가능한 내담자가 사용한 단어들을 사용하는 것이 내담자의 협조를 증가시킬 수 있다. 또한 상담자는 내담자에게 요약 피드백을 주고 격려하며, 문제를 해결하기 위해 다음 회기 이전에 내담자가 할 수 있는 과제를 제공한다.

5 목표유지단계

: 이 단계에서는 내담자가 만족스러운 해결을 달성한 향상 정도를 평가한다. 또한 내담자에게 자신의 변화가 그것으로 충분한지를 질문하고, 긍정적으로 응답하면 상담을 종결한다. 그렇지 않을 경우에는 다음 상담을 어디부터 다시 시작할 것인지, 원하는 다른 변화가 있는지를 조사한다.

2) 상담기법

해결중심상담에서 대화를 해결중심으로 이끌기 위해 주로 사용하는 질문기법은 다음과 같다.

1 면담 전 변화에 관한 질문

내담자는 상담약속을 하고 오기 전까지 자신의 문제에 대해 많은 생각과 고민을 하는 경향이 있다. 이러한 과정에서 자신의 문제해결을 위해 어떤 노력을 해 보았는지, 그 결과 자신에게 어떤 변화가 있었는지 등에 대해 상담자는 내담자에게 질문을 할 수 있다. 상담을 약속한 후 지금까지 일어났던 변화에 대한 질문은 매우 중요한 단서를 제공한다. 면담 이전의 변화에 대한 질문을 통해 내담자로 하여금 문제해결을 위한 자신의 능력을 확인하게 하고 자신의 문제에 대한 해결방안을 찾도록 도움을 줄 수 있다. 면담 전 변화에 대해 "상담을 약속한 후 오늘 오기까지 어떠한 변화가 있었나요?" 등과 같은 질문을 사용할 수 있다.

2 예외질문

모든 문제 상황에는 예외가 있기 마련이다. 예외란 현재 나타난 문제가 발생할 수 도 있었는데 어떤 이유에서인지 문제가 발생하지 않은 상황이나 문제가 덜 심각했던 상황을 의미한다. 어떤 문제가 오래 지속되는 매우 심각한 문제일지라도 조금 덜 심하거나 대처하기가 조금 나은 순간이 있을 수 있다. 이러한 예외 상황을 찾아내는 것이 필요하며, 이것이 문제 상황을 해결할 수 있는 실마리가 될 수 있다. 따라서 해결중심상담에서 상담자는 내담자가 행한 예외적인 상황을 찾아내어 의도적으로 계속 실시하도록 격려하고 강화한다(Berg & Steiner, 2003). 예를 들어, 초등학생 영수는 자신의 뜻대로 되지 않으면 바로 화를 내고 소리를 지르곤 한다. 그런데 어찌된 일인지 지난 화요일 아침에는 친구들이 자신을 떠밀며 장난을 쳤는데도 전과 같은 반응을 보이지 않았다면, 바로 이것이 예외 상황이다. 이러한 예외 상황에 대해 상담자가 알아본 결과, 영수는 항상 성질을 부리는 것이 아니라 기분이 좋을 때는 친구들에게 비교적 관대한 태도를 보인다는 것을 발견했다. 이것은 문제 상황에서도 차분하게 인내하며 지낼 수 있는 능력이 영수에게 있다는 사실을 의미한다. 따라서 상담자는 부모와 함께 협력하여 영수로 하여금 이러한 성공적인 경험을 보다 더 자주 할 수 있게 해야 한다. 이와 같이 예외 상황을 찾도록 하기 위해 상담자는 "문제가 발생하지 않는 때는 언제입니까? 그리고 문제가 발생하지 않는 상황과 차이점은 무엇입니까?" 등과 같은 질문을 활용할 수 있다.

3 기적질문

기적질문은 내담자로 하여금 문제가 해결된 상태를 상상해 보도록 하고, 해결하기 원하는 것을 스스로 설명하게 함으로써 문제 상황에서 벗어나 해결중심 영역으로 들어가게 하는 질문기법이다.

상담자는 다음과 같은 방식으로 기적질문을 할 수 있다(Berg & Steiner, 2003).

> 당신에게 조금 이상하게 들릴 수 있는 질문을 하나 하겠습니다. 그 이상한 질문은 이것입니다. 오늘 대화를 마치면 당신은 아마도 집에 가셔서 일상적으로 하던 일을 계속 하실 것입니다. 집안일을 하고, 애들 숙제를 도와주고, 자녀를 돌보고, 저녁식사 준비를 하는 등의 일을 하실 것입니다. 그리고 밤에 잠자리에 드실 것입니다. 그런데 주무시는 동안에 기적이 일어납니다. 당신을 오늘 이 자리에 오게 한 문제가 해결되는 기적이 일어난 것입니다. 이 기적은 한밤중에 일어났기 때문에 당신은 기적이 일어났다는 사실을 모릅니다. 그렇지만 내일 아침에 일어났을 때 무언가가 달라졌다는 것을 느낍니다. 문제가 사라진 것입니다. 그래서 당신은 '한밤중에 무슨 기적이 일어났나?'하고 궁금해 합니다. 이러한 일이 당신에게 일어났다고 가정해 봅시다. 기적이 일어나 문제가 해결되었다는 사실을 어떻게 말씀하실 수 있겠습니까?

이러한 질문은 내담자가 가지고 있는 문제의 성격과 상관없이 효과적으로 사용할 수 있다. 기적질문은 어떠한 문제에서든지 효과가 있는 것으로 보인다. 해결 상황을 상상하는 것만으로도 내담자의 몸짓이나 표현에 변화를 가져올 수 있다(Berg & Steiner, 2003). 상담자는 상담과정에서 내담자에게 "오늘 밤 기적이 일어난다면, 내일 아침 무슨 일이 일어날 것 같습니까?" 등과 같은 질문을 사용할 수 있다.

4 척도질문

척도질문은 숫자를 활용하여 내담자로 하여금 문제 상황의 심각 정도, 문제해결에 관한 전망, 그리고 문제해결의 진전 상태 등에 대해 수치로 표현하도록 하는 방법이다. 이러한 척도질문을 활용하여 상담자는 내담자의 변화를 촉진할 수 있다. 예를 들어 "최악의 상태를 1점으로 하고 모든 문제가 해결된 상태를 10점으로 한다면, 당신은 지금 몇 점에 해당합니까?"라는 질문을 하고, 이어 내담자가 현재의 상태를 4점이라고 했다면, "4점에서 8점으로 변화할 때 무엇이 달라질 것 같습니까?"와 같은 질문을 한다. 이렇게 되면 내담자는 어떻게 하면 더 좋은 상태가 될 수 있는지에 집중하게 되고, 이어 상담자는 내담자가 이미 점수를 올릴 수 있게 하고 있는 유익한 일들을 격려한다.

5 대처질문

대처질문은 자신의 현재와 미래에 대해 절망적으로 생각하거나 느끼는 내담자에게 주로 사용된다. 힘들고 어려운 상황에서 내담자는 어떻게 하였는지 등에 대한 질문을 통해 그 상황에서도 노력하여 온 것은 내담자 자신의 힘 때문이라는 것을 인식하도록 할 수 있다.

상담자는 다음과 같이 대처질문을 던질 수 있다(Berg & Steiner, 2003).

> "당신은 그 어려운 상황을 그동안 어떻게 대처해 왔다고 보십니까?"
>
> "그러한 상황에서 대부분의 사람들은 이미 오래 전에 포기했을 텐데 당신이 계속 그렇게 버틸 수 있었던 것은 무엇 때문이었습니까?"
>
> "당신으로 하여금 그렇게 힘든 상황에서도 소망을 포기하지 않고 견딜 수 있게 한 것은 무엇이었습니까?"

이러한 대처질문은 자신의 삶을 시련의 연속이라고 보는 중·고등학생이나 대학생들에게 아주 유용하게 사용될 수 있다. 단순히 그들의 문제를 지적하고 탐색하기보다는 그들이 무엇을 하였기에 상황이 더 악화되지 않게 할 수 있었는지 상담자가 놀라워하면서 그 이유를 알고 싶어 할 때 내담자는 격려를 받는다(Berg & Steiner, 2003).

6 관계성 질문

관계성 질문은 내담자에게 의미 있고 중요한 다른 사람들에 대한 질문이다. 사람이 자신의 희망, 한계, 가능성 등을 지각하는 방식은 자신에게 의미 있고 중요한 타인이 자신을 어떻게 보고 있을 것이라는 생각과 밀접한 관계가 있다. 종종 내담자는 문제가 해결되었을 때 자신의 생활에 무엇이 달라질 것인지에 대해 전혀 예측하지 못하는 경우가 있다. 그러나 내담자는 자신의 입장에서 자신을 보다가 자신에게 중요한 타인의 눈으로 자신을 보게 되면, 이전에는 없었던 가능성과 희망을 만들어 낼 수도 있다(조경덕 외, 2007).

부록

2000년 이후 교원임용고사 생활지도 및 상담 관련 기출문제

제1장 생활지도의 이해

01 〈보기〉에서 생활지도의 원리를 바르게 실천하고 있는 예를 모두 고른 것은?(2005 중등)

> 가. A교사는 담임 학급의 학생들에게 학교폭력예방을 위한 집단활동을 전개하였다.
> 나. B교사는 진학지도를 위해 학생들의 적성검사와 학업성취도검사 결과를 활용하였다.
> 다. C교사는 학생 개개인의 개성이나 권리보다는 학급 전체 구성원들의 집단 역동에 더 많은 관심을 집중하였다.
> 라. D교사는 이번 학기 들어 우울증으로 자살을 시도해 온 학생을 외부에 의뢰하지 않고 직접 지도를 하였다.

① 가, 나 ② 다, 라
③ 가, 나, 다 ④ 나, 다, 라

02 학교상담의 특성에 관한 기술로 옳지 않은 것은? (2011 상담)

① 상담활동과 교육활동을 함께 한다.
② 예방적·발달적 활동을 주로 한다.
③ 팀접근보다 개별적 접근을 주로 한다.
④ 특정 문제행동을 가진 학생을 포함한 전체 학생을 대상으로 한다.
⑤ 학생들의 부적응 문제 해결 뿐만 아니라 정상적 발달의 조력에도 관심을 둔다.

제4장 진로지도

01 심리검사나 면접을 통해 문제를 진단한 후 전문가가 이를 기초로 처방이나 조언을 직접 해주는 상담기법은? (2000 중등)

① 현실요법 ② 지시적 상담기법
③ 내담자 중심 상담기법 ④ 합리적·정서적 상담기법

02 다음은 교사가 학생들에게 진로지도 활동을 시작하면서 소개한 내용의 일부이다. 이 내용에 가장 적합한 진로이론은? (2005 중등)

> 인생 초기에 어떤 방식으로 양육되었고, 어떤 경험을 했느냐는 여러분이 장차 어떤 직업을 택하게 되는가에 중요한 영향을 미칩니다. 부모가 자녀를 대하는 양상에 따라 세 가지 심리적 환경이 조성됩니다. 냉담한(cold) 가정분위기, 온정적 또는 냉담한(warm or cold) 가정분위기, 온정적(warm) 가정분위기가 그것들입니다. -<중략>- 수용이나 거부 또는 과잉보호나 과잉요구에 대한 여러분의 감정이 인간지향적이거나 비인간지향적인 생활양식을 발전시키게 됩니다. 이는 결국 여러분들로 하여금 특정한 직업을 선택하도록 하는 진로지향성을 형성하도록 합니다.

① 수퍼(Super)의 발달이론
② 홀랜드(Holland)의 성격이론
③ 로우(Roe)의 욕구이론
④ 파슨스(Parsons)의 특성요인이론

03 진로상담에 관련된 설명으로 옳지 않은 것은? (2008 중등)

① 진로를 결정한 학생도 진로상담의 대상이다.
② 누구에게나 한 가지 이상의 직업적성과 직업흥미가 있다.
③ 홀랜드(Holland)는 진로발달에서 자아개념을 가장 중시하였다.
④ 크럼볼츠(Krumboltz)는 진로의사결정에 영향을 미치는 요인들의 상호작용을 중시하였다.

04 최 교사는 학생들의 진로지도를 위하여 홀랜드(J. Holland)의 진로탐색검사를 실시하였다. 검사 결과, 영철이의 직업적 성격유형은 다음 그림의 ㉠과 ㉡에 해당되는 것으로 나타났다. 영철이의 직업적 성격 특성을 가장 잘 설명하는 것은? (2009 중등)

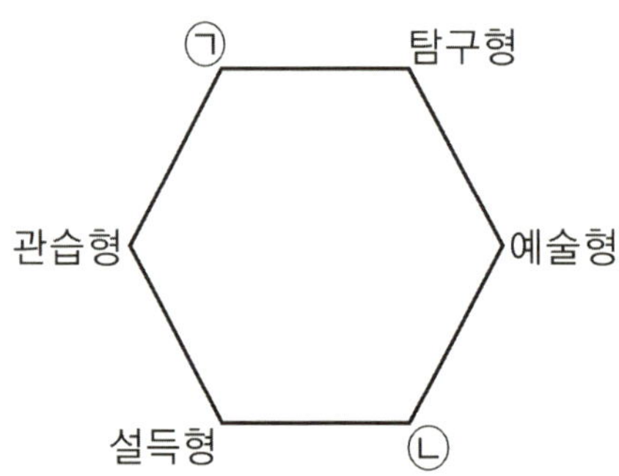

① ㉠ 다른 사람들과 어울리는 것을 좋아하고, 다른 사람들을 도와주는 활동을 선호한다.
　 ㉡ 계획에 따라 일하기를 좋아하며, 계산적인 능력을 발휘하는 활동을 선호한다.
② ㉠ 지도력과 통솔력이 있으며, 말을 잘하고 다른 사람들을 관리하는 활동을 선호한다.
　 ㉡ 기계를 만지거나 조작하는 것을 좋아하며, 몸을 움직이는 활동을 선호한다.
③ ㉠ 정확하고 분석적이며, 지적 호기심이 많고 체계적인 활동을 선호한다.
　 ㉡ 변화와 다양성을 좋아하고, 자유롭고 창의적인 활동을 선호한다.
④ ㉠ 계획에 따라 일하기를 좋아하며, 계산적인 능력을 발휘하는 활동을 선호한다.
　 ㉡ 지도력과 통솔력이 있으며, 말을 잘하고 다른 사람들을 관리하는 활동을 선호한다.
⑤ ㉠ 기계를 만지거나 조작하는 것을 좋아하며, 몸을 움직이는 활동을 선호한다.
　 ㉡ 다른 사람들과 어울리는 것을 좋아하고, 다른 사람들을 도와주는 활동을 선호한다.

05 진로이론에 대한 설명 중 옳은 것을 〈보기〉에서 고른 것은? (2010 중등)

ㄱ. 수퍼(D. Super)의 발달이론에서는 직업선택이 부모-자녀 관계에서 형성된 개인의 성격과 욕구구조에 의해서 결정된다고 본다.
ㄴ. 홀랜드(J. Holland)의 인성이론에서는 성격유형과 직업환경을 각각 6가지로 분류하고, 개인의 성격유형에 맞는 직업환경을 찾아야 한다고 본다.
ㄷ. 파슨스(F. Parsons)의 특성요인이론에서는 자아개념을 중요시하며, 진로선택을 타협과 선택이 상호작용하는 적응과정으로 본다.
ㄹ. 블로(P. Blau)의 사회학적 이론에 따르면 가정, 학교, 지역사회 등의 사회적 요인이 직업선택에 큰 영향을 미친다.

① ㄱ, ㄴ　② ㄱ, ㄷ　③ ㄴ, ㄷ　④ ㄴ, ㄹ　⑤ ㄷ, ㄹ

06 다음은 어떤 진로상담이론에 대해 설명한 글이다. (가)~(다)에 들어갈 말로 가장 적절한 것을 고른 것은? (2010 상담)

(가)는 직업발달단계란 연령과 관계없이 문제의 성질에 의해 좌우되며, 일생 동안 여러번 반복될 수도 있다는 입장을 취하고 있다. (가)는 의사결정 과정을 통해서 직업의식이 발달하는 과정을 설명하고 있는데, 직업발달이란 (나)을 형성해 나가는 계속적 과정이다. 여기서 (나)이란 개인이 자신의 제반 특성을 파

악하고 자기를 실현시킬 수 있는 일을 추정하는 자기 나름대로의 인식을 말한다. 개인은 어떤 문제에 직면하거나 어떤 결정을 내려야 할 때 의사결정의 단계에 접어들게 된다. (가)는 (나)의 형성 과정에 따라 의사결정 방식이 다른데, 잠정적인결정을 내리는 단계인 예상기와 잠정적 결정을 실행하는 실천기로 구분하고 있다. 예상기는 다시 (다) → 구체화기→ 선택기→ 명료화기의 하위 단계를 거치고, 실천기는 순응기→ 개혁기→ 통합기의 하위 단계를 거치게 된다.

	(가)	(나)	(다)
①	수퍼	직업자아정체감	흥미기
②	긴즈버그	직업자기효능감	환상기
③	긴즈버그	직업자기개념	탐색기
④	티이드만과 오하라	직업자기효능감	환상기
⑤	티이드만과 오하라	직업자아정체감	탐색기

07 로우(A. Roe)의 욕구이론에 관한 설명으로 옳은 것을 〈보기〉에서 고른 것은? (2011 중등)

ㄱ. 개인의 직업적 성격유형을 직업환경과 연결시킨 육각형 모형에 기반하고 있다.
ㄴ. 부모와 자녀의 관계에 따라 자녀의 성격이 형성되고, 이는 직업선택에 영향을 준다고 본다.
ㄷ. 냉담한 양육환경에서 성장한 사람은 인간지향적인(person-oriented) 직업을 선택하게 된다고 본다.
ㄹ. 새로운 직업분류 체계를 개발함으로써 직업선호도검사, 직업흥미검사, 직업명사전 개발에 영향을 주었다.

① ㄱ, ㄴ　② ㄱ, ㄷ　③ ㄴ, ㄷ　④ ㄴ, ㄹ　⑤ ㄷ, ㄹ

08 영철이의 진로선택 요인을 가장 잘 설명해 주는 상담이론은? (2011 초등)

김교사는 '진로와 직업'이라는 집단상담 프로그램을 학생들에게 실시하였다. 김교사는 학생들에게 직업카드를 보여주고 좋아하는 직업을 선택하게 한 후 그 이유를 발표하게 하였다. 변호사카드를 선택한 영철이는 변호사가 되어 억울한 사람을 도와주고 싶다고 말하였다. 영철이는 최근 아버지가 친구의 빚보증을 섰다가 억울하게 법적 소송에 휘말려 어려움을 겪고 있는 사정을 이야기하였다.

① 로우(A. Roe)의 욕구이론
② 홀랜드(J. Holland)의 인성이론
③ 파슨스(F. Parsons)의 특성-요인이론
④ 크럼볼츠(J. Krumboltz)의 사회학습이론
⑤ 해켓과베츠(G. Hackett & N. Betz)의 자기효능감이론

제5장 생활지도와 심리검사

01 〈보기〉의 내담자에게 실시된 심리검사의 이론적 기초가 되는 상담 접근은? (2007 초등)

내담자 : 선생님, 제 성격유형은 어떻게 나왔어요?
상담자 : INFJ로 나왔어요. 성격이 외향적이기보다는 내향적이고, 사실보다는 직관에 의존하고, 정서적이며, 정보에 기초하여 판단하려는 경향이 강하다는 의미죠.

① 프랭클(Frankl)의 의미 치료　② 펄스(Perls)의 게슈탈트 치료
③ 융(Jung)의 분석심리학적 치료　④ 엘리스(Ellis)의 인지·정서·행동 치료

02 다음의 ㉠, ㉡, ㉢에 나타난 A학생의 문제를 진단하기 위한 심리검사로 가장 적절한 것은? (2009 중등)

중학교 1학년인 A학생은 학교생활이 즐겁지 않다. 초등학교 때부터 ㉠학습 부진 문제를 겪었던 A학생은 중학교에 올라오면서 공부가 더 어렵게 느껴지고 수업내용도 따라가기 힘들다. ㉡친구들과의 관계에서도 놀림과 따돌림을 당하기 일쑤이며, 혼자 배회하거나 책상에 엎드려 있는 경우가 많다. 최근에는 좋아하던 미술 시간에도 흥미를 보이지 않고, 자주 ㉢우울감을 호소하기도 한다.

	㉠	㉡	㉢
①	HTP	MMPI	MBTI
②	MMPI	K-WISC-III	TAT
③	TAT	MBTI	HTP
④	K-WISC-III	TAT	MMPI
⑤	MBTI	HTP	K-WISC-III

03 상담에서 활용되는 심리검사와 관련된 진술로 옳은 것은? (2010 초등)

① 문장완성검사는 투사법 검사의 일종이다.
② 아동용 회화통각검사(TAT)는 성격평가를 위한 표준화 검사이다.
③ MBTI는 성격문제의 원인과 증상 정도를 평가하는 임상진단 검사이다.
④ MMPI는 성격유형의 장단점을 밝혀줌으로써 진로결정 등에 도움을 준다.
⑤ 개인용 지능검사는 주로 영재판별 목적으로 쓰이며, 상담교사라면 실시와 해석이 가능하다.

제6장 상담의 기초

01 〈보기〉의 상황에서 나올 수 있는 어머니의 응답 중 공감이 가장 높은 것은? (2003 초등)

> 엄마! 남의 방에 노크도 없이 막 들어오면 어떡해요. 여긴 내 방이란 말이에요.

① 너 왜 화를 내고 그러니? 집 안에서 꼭 노크를 해야 하니?
② 어, 얘 말하는 것 좀 봐. 엄마가 자식 방에도 맘대로 못 들어오니?
③ 혼자 있고 싶었는데 방해를 받아서 기분이 몹시 상했나 보구나.
④ 너도 엄마 방에 들어올 때 노크하지 않잖니? 입장을 바꿔 생각해 보렴.

02 교사는 상담을 통해 알게 된 학생에 관한 사적인 정보를 원칙적으로 유출해서는 안 되지만 예외적인 경우가 있다. 〈보기〉에서 비밀보장의 원칙을 파기할 수 있는 상황을 모두 고른 것은? (2004 중등)

> 가. 법정의 요구가 있을 때
> 나. 내담 학생이 성 학대받은 사실을 알게 되었을 때
> 다. 내담 학생이 스스로에게 해를 입히려는 의도를 밝혔을 때
> 라. 내담 학생이 부모에게 상습적으로 매를 맞는다는 사실을 알게 되었을 때

① 가　　② 나, 라
③ 나, 다, 라　　④ 가, 나, 다, 라

03 다음은 상담을 담당하는 김교사가 자기 반 학생을 접수면접하는 과정에서 행한 내용이다. 이 내용과 가장 밀접하게 관련되는 상담윤리는? (2004 초등)

> "상담실에서는 담임도 학생도 아닌 한 인간으로서 인격적으로 동등한 관계여야 해. 그리고 상담실을 나가면 우리는 다시 학생과 담임의 관계로 돌아갈 수 있어야 하거든. 그래야 상담이 될 수 있단다. 그럴 수 있겠니?"

① 상담자는 내담자에게 해로운 영향을 끼칠 수도 있는 이중적 관계를 피해야 한다.
② 상담자는 상담 전 내담자에게 상담의 목표, 기술, 규칙, 한계 등을 알려주어야 한다.
③ 상담자는 자기가 속한 기관의 목적 및 방침에 모순되지 않는 활동을 할 책임이 있다.
④ 상담자는 상담을 통해 알게 된 내담자의 정보에 대해서 비밀을 보장할 책임이 있다.

04 상담을 구조화하기 위해 상담교사가 학생에게 하는 말로 적절한 것을 〈보기〉에서 모두 고르면? (2010 초등)

> 가. 상담은 40분에서 50분 정도 하게 될 거고, 일주일에 한 번씩 약 네 번쯤 만나게 될거야.
> 나. 나는 진심으로 너를 도와줄 생각이야. 그러니까 힘든 일이 있을 때는 언제든지 나를 찾아와도 돼.
> 다. 이 시간은 훈계를 듣는 시간이 아니니까 네가 생각하고 느끼는 것을 솔직하게 이야기하는 게 무엇보다 중요하단다.
> 라. 여기서 하는 이야기는 모두 비밀이야. 하지만 너나 다른 사람에게 해로울 수 있는 내용에 대해서는 예외가 있을 수 있지.
> 마. 우선 이렇게 시작하지만, 혹시 힘든 점이 있으면 중간에라도 이야기해주면 좋겠구나. 어떤 식으로 할지는 다시 정할 수 있으니까.

① 가, 나 ② 가, 다, 마 ③ 나, 다, 마
④ 가, 다, 라, 마 ⑤ 가, 나, 다, 라, 마

제7장 상담대화의 실제

01 상담교사가 내담 학생이 미처 깨닫지 못하고 있거나 인정하기를 거부하는 생각과 느낌에 대해 주목하도록 하는 것으로써, 언어적 행동과 비언어적 행동이 불일치되는 점을 깨닫게 하기 위해 사용되는 상담기법은 어느 것인가? (2000 중등)

① 반영 ② 직면 ③ 해석 ④ 재진술

02 〈보기〉에 있는 내담자의 경험을 중심으로 상담할 때, 상담자의 면담 기법과 내용이 바르게 짝지어진 것은? (2002 초등)

> 지난 밤 꿈에 저는 아버지와 사냥을 갔어요. 제가 글쎄 사슴인줄 알고 총을 쏘았는데, 나중에 가까이 가보니 아버지가 죽어 있었어요. 그래서 깜짝 놀라 잠을 깼어요. 제가 얼마 전에 "디어 헌터"라는 영화를 보아서 그런 꿈을 꾸었는지도 모르겠어요.

① 해 석 : 그런 꿈을 꾼 후, 여러 날 잠을 잘 못 이루었겠군요.
② 명료화 : 그런 끔찍한 꿈을 꾸고 마음이 몹시 아팠겠군요.
③ 직 면 : 혹시 아버지가 일찍 사고로 세상을 떠났으면 하는 생각이 마음 한 구석에 있었던 게 아닌가요?
④ 반 영 : 꿈이었겠지만 총을 잘못 쏘아서 아버지를 돌아가시게 한 죄책감 같은 것을 느꼈겠군요.

03 다음의 진로지도 상황에서 교사가 적용한 상담기법은? (2004 중등)

> **학생 :** 우리 엄마 아빠는 제가 의과대학에 진학해서 의사가 되기를 바라세요. 하지만 어려서부터 제 꿈은 좋은 선생님이 되는 것이었거든요. 저는 사범대학에 진학해서 학생들을 잘 가르치고 지도하는 정말 좋은 선생님이 되는 꿈을 이루고 싶어요.
>
> **교사 :** 네가 장차 의사가 되었으면 하는 부모님의 기대와 교사가 되려는 너의 꿈이 일치하지 않아서 많이 혼란스러운가 보구나. 너는 네 꿈을 이루기 위해 의과대학보다는 사범대학에 진학하고 싶은가 본데......
>
> **학생 :** 맞아요. 선생님. 저는 꼭 사범대학에 진학하고 싶은데, 부모님을 어떻게 설득해야 할지 모르겠어요. 저는 지금까지 한 번도 부모님 말씀을 거역한 적이 없었거든요.

① 반영 ② 직면 ③ 해석 ④ 구조화

04 아동이 "나는 태어나지 말았어야 했나 봐요."라고 말했을 때, 상담교사가 "난 이해가 잘 안되는데 무슨 뜻인지 자세히 설명해 줄래?"라고 반응했다. 상담교사가 사용한 면담 기술은? (2006 초등)

① 직면 ② 명료화 ③ 재진술 ④ 감정 반영

05 〈보기〉의 대화에서 상담교사가 사용하고 있는 상담 면접기술로 가장 적절한 것은? (2007 초등)

> **아 동 :** 애들이 저를 놀리고 때려요. 어쩌죠? 선생님이라면 어떻게 하시겠어요? 선생님이 시키는 대로 할게요.
> **상담교사 :** 글쎄. 그런데 지금까지 네가 하는 이야기를 들어보면, 너한테 어떤 문제들이 있지만 계속 이야기 하고 있어. 방금 전에 말한 문제뿐 아니라 이전에 말했던 문제들도 내가 어떻게 생각하는지 물어보고, 또 내가 시키는 대로 하겠다고 계속 이런 식으로 말하고 있거든. 선생님은 자세한 내용을 모르니까 당황스럽고, 마치 너한테 해결책을 줘야 할 것 같은 기분이 들어서 부담스럽기도 하구나.

① 즉시적 반응(immediacy) ② 정보 제공(information giving)
③ 직접적 지도(direct guidance) ④ 내담자의 감정 반영(reflection of feelings)

06 〈보기〉의 상담사례에서 교사가 사용한 상담기법을 바르게 나열한 것은? (2008 초등)

> **아동 :** 어제 오빠랑 싸웠다고 엄마에게 혼났어요. 전 억울해요.
> **교사 :** ㉠ 엄마에게 혼나서 억울하다는 거구나.
> **아동 :** 예. 정말 오빠가 먼저 잘못했단 말이에요. 그런데도 엄마는 저를 인정하지 않으시고 항상 저만 혼내세요.
> **교사 :** ㉡ 엄마가 너를 좀 인정해 주셨으면 하는 마음이 있구나. 그런데 그렇지 않았으니 정말 섭섭했겠다.
> **아동 :** (울면서) 정말이에요. 엄마는 계속 저를 인정해 주지 않았어요.
> **교사 :** 그래. 울어도 괜찮아. 그 동안 많이 울고 싶었겠다.

	㉠	㉡
①	명료화	즉시적 반응
②	명료화	공감적 이해
③	재진술	즉시적 반응
④	재진술	공감적 이해

07 상담교사가 '재진술'을 사용해서 학생과 상담하려고 한다. 다음 빈 칸에 들어갈 알맞은 반응은? (2008 중등)

> **학생:** 친구들이 저만 따돌리고, 선생님들께서도 저에게 관심이 없어요.
> **교사:** (   )

① 친구들이 너만 따돌리고 선생님들께서도 관심이 없단 말이구나.
② 선생님도 예전에 친구들한테 따돌림을 당했을 때 몹시 힘들었단다.
③ 친구들이 너만 따돌린다는 말이 무슨 말인지 좀 더 이야기 해 줄 수 있니?
④ 친구들이 따돌리지 않고 선생님들도 너에게 관심을 가져주었으면 했는데, 그렇지 않아서 많이 힘들었겠다.

08 다음은 김교사가 영철이를 상담하는 장면에서의 대화내용이다. 〈보기〉에서 김교사가 사용한 상담기법에 대한 옳은 설명을 모두 고른 것은? (2009 초등)

> **영 철 :** 오늘도 지난번 그 애들이 저를 놀렸어요.
> **김교사 :** 네가 말한 그 애들이란 진수, 용선이, 희철이를 얘기하는 거니?

보기

가. 학생으로 하여금 보다 구체적으로 말하도록 돕는다.
나. 학생으로 하여금 자신의 감정을 더 많이 표현하도록 격려한다.
다. 학생의 진술내용이 모호하거나 분명하지 않은 경우에 사용한다.
라. 학생이 한 말 중에서 일관성 있게 강조되어 표현되는 내용을 확인하여 드러내는 기술이다.

① 가, 나　② 가, 다　③ 가, 나, 라　④ 가, 다, 라　⑤ 나, 다, 라

09 상담면접 방법 중 '감정의 반영'에 대한 설명으로 옳은 것을 〈보기〉에서 모두 고른 것은? (2010, 중등)

ㄱ. 상담자는 내담자가 진술하거나 함축적으로 표현한 감정을 내담자에게 반영해준다.
ㄴ. 상담자는 내담자가 자신의 문제를 새로운 관점에서 볼 수 있도록 행동, 사고, 감정의 새로운 의미를 설명해준다.
ㄷ. 상담자는 내담자로 하여금 자신의 감정을 알아차리고 경험하게 함으로써 문제해결에 이르도록 돕는다.

① ㄱ ② ㄴ ③ ㄱ, ㄷ ④ ㄴ, ㄷ ⑤ ㄱ, ㄴ, ㄷ

10 상담의 언어적 기법 중 직면 기법에 관한 설명으로 옳은 것을 〈보기〉에서 모두 고른 것은? (2010 상담)

보기

ㄱ. 내담자의 대화 속에 숨어 있는 모순들을 드러내어 새로운 통찰과 바람직한 변화를 유도하는 기능을 한다.
ㄴ. 내담자로 하여금 자신의 감정을 깨닫게 하고 보다 강하게 경험하며 더 많이 표현하도록 하는 것을 주요 목적으로 한다.
ㄷ. 상황을 정확하게 파악하는데 있어서 중요한 기능을 하는 대화기술이므로 주로 상담 초기에 사용하는 것이 바람직하다.
ㄹ. 내담자의 언어적 진술과 비언어적 진술 간, 또는 언어적 진술들 간에 불일치하거나 상충되는 부분이 있을 때, 이러한 부분들을 진술하는 기법이다.
ㅁ. 사용의 예시는 다음과 같다.
내 담 자: 저는 담임선생님이 싫어요. 다른 아이들이 잘못할 때에는 가만히 계시다가도 제가 조금만 떠들면 막 야단을 치시는 거예요.
상담교사: 담임선생님이 너를 불공평하게 대한다고 여기는구나.

① ㄱ, ㄴ ② ㄱ, ㄹ ③ ㄴ, ㄷ, ㄹ
④ ㄱ, ㄴ, ㄷ, ㅁ ⑤ ㄱ, ㄷ, ㄹ, ㅁ

11 재우(중2, 남)와의 상담과정 중 ㉠, ㉡, ㉢에서 전문상담교사가 활용하고 있는 상담 기법을 바르게 연결한 것은? (2011 상담)

> **상담교사:** 정수와 무슨 일로 싸우게 되었어.
> **재　　우:** (시무룩한 표정으로) 체육시간에 축구를 하는데 정수가 나한테만 패스를 안 해주는 거예요. 얼마나 열 받던지, 그래서 저도 모르게…….
> **상담교사:** ㉠정수가 패스를 안 해줘서 재우가 화가 많이 났었나 보구나.
> **재　　우:** 네, 정수가 공만 패스해 주었어도 아무 일 없었을텐데.
> **상담교사:** 그래, 재우가 많이 섭섭했던 모양이야.
> **재　　우:** (잠시 침묵) 아이들이 초등학교 때처럼 나를 나쁜 애로 보고 싫어할까 봐….
>
> (중략)
>
> **상담교사:** ㉡재우 이야기를 들어보니까, 정수가 패스를 안 해주니까 갑자기 초등학교 때 따돌림 당한 기억이 난 것 같구나. 그래서 가만히 있으면 또 그때처럼 억울하게 당할까 두려워서 재우도 모르게 주먹이 나간 것 같아.
> **재　　우:** (눈물을 흘리며 한참 있다가) 네, 맞아요. 그때처럼 가만히 있으면 또 무시당하고 공격당할 것만 같았어요. 그래서 저도 모르게 때린 것 같아요.
> **상담교사:** ㉢선생님도 재우와 비슷하게 따돌림을 당한 경험으로 힘든 적이 있었단다.

	㉠	㉡	㉢
①	반영	해석	자기개방
②	반영	해석	정보제공
③	재진술	요약	나-전달법
④	재진술	직면	자기개방
⑤	재진술	직면	나-전달법

제8장 Freud의 정신분석상담

01 영희는 지난 기말시험에 실패하게 된 원인을 자신에게 찾기 보다는 시험문제와 담당교사의 탓으로 돌렸다. 이는 어떤 방어기제에 해당하는가? (2000 중등)

① 투사
② 부인
③ 합리화
④ 반동형성

02 자신의 결점이나 무능력의 원인을 타인에게 전가하거나, 타인 역시 그러한 결점이 있다고 생각하여 자신의 열등감을 극복하려는 것은 무슨 방어기제인가? (2000 초등)

① 보상
② 투사
③ 동일시
④ 합리화

03 다음의 사례에서 보람이가 사용한 방어기제는? (2005 중등)

> 보람이는 학급 임원으로 선출되기를 기대했다. 그러나 아무도 추천하지 않아 후보에도 오르지 못했다. 선거가 끝난 후 보람이는 스스로에게 다음과 같이 말하였다. "임원이 되면 공부할 시간이 없을 텐데, 잘된 거야."

① 투사(projection)
② 동일시(identification)
③ 합리화(rationalization)
④ 반동형성(reaction formation)

04 〈보기〉의 사례에 해당하는 프로이드(S. Freud)의 방어기제는? (2006 중등)

> 외아들인 기수는 형제가 있는 친구들을 볼 때마다 매우 부러워했다. 특히 학교를 가지 않는 날이면 외롭고 쓸쓸하였다. 그래서 기수는 시(市)에서 운영하는 청소년 단체에 가입해서 나이가 서로 다른 사람들과 어울림으로써 외로움을 많이 달랬고, 그 결과 사교성도 발달하였다.

① 승화
② 투사
③ 치환
④ 합리화

05 〈보기〉의 두 사례에 공통적으로 나타난 방어기제는? (2008 초등)

> ○ 민수는 진영이가 싫지만 오히려 진영이가 자기를 싫어한다고 생각한다.
> ○ 승희는 밤길을 무서워한다. 어느 날 밤, 엄마가 심부를 시키자 언니에게 함께 나가자고하면서 "언니, 무섭지? 내가 같이 가니까 괜찮지?"라고 말한다.

① 투사　② 승화
③ 동일시　④ 합리화

06 다음의 사례에 나타난 방어기제는? (2011 초등)

> 초등학교 3학년인 민호에게 동생이 태어났다. 동생이 태어난 이후로 민호는 나이에 어울리지 않게 손가락을 빨고, 바지에 오줌을 싸는 등의 행동을 다시 하게 되었다.

① 퇴행　② 억압　③ 투사　④ 부인　⑤ 동일시

제9장 Adler의 개인심리학상담

01 다음은 교칙을 위반한 학생의 문제행동 원인에 대해 설명한 상담기록의 일부이다. 여기에 적용된 상담접근 방법은? (2004 중등)

> 상습적으로 다른 학생들에게 폭력을 휘두르는 영철이의 행동은 자신의 열등감을 극복하고 우월해지고자 하는 동기가 표출된 결과이다. 이러한 행동은 자신을 알아주지 않는 주위 사람들에 대해 공격성을 나타냄으로써 자신도 중요한 사람이 될 수 있을 것으로 여기는 문제행동으로 볼 수 있다.

① 행동주의적 접근
② 인간중심적 접근
③ 개인심리학적 접근
④ 인지행동주의적 접근

02 상담에서 〈보기〉의 내용을 강조한 인물은? (2007 초등)

보기
① 열등감 ② 생활양식
③ 사회적 관심 ④ 허구적 최종목적론

① 버언(Berne) ② 아들러(Adler)
③ 로저스(Rogers) ④ 프로이드(Freud)

제10장 행동치료

01 시험불안 증세를 보이는 학생에게 적용할 수 있는 행동주의적 상담기법은? (2006 초등)

① 시험불안과 관련된 내담자의 방어기제를 해석한다.
② 불안 위계 목록을 작성하고 단계적으로 둔감화 시킨다.
③ 내담자가 말하는 내용 속에 다른 숨은 의도가 있는지 분석한다.
④ 내담자에 대한 상담자의 생각과 감정을 솔직하게 이야기해 준다.

02 〈보기〉는 조작적 조건형성의 원리에 기초하여 현수의 부적응 행동을 교정하기 위해 김교사가 실행한 조치들이다. 순서가 바르게 제시된 것은? (2007 중등)

ㄱ. 김교사는 '욕하기', '자리에서 이탈하기', '친구와 사이좋게 지내기' 등의 3개의 표적행동을 설정하였다.
ㄴ. 김교사는 현수가 이탈하는 행동에 대한 추가적 개입을 계획하였다. 즉 그는 별도의 장소를 지정하여 현수가 자리를 뜨고 싶을 때 갈 수 있도록 허용하였다.
ㄷ. 김교사는 배려와 칭찬을 일차적 강화인으로 사용하였으며, 바람직하지 않은 행동이 줄어들지 않을 경우에는 처벌하였다. 또한 현수에게 자신의 행동을 스스로 점검하게 하였다.
ㄹ. 김교사는 일정 기간 현수의 행동을 관찰하여 기초선 자료를 수집하였다. 행동의 발생빈도는 '욕하기' 20회, '자리에서 이탈하기' 15회, '친구와 사이좋게 지내기' 2회로 나타났다.

ㅁ. 김교사는 강화와 처벌, 그리고 자기 점검의 효과를 알아보기 위해 행동의 변화를 측정하였다. 그 결과 2주 후에는 '욕하기'가 13회로 감소하였으며, 또한 '자리에서 이탈하기'를 제외한 나머지 행동에서 긍정적 효과를 보였다.

① ㄱ-ㄴ-ㄷ-ㄹ-ㅁ ② ㄱ-ㄴ-ㄹ-ㄷ-ㅁ
③ ㄱ-ㄹ-ㄴ-ㅁ-ㄷ ④ ㄱ-ㄹ-ㄷ-ㅁ-ㄴ

03 〈보기〉의 (가)와 (나)에 해당하는 행동수정기법은? (2008 초등)

(가) 김교사는 수업시간에 장난치는 영수의 행동을 고치기 위해 영수가 그런 행동을 보일 때 교실 뒤로 보내서 5분간 벽을 보고 서 있도록 하였다.

(나) 최교사는 미영이가 수업시간에 발표를 잘 할 수 있도록 하기 위해 교사의 눈 맞추기, 발표하기 위해 손들기, 일어서서 발표하기 등의 행동변화 단계를 정하고, 미영이가 그 행동을 했을 때 적절한 강화물을 제공하였다.

	(가)	(나)		(가)	(나)
①	소멸	고정간격강화	②	소멸	행동형성법
③	타임아웃	행동형성법	④	타임아웃	고정간격강화

04 수업에서 활용한 상담기법을 옳게 제시한 것은? (2008 중등)

김교사는 수학시간에 ㉠ 일차방정식을 푸는 과정을 보여주고 학생들에게 그 방법을 적용하여 문제를 따라서 풀어보도록 하였다. 그리고 ㉡ 학생들이 문제를 맞게 풀 때마다 칭찬을 하고 스티커 한 장을 주며 네 장 이상 모으면 자기가 하고 싶은 활동을 해도 좋다고 허락하였다. ㉢ 문제를 풀지 않고 떠들거나 다른 행동을 하는 학생에게는 교실 뒤편에 서서 김교사가 풀어놓은 방정식을 보도록 하였다.

	㉠	㉡	㉢
①	모델링	부적강화	자극통제
②	모델링	토큰강화	타임아웃
③	조성법	토큰강화	자극통제
④	조성법	부적강화	타임아웃

05 다음의 (가)와 (나)에서 최교사가 학생들의 문제를 해결해 주기 위해 사용한 상담 기법을 바르게 짝지은 것은? (2011 초등)

(가) 수희는 학생들 앞에서 발표할 때마다 앞이 캄캄해지고 전날 준비한 발표 내용이 전혀 기억나지 않는다. 어지럼증이 나고 숨쉬기도 힘들어진다. 최교사는 먼저 수희에게 이완훈련을 실시한 후 긴장될 때마다 이를 활용하도록 하였다. 다음으로는 불안을 유발하는 요인들을 그 강도에 따라 순서대로 적어보도록 하였다. 마지막으로 이완된 상태에서 발표 장면을 상상하며 불안강도가 낮은 것부터 높은 것까지 떠올려 보는 연습을 반복하게 하였다.

(나) 재 영: 선생님, 저는 엄마 잔소리 때문에 괴로워요. 엄마는 제가 조금만 쉬고 있어도 "공부안하니"하고, 학교 마치고 집에 조금만 늦게 가도 "왜 이렇게 늦게 오니"하며 야단치세요. 엄마는 칭찬은 않고 늘 꾸중만 하세요.

최교사: 엄마가 잔소리하고 야단만 쳐서 속상한 모양이구나. 그런데 그건 너에 대한 엄마의 관심의 표현일거야. 너를 많이 사랑해서 그러시는게 아닐까.

	(가)	(나)
①	역설적 개입	재구조화
②	역설적 개입	탈중심화
③	체계적 둔감법	직면
④	체계적 둔감법	재구조화
⑤	홍수법(flooding)	탈중심화

제11장 Rogers의 인간중심상담

01 인간중심 상담이론가인 로저스는 상담자가 내담자를 평가판단하지 않고 내담자가 나타내는 감정이나 행동 특성을 있는 그대로 수용하며 내담자를 소중히 여기고 존중하는 태도를 무엇이라고 하였는가? (2000 초등)

① 진지성(sincerity)
② 일치성(congruence)
③ 공감적 이해(empathetic understanding)
④ 무조건적인 긍정적 관심(unconditioned positive regard)

02 내담자 중심 상담이론에 가장 부합하는 것은? (2003 중등)

① 방어기제와 가족관계 등의 분석을 통해 내담자를 이해한다.
② 심리검사를 통해 개인을 파악하고, 필요한 자료를 수집하여 제공한다.
③ 인간주의적 접근으로 무조건적 수용과 인정을 통해 내담자의 문제해결 과정을 돕는다.
④ 과잉된 행동이 문제가 될 경우에는 그 행동을 감소시키고, 결손이 문제가 될 경우에는 그 행동을 새로이 학습시키거나 증가시킨다.

제13장 Perls의 게슈탈트상담

01 다음 내용과 관련된 상담이론에서 주로 사용하는 상담 기법은? (2007 중등)

> 상담은 내담자가 알아차림(awareness)을 통해 '지금-여기'의 감정에 충실하거나 미해결과제를 자각하고 표현하게 하여 비효율적인 감정의 고리에서 벗어나도록 돕는 것을 목표로 삼는다.

① 빈의자 기법　　② 자유연상
③ 합리적 논박　　④ 체계적 둔감법

02 게슈탈트(Gestalt) 상담이론의 특징은? (2008 중등)

① 자유와 책임, 삶의 의미, 죽음과 비존재, 진실성을 강조한다.
② 미해결사태를 해결하기 위해 전경과 배경의 자연스러운 교체를 강조한다.
③ 개인의 사회적 관심과 생활양식에 초점을 두고, 열등감의 극복을 강조한다.
④ 자아 상태를 부모자아, 성인자아, 어린이자아로 나누고, 세 가지 자아 상태의 균형을 강조한다.

03 다음은 전문상담교사인 김교사가 영주(중2, 여)의 문제 원인을 파악하기 위해 동료수퍼비전(Peer Supervision)을 받는 과정이다. 반응 ㉠, ㉡, ㉢이 기초하고 있는 상담이론을 가장 적절하게 연결한 것은? (2010 상담)

김교사: 영주는 학습의욕을 전혀 보이지 않아요. 영주가 학습에 대한 관심이 부족한 이유를 알고 싶은데 어떻게 하면 좋을까요.
이교사: ㉠현재 영주의 마음을 사로잡고 있는 고민에 대해서 알아봤습니까? 그 고민이 해소되면 학습에 대한 고민에 대해서도 자각할 수 있을 것 같아요.
박교사: 이선생님의 제안도 탐색해 볼 필요가 있다고 생각합니다만, ㉡제 생각에는 영주가 책을 보거나 책상에 앉아 있을 때, 선생님이나 부모님, 친구들이 어떻게 반응하고 있는가를 먼저 알아보아야 한다고 생각합니다.
최교사: 김선생님! ㉢영주는 형제자매와 비교했을 때 공부를 통해 부모님의 사랑과 관심을 받을 수 있습니까? 이 점을 살펴보면, 영주가 학습에 의욕을 보이지 않는 이유와 학습의욕을 증진시킬 실마리를 찾을 수도 있을 것 같아요.

	㉠	㉡	㉢
①	실존상담	현실치료	개인심리상담
②	인간중심상담	해결중심상담	정신분석
③	인간중심상담	현실치료	정신분석
④	게슈탈트상담	행동치료	개인심리상담
⑤	게슈탈트상담	행동치료	분석심리상담

04 다음 대화에서 최 교사가 활용하고 있는 상담기법과 가장 밀접한 상담이론에 대한 설명으로 옳은 것은? (2011 중등)

> **민 영:** 요즘 영주가 저를 멀리하는데, 저를 정말 싫어하는 것 같지 않으세요.
> **최교사:** 나한테 질문하지 말고 네가 영주에 대해 어떻게 느끼는지 말해 보렴.
> **민 영:** 예전에는 정말 친했는데, 요즘은 영주를 보면 섭섭한 마음이 들어요.
> **최교사:** 요즘 영주와 얘기를 잘 안하는 이유가 뭐니? 여기 의자가 두 개 있는데 먼저 네가 앉고 싶은 곳에 앉고, 나머지 의자에는 영주가 앉아있다고 상상해보렴. 자, 지금부터 네가 영주에게 원하는 것이 무엇이고, 어떤 감정을 느끼고 있는지 영주에게 직접 얘기해보겠니?
> **민 영:** 무엇을 말해야 할지 모르겠어요.
> **최교사:** 그럼 '내가 너에게 무엇부터 말해야 할지 잘 모르겠어'라고 말해보렴.
> **민 영:** 영주야. 무슨 말부터 해야 할지 잘 모르겠지만……. 난 너와 계속 좋은 친구로 지내면 좋겠어. 그런데 요즘 넌 나한테 신경을 너무 안 쓰는 것 같아. 내가 말을 걸면 대꾸도 잘 안 해서 너무 속상해.
> **최교사:** 그럼 이제 의자를 바꾸고, 네가 영주의 입장이 되어 민영이에게 얘기해 보겠니?
> **민 영:** 난 여전히 너를 가장 친한 친구로 생각하고 있어. 그런데 내가 공부에 열중하고 있을 때 네가 말을 걸면 짜증날 때가 많았어. 중학교에 오면서 공부할게 많아져서 부담스러웠고, 그래서 너한테 신경을 많이못 썼던 것 같아.
> **최교사:** 민영아, 지금 기분이 어떠니?

① 미해결과제는 현재에 대한 자각(awareness)을 방해한다고 본다.
② 상담자의 진솔성, 무조건적인 긍정적 존중, 공감적 이해를 강조한다.
③ 자아가 무의식적 충동을 조절하기 위해 방어기제를 사용한다는 점을 강조한다.
④ 3R(책임감, 현실, 옳고 그름)을 강조하며, 책임감 있는 사람이 정신적으로 건강하다고 본다.
⑤ 상담자로 하여금 내담자가 최종목표행동에 도달하도록 행동조형(shaping)을 사용할 것을 강조한다.

제14장 Ellis의 합리적 정서행동상담

01 다음 내용에 따르면 김교사는 어느 이론의 입장에서 상담하고 있는가? (2002 중등)

○ 철수는 항상 남보다 공부를 잘 하고 선생님으로부터 인정받아야 한다고 생각하고 있다.
○ 그래서 철수는 성적이 떨어지거나 선생님으로부터 꾸중을 들으면 심하게 좌절을 한다.
○ 교사는 상담과정에서 철수가 가지고 있는 신념은 현실성이 없음을 깨우치려고 노력하고 있다.
○ 교사는 철수에게 '남으로부터 항상 인정받고 있는 사람'이 있으면 예를 들어 보라고 말하기도 한다.

① 행동주의적 상담이론 ② 정신분석적 상담이론
③ 형태주의적 상담이론 ④ 합리적·정서적·행동적 상담이론

02 〈보기〉 가~사의 상황과 엘리스(Ellis)의 합리·정서치료(RET) 요소가 바르게 연결된 것은? (2003 중등)

가. 나는 입학시험에 떨어졌다.
나. 부모님께 죄책감이 들고 자신에게 절망감이 들었다.
다. 방안에서만 지내면서 아무도 만나지 않았다.
라. 입학시험에 떨어진 것은 곧 파멸이라 생각했기 때문이었다.
마. "떨어진 아이들도 많은데 유독 너만 파멸이라고 생각하면 되겠느냐"라는 어머니의 말씀을 듣고, "나는 왜 시험에 떨어지면 파멸이라고 생각했지?"라고 스스로 반문했다.
바. 시험에 떨어진 것이 자랑은 아니지만, 그것이 곧 파멸은 아니라는 생각이 들었다.
사. 시험에 떨어진 것이 불쾌하지만 절망하지는 않게 되면서, 내 실력에 맞는 다른 학교를 알아보게 되었다.

A : 선행사건　　irB : 비합리적 신념　　rB : 합리적 신념
C : 결과　　D : 논박　　E : 효과

	가	나	다	라	마	바	사
①	A	C	C	irB	D	rB	E
②	A	irB	D	rB	rB	irB	C
③	A	C	E	rB	D	E	C
④	A	irB	C	rB	D	rB	E

03 〈보기〉에 제시된 상담이론과 인간에 대한 관점이 옳게 짝지워진 것은? (2003 초등)

보기

a. 합리적정서적상담 가. 인간은 무의식의 지배를 받는다.
b. 인간중심상담 나. 인간은 현상학적 장에 대해 체제화된 전체로서 반응한다.
c. 행동적상담 다. 인간의 모든 행동은 학습된 것이다.
d. 개인심리학상담 라. 인간은 자신에게 정서적 혼란을 일으키는 생각을 만들어낸다.

① a – 라 ② b – 다 ③ c – 가 ④ d – 나

04 〈보기〉에서 합리적–정서적 상담의 기법을 골라 바르게 묶은 것은? (2005 초등)

가. 전이의 분석 나. 역설의도법
다. 사고 정지법 라. ABCDE의 적용
마. 수치감-공격 연습 바. 부적절한 정서와 행동의 확인

① 가, 나, 다 ② 나, 다, 라
③ 다, 라, 마 ④ 라, 마, 바

05 〈보기〉의 대화에서 합리적–정서적 행동치료의 ABCDE 상담모형 중 B단계에 해당하는 것은? (2008 초등)

가. 교사: 어떤 이야기를 하고 싶니? 아동: 너무 화가 나서 죽겠어요.
나. 교사: 무슨 일이 있었길래 그러니? 아동: 호영이가 다른 애랑만 놀아요.
다. 교사: 어떤 생각이 들어 화가 난 걸까? 아동: 호영이는 나랑만 놀아야 해요.
라. 교사 : 호영이는 정말 너랑만 놀아야 될까? 아동 : 꼭 그렇지는 않지만.... 나랑 많이 놀면 좋겠어요.

① 가 ② 나 ③ 다 ④ 라

06 상담이론에 대한 설명으로 옳은 것을 〈보기〉에서 고른 것은? (2010 중등)

ㄱ. 합리적·정서적 행동치료(REBT)에서는 정서적 문제를 유발하는 원인이 사건 자체가 아니라 그 사건에 대한 비합리적인 신념 때문이라고 본다.
ㄴ. 인간중심상담이론에서는 성장을 위한 적절한 조건이 갖추어지면 누구나 자아실현을 이룰 수 있다고 본다.
ㄷ. 정신분석상담이론에서는'지금-여기'에 초점을 두며, 접촉을 통한 자각으로 통합을 이루게 된다고 본다.
ㄹ. 게슈탈트상담이론에서는 죽음과 비존재, 실존적 불안, 삶의 의미를 강조한다.

① ㄱ, ㄴ ② ㄱ, ㄹ ③ ㄴ, ㄷ ④ ㄴ, ㄹ ⑤ ㄷ, ㄹ

07 다음 글의 (가)~(다)에서 김교사가 학생들의 문제를 해결하기위해 활용한 상담기법을 올바르게 짝지은 것은? (2011 중등)

(가) 기훈이는 공부한 만큼 성적이 나오지 않는 편이라 공부 방법을 개선하고 싶어 한다. 김교사는 기훈이가 효과적인 공부 방법을 사용할 수 있을 때까지 적절한 공부 방법을 알려주고 사용해 보도록 한 후, 피드백을 제공하였다.
(나) 수정이는 시험 때가되면 너무 예민해지고 압박감을 많이 느낀다. 김교사는 이완훈련과 불안위계를 사용하여 수정이의 시험불안을 줄이고자 하였다.
(다) 철수는 기말고사를 앞두고 '이번시험은 틀림없이 망칠 것이고, 난 결국 인생의 실패자가 될 거야'라고 생각하고 있다. 김교사는 철수에게 왜 이번 시험을 망칠 것이라고 확신하는지, 또 시험에 한 두번 실패 안 해본 사람이 어디 있으며, 설령 시험성적이 원하는 만큼 나오지 않는다고 해도 그것이 어떻게 인생의 실패와 관련되는지를 생각해 보도록 하여 합리적인 신념을 갖게 하고자 하였다.

	(가)	(나)	(다)
①	행동시연	체계적둔감법	역설적기법
②	행동시연	체계적둔감법	논박하기
③	행동시연	용암법(fading)	논박하기
④	자극포화법	용암법(fading)	역설적기법
⑤	자극포화법	용암법(fading)	논박하기

제15장 Beck의 인지치료

01 다음의 사례를 보고 인지치료적 접근을 하는 상담자가 취하게 될 판단이나 행동으로 적절한 것은? (2001 초등)

> 내담자는 성적이 상위권인 모범생이다. 그러나 시험 준비를 할 때가 되면 항상 긴장이 심하고 두통, 설사, 몸살로 고생을 한다. 또 시험을 잘못 보면 어쩌나 하는 걱정이 항상 떠나지 않고 시험에 실패하는 상상을 하면서 괴로워한다.

① 불안을 수용하고 공감하는 방법을 모색한다.
② 시험과 관련된 어떤 나쁜 경험이 있었을 것으로 판단한다.
③ 불안 반응을 대체할 수 있는 이완기법을 가르치는 프로그램을 고려한다.
④ 불안을 지속시키고 증폭시키는 내담자의 생각이 무엇인지를 알려고 한다.

02 상담교사는 〈보기〉에 제시된 아동의 반응을 '자동적 사고'로 해석하고, 과대일반화·임의적 추론·낙인찍기의 개념을 사용하여 아동과 상담하였다. 상담교사가 취한 상담접근은? (2006 초등)

> 애들이 모두 저를 따돌려요. 오늘은 교문에서 미성이가 저를 못 본 체하고 가버렸어요. 애들이 저를 왕따시키는 것 같아요.

① 교류분석 ② 의미치료 ③ 인지치료 ④ 현실치료

03 다음에서 무단결석을 한 철수의 문제행동에 대한 박교사의 생각인 (가)에 가장 부합하는 상담이론은? (2011 초등)

> **철 수:** 어제 늦잠을 잤어요. 아무리 서둘러도 1교시 수업에 늦을 것 같아 '지각할 바에는 학교에 가서 뭐하나'하는 생각을 했어요.
> **박교사:** 음, 그래서 결석을 했구나! …… 그런데 조금 늦게라도 학교에 왔으면 좋지 않았을까.
> **철 수:** 어차피 수업에 늦을 바에는 학교에 안 가는게 나을 것이라고 생각했어요.
> **박교사:** 지각할 바에는 결석하는게 낫다고 생각했구나.
> ((가) 박교사는 철수의 무단결석이 흑백논리적 사고 때문이라고 보고, 그가 보다 합리적으로 사고할 수 있도록 도와주어야겠다고 생각하였다.)

① 인지행동이론　　② 교류분석이론　　③ 게슈탈트이론
④ 정신분석이론　　⑤ 실존주의이론

04 벡(A. Beck)이 제시한 인지왜곡 형태 중 (가)~(라)의 예시에 해당하는 것을 〈보기〉에서 골라 바르게 연결한 것은? (2011 상담)

(가) 명수는 '내가 모처럼 영화 보러 가려고만 하면, 항상 길이 막혀.'라고 불평한다.
(나) 철수는 '선생님이 영희에게는 수행평가 점수를 잘 주실거야. 같은 아파트에 살고, 같은 여자니까.'라고 믿는다.
(다) 경서는 '이번 시험에서 실수로 전과목 만점을 놓쳤기 때문에, 전교 1등 했다고 좋아할 일이 아니야.'라며 우울해 한다.
(라) 도희는 '선생님이 내게 공부도 잘하고 모범적이라고 했지만 운동도 좀 하라고 한 것을 보니, 나를 공부만 하는 답답한 아이라고 생각하시는 게 틀림없어.'라며 우울해 한다.

보기

ㄱ. 개인화(personalization)
ㄴ. 파국화(catastrophizing)
ㄷ. 과잉일반화(overgeneralization)
ㄹ. 임의적 추론(arbitrary inference)
ㅁ. 선택적 추상(selective abstraction)
ㅂ. 확대·축소(magnification·inimization)

	(가)	(나)	(다)	(라)
①	ㄱ	ㄷ	ㄴ	ㅁ
②	ㄱ	ㄹ	ㅂ	ㅁ
③	ㄹ	ㄷ	ㄴ	ㄱ
④	ㄹ	ㅂ	ㄷ	ㄱ
⑤	ㅂ	ㄹ	ㄴ	ㅁ

제16장 Berne의 교류분석상담

01 다음은 전문상담교사인 김교사가 영수(중1, 남)의 담임교사인 최교사에게 자문하는 과정이다. 밑줄 친 김교사의 반응 ㉠, ㉡이 기초하고 있는 상담이론을 가장 적절하게 연결한 것은? (2010 상담)

> **최교사:** 김선생님, 우리반 영수는 매사에 반항적입니다. 어제는 수업시간에 졸고 있어서 깨웠더니 날 위아래로 불손하게 쳐다보면서"에이 짜증나!" 라고 화를 내었습니다.
>
> **김교사:** 무척 놀라고 속상하셨겠네요.
>
> **최교사:** 그럼요! 정말 어이가 없더라고요.
>
> **김교사:** ㉠영수가 아버지에게 어떤 감정을 가지고 있을까요? 학생이 아버지에 대한 감정으로 선생님을 대하는 경우가 흔히 있더군요.
>
> **최교사:** 전에 영수의 아버지가 학교에 와서 영수와 대화하는 것을 보았는데, 영수와 아버지는 서로를 친구처럼 대하는 것으로 보였어요.
>
> **김교사:** 네, 그럼 아버지에 대한 좋지 않은 감정 때문에 선생님께 반항하는 것 같지는 않다고 생각됩니다.
>
> **최교사:** 저도 그렇게 생각해요.
>
> **김교사:** ㉡영수가 졸고 있을 때 어떤 느낌이 들었죠? 영수에 대한 느낌이 영수를 깨우는 행동에 영향을 끼치고, 선생님이 영수를 깨우는 행동이 선생님에 대한 영수의 감정과 행동에 영향을 주기도 해요.

	㉠	㉡		㉠	㉡
①	정신분석	교류분석	②	정신분석	현실치료
③	인간중심상담	교류분석	④	개인심리상담	현실치료
⑤	인간중심상담	정신분석			

02 교류분석(TA) 집단상담의 과정에 대한 설명으로 옳지 않은 것은? (2011 상담)

① 계약을 중시하여 첫 회기에 계약을 맺는다.
② 집단원의 생활각본에 대한 인식과 재결단을 목적으로한다.
③ 각본분석, 게임분석, 구조분석, 대화분석의 단계로 진행된다.
④ 집단역동은 집단과정에서 교류되는 스트로크(strokes)의 관점에서 분석된다.
⑤ 집단원들이 교류분석의 개념을 모르는 경우, 초기 몇 회기는 개념을 가르치는 데 할애한다.

제17장 Glasser의 현실치료

01 다음은 교사가 파악한 어떤 학생의 문제이다.

우수한 학업성적으로 주위로부터 인정을 받아왔던 철수는 최근 여자친구와 헤어지게 되면서 학업성적이 크게 떨어졌고, 동료학생들과 다투는 등의 부적응 행동으로 교무실에 불려오는 일이 잦아졌다. 그는 누구든 가치있는 사람이 되려면 반드시 유능해야 하고, 모든 영역에 걸쳐 완벽하게 일을 성취해야 한다고 믿고 있었다. 그러나 철수는 그렇지 못해 너무나도 무능하고 무가치한 사람이라고 자신을 비하하였다.

〈보기〉에서 현실요법을 적용하여 이 학생을 상담하고자 하는 상담교사의 접근으로 옳은 것을 모두 고른 것은? (2005 중등)

ㄱ. 현재를 중시하면서 철수의 감정이나 태도보다 행동에 초점을 맞춘다.
ㄴ. 철수의 비합리적 신념에 대한 근거와 타당성을 입증하도록 논박하여 합리적인 신념을 갖게 한다.
ㄷ. 철수의 욕구 충족을 위해 선택한 행동의 효과성을 평가하면서, 새롭고 합당한 방법을 찾도록 돕는다.
ㄹ. '지금 여기'에서 철수의 현재 감정에 초점을 맞추어 반영하고, 그에게 주는 의미를 자각할 수 있도록 돕는다.

① ㄱ, ㄷ ② ㄴ, ㄹ ③ ㄱ. ㄷ, ㄹ ④ ㄴ, ㄷ, ㄹ

02 〈보기〉와 같은 절차에 따라 상담을 실시한 김교사의 상담기법은? (2006 중등)

단계 1: 김교사는 내담자인 선미가 무엇을 원하는지 그리고 상담을 통하여 무엇을 기대하는지를 물었다. 이에 선미는 급우들의 따돌림에서 벗어나 좋은 관계를 맺고 싶다고 답하였다.
단계 2: 김교사는 선미가 급우들에게 무슨 행동을 어떻게 하고 있는지를 탐색하였다.
단계 3: 김교사는 선미에게 급우관계를 개선하기 위해 얼마나 노력했는지, 급우를 대하는 자신의 행동이 얼마나 적절했는지 등을 스스로 평가해 보도록 도왔다.

단계 4: 김교사는 선미의 급우관계를 개선하기 위해 선미가 앞으로 실천해야 할 구체적 방안과 계획을 수립하도록 도왔다.

① 현실요법 ② 행동수정요법
③ 인간중심요법 ④ 합리·정서·행동요법

03 〈보기〉에서 글래서(W. Glasser)의 현실치료 이론에 대한 옳은 설명을 모두 고른 것은? (2009 초등)

가. 인간은 기본적으로 생존, 자유, 힘, 즐거움, 소속의 욕구를 가지고 있다.
나. 인간은 행동을 선택할 수 있고 이미 행한 모든 행동은 선택에 의해서 이루어진 것이다.
다. 인간은 행동을 선택할 때 자신의 욕구를 최대한으로 충족시키기 위해 자신을 통제한다.
라. 전행동(total behavior)은 활동, 생각, 느낌, 신체반응의 네 가지로 구성된다.
마. 전행동 중에서 인간이 통제할 수 있고, 행동의 방향을 잡아주는 것은 활동과 신체반응이다.

① 가, 나 ② 가, 다, 라 ③ 다, 라, 마
④ 가, 나, 다, 라 ⑤ 나, 다, 라, 마

04 다음의 민호에게서 나타나는 문제행동의 원인에 대한 가설을 상담이론별로 다양하게 세울 수 있다. 주요 상담이론과 가설이 옳게 짝지어진 것은? (2010 초등)

초등학교 5학년 외동아들인 민호는 엄격하고 폭력적인 아버지와 무엇이든 다 받아주는 어머니 밑에서 자라왔다. 어려서는 얌전하고 말을 잘 듣는 아이였으나,·커가면서 점점 폭력적이고 반항적인 아이로 변해가고 있다. 최근에 민호는 싸움 중에 친구의 앞니를 부러뜨렸는데, 어머니가 사태를 해결해 주지 않으면 학교에 안 가겠다며 버티고 있다.

① 인지치료 – 엄격하고 폭력적인 아버지의 행동방식을 보고 배운 것이다.
② 행동수정 – 존중과 이해를 받지 못해 부정적 자아개념을 형성한 것이다.
③ 정신분석 – 무조건 다 받아주는 어머니로 인해 폭력적인 행동이 강화된 것이다.
④ 인간중심상담 – 폭력적인 행동의 이면에는 외동아들로서의 의존적 성격이 깔려있다.
⑤ 현실치료 – 결핍된 힘의 욕구를 충족하기 위해 폭력이라는 잘못된 방법을 선택한 것이다.

05 다음은 전문상담교사인 박교사가 현수(중3, 남)를 상담하는 과정에서 동료수퍼비전을 받는 내용이다. 전문상담교사들의 반응 ㉠, ㉡, ㉢이 기초하고 있는 상담이론을 옳게 연결한 것은? (2011 상담)

> **박교사:** 현수는 사귀던 여자친구와 헤어진 이후 성적이 하락하고 수업 중에 멍하니 창밖만 바라보는 일이 잦아 담임교사에 의해 상담이 의뢰되었습니다. 저는 ㉠모든 사람들로부터 반드시 인정받고 사랑받아야 한다는 현수의 생각을 생산적이고 유연한 생각으로 바꾸도록 돕는 것이 필요하다고 생각합니다. 선생님들은 이런 사례에 어떻게 접근하시는지요.
>
> **송교사:** 박선생님! 제 경우에는 ㉡먼저 현수와 친밀감을 형성합니다. 그리고 현수가 무엇을 원하는지 탐색하고, 현재 행동이 자신이 원하는 것을 달성하는 데 도움이 되는지를 평가합니다. 그런 다음 현수가 원하는 것을 성취할 수 있는 행동계획을 수립하여 실천하도록 돕습니다.
>
> **강교사:** 제가 보기에는 ㉢"나는 누구인가, 내 삶의 목적과 의미는 무엇인가"라는 질문을 통해 현수의 자각을 증진시켜, 자기 인생에 대한 확고한 방향설정을 하고 결단을 내리도록 도와주는 접근이 효과적일 것 같습니다.

	㉠	㉡	㉢
①	게슈탈트상담	현실치료	교류분석
②	게슈탈트상담	행동치료	개인심리상담
③	합리정서행동치료	현실치료	실존상담
④	합리정서행동치료	행동치료	교류분석
⑤	개인심리상담	인지치료	실존상담

제18장 해결중심상담

01 다음 대화에서 김 교사가 적용한 상담이론은? (2008 중등)

> **철 수:** 인터넷 게임을 너무 많이 하고 지각을 자주 하니까 성적이 말이 아니에요.
>
> **김교사:** 그래, 인터넷 게임 시간을 줄이고, 지각을 하지 않았으면 좋겠단 말이지? 그런데 게임 시간과 지각을 줄일 자신이 있니? 완전히 줄일 수 있는 것을 100점으로 하면 몇 점을 줄 수 있어.

철 수 : 인터넷 게임 줄이기는 80점정도 자신 있고요, 지각 안 하기는 95점정도 자신 있어요.
김교사 : 철수야, 네가 원하는 대로 이루어진다면 너에게 어떤 일이 일어날 것 같니?
철 수 : 당연히 성적이 오르겠죠. 부모님이 제일 좋아하실 것 같아요. 요즘 집안 분위기가 별로 안 좋아요. 그런데 제가 성적이 오르고, 게임도 덜 하고, 부모님이 기뻐하실 것 같아요.

① 인지치료 상담 ② 해결중심상담
③ 현실요법 상담 ④ 합리적·정서적 행동 상담

02 해결중심상담 이론으로 부모의 유형을 나눌 때, 현기(중2, 남)의 부모와 같은 유형의 내담자에 대한 전문상담교사의 태도와 역할로 적절한 것을 〈보기〉에서 모두 고른 것은? (2010 상담)

현기는 쉬는 시간에 학교 건물 모퉁이에서 담배를 피우고, 급우들의 돈을 빼앗았다. 그리고 자기 말을 듣지 않는 급우를 친구들과 함께 폭행하였다. 그 때문에 학교폭력대책자치위원회에서는 부모상담을 권장하였다. 그러나 부모는 두 번이나 약속을 지키지 않다가 세 번째에 마지못해 상담실에 왔다.

보기

ㄱ. 자녀의 거듭된 문제로 인한 부모의 좌절과 무력감을 공감해 준다.
ㄴ. 자녀에 대한 부모의 불평 원인이 부모의 어떤 행동과 관련있는지 언급해 준다.
ㄷ. 부모에게 자녀의 현재 문제는 발달과정에서 나타날 수 있는 일이라고 안심시킨다.
ㄹ. 부모가 자녀를 위해 현재 노력하고 있는 것에 대해 사소하고 작은 것이라도 인정해 준다.
ㅁ. 자녀교육에 대한 관심과 노력을 격려하면서 부모가 변화할 수 있는 방법을 모색한다.

① ㄱ, ㄹ ② ㄴ, ㄷ ③ ㄷ, ㄹ, ㅁ
④ ㄴ, ㄷ, ㄹ, ㅁ ⑤ ㄱ, ㄴ, ㄷ, ㄹ, ㅁ

03 해결중심 가족상담의 기본 원리로 옳은 것을 〈보기〉에서 고른 것은? (2011 상담)

> **보기**
> ㄱ. 간략한 해결방법을 사용한다.
> ㄴ. 작은 변화보다는 근본적인 변화를 목표로 한다.
> ㄷ. 병리적인 것보다는 건강한 것에 초점을 맞춘다.
> ㄹ. 증상의 원인에 대한 체계적인 가설을 수립, 활용한다.
> ㅁ. 문제가 발생하지 않는 예외상황을 발견하여 그것을 증가시킨다.

① ㄱ, ㄴ, ㄹ ② ㄱ, ㄴ, ㅁ ③ ㄱ, ㄷ, ㅁ
④ ㄴ, ㄷ, ㄹ ⑤ ㄷ, ㄹ, ㅁ

부록 정답>

1장 : 1. ① 2. ③

4장 : 1. ② 2. ③ 3. ③ 4. ⑤ 5. ④ 6. ⑤ 7. ④ 8. ④

5장 : 1. ③ 2. ④ 3. ①

6장 : 1. ③ 2. ④ 3. ① 4. ④

7장 : 1. ② 2. ③ 3. ① 4. ② 5. ① 6. ④ 7. ① 8. ② 9. ③ 10. ② 11.①

8장 : 1. ① 2. ② 3. ③ 4. ① 5. ① 6. ①

9장 : 1. ③ 2. ②

10장 : 1. ② 2. ④ 3. ③ 4. ② 5. ④

11장 : 1. ④ 2. ③

13장 : 1. ① 2. ② 3. ④ 4. ①

14장 : 1. ④ 2. ① 3. ① 4. ④ 5. ③ 6. ① 7. ②

15장 : 1. ④ 2. ③ 3. ① 4. ②

16장 : 1. ① 2. ③

17장 : 1. ① 2. ① 3. ④ 4. ⑤ 5. ③

18장 : 1. ② 2. ① 3. ③

강갑원(2004). 알기쉬운 상담이론과 실제. 서울: 교육과학사.

강문희·박 경·정옥환(2003). 아동심리검사. 서울: 교문사.

강봉규(2007). 심리검사의 이론과 기법. 서울: 동문사.

강재태·배종훈·강대구(2003). 진로지도의 이론과 실제. 서울: 교육과학사.

강진령(2009). 상담과 심리치료. 서울: 양서원.

곽금주·박혜원·김청택(2001). K-WISCIII 실시요강. 서울: 도서출판 특수교육.

권대훈(2009). 교육심리학의 이론과 실제. 서울: 학지사.

김봉환·정철영·김병석(2007). 학교진로상담. 서울: 학지사.

김승국·송영혜·유미숙·신현기·이유섭·이장호·신희천·정보인·전병운·하은경·강승아·박경애·남민(1998). 행동장애와 심리치료. 서울: 교육과학사.

김영환·문수백·홍상황(2007). 심리검사의 이론과 실제. 서울: 학지사.

김정택·김명준·심혜숙(2005). STRONG 직업흥미검사 매뉴얼. 서울 : 한국심리검사연구소.

김정택·김명준·심혜숙·박병관·윤선아(2000). STRONG 진로탐색검사 매뉴얼. 서울 : 한국심리검사연구소.

김정택·심혜숙(1990). 성격유형검사(MBTI)의 한국표준화에 관한 일연구. 한국심리학회지, 3, 44-72.

김정호·김선주(2010). 스트레스의 이해와 관리. 서울: 시그마프레스.

김중술·한경희·임지영·이정흠·민병배·문경주(2005). 다면적 인성검사II 매뉴얼. 서울: 마음사랑.

김충기(1998). 생활지도·상담·진로지도. 서울: 교육과학사.

노안영(2005). 상담심리학의 이론과 실제. 서울: 학지사.

노안영·송현종(2006). 상담실습자를 위한 상담의 원리와 기술. 서울: 학지사.

박경숙·윤점룡·박효정·박혜정·권기욱(1991). KEDI-WISC 검사요강. 서울: 특수교육.

박성희(2007). 동화로 열어가는 상담이야기. 서울: 학지사.

박성희·이동렬(2002). 상담의 도구. 서울: 학지사.

박성희·임용우(2006). 대화의 심리와 대화기법. 한국초등상담교육학회(편), 초등학교 생활지도와 상담. 서울: 학지사.

박혜원·곽금주·박광배(1996). K-WPPSI 지침서. 서울: 특수교육.

보건복지가족부(2009). 2009 아동·청소년백서.

송명자(1995). 발달심리학. 서울: 학지사.

신윤호·오만록(2005). 생활지도와 진로개발. 서울: 교육과학사.

심혜숙, 김정택(1998). MBTI 성장 프로그램 지도자 안내서(Ⅱ). 서울 : 한국심리검사연구소.

연문희·강진령(2008). 학교상담. 서울: 양서원.

오인수·이동궁·김영조·김은향·송선원·고정자·이은경·이정희·이보경·황애현·장현일(2005). 상담으로 풀어가는 교실이야기. 서울: 교육과학사.

윤운성·김홍운(2001). 생활지도와 상담. 서울: 양서원.

이민규(2001). 현대생활의 적응과 정신건강. 서울: 교육과학사.

이성진·유효순(1998). 행동수정의 기법Ⅱ. 서울: 교육과학사.

이장호·금명자(2006). 상담연습 교본. 서울: 법문사.

이현림·김봉환·김병숙·최웅용(2003). 현대진로상담. 서울: 학지사.

이희영(2003). 진로성숙과 상담. 서울: 학지사.

장연집·김중술(1995). 성인화의 분석. 서울: 학지사.

정용부·고영인·신경일(1998). 아동 생활지도와 상담. 서울: 학지사.

정보인(1994). 조건부 상반행동 운동을 통한 머리뜯기 행동 교정. 재활재단논문집, 3, 1-17.

조경덕·이도균·임지향(2007). 도해 상담심리학. 서울: 들샘.

조은숙(1994). 현대인과 정신건강. 서울: 법문사.

주영흠·박진규·오만록(2002). 신세대를 위한 교육학개론. 서울: 학지사.

천성문·박순득·배정우·박원모·김정남·이영순(2006). 상담심리학의 이론과 실제. 서울: 학지사.

통계청(1995). 인구주택총조사보고서.

통계청(2000). 인구주택총조사보고서.

통계청(2005). 인구주택총조사보고서.

한국청소년개발원(2004). 청소년심리학. 서울: 교육과학사.

행정자치부(2008). 2008년 지방자치단체 외국인주민 실태조사.

Adler, A.(1963). *The practice and theory of individual psychology*. Paterson, NJ: Little field, Adams.

Adler, A.(1964). *Social interest: A challenge to mankind.* NY: Capricorn.

Adler, A.(1979). *Superiority and social interest*. New York: Greenberg.

Allen, J., Moore, C., Kupermine, G., & Bell, K.(1998). Attachment and adolescent psychological functioning. *Child Development, 61*, 1406-1419.

Armsden, G. C., & Greenberg, M. T.(1987). The Inventory of Parent and Peer Attachment: Individual differences and their relationship to psychological well-being in adolescence. *Journal of Youth and Adolescence, 16*, 427-454.

APA(1994). *DSM-IV*. Washington DC: American Psychiatric Association

Aviles, C. B.(2001). *A review of the Myers-Briggs Type Inventory: A potential training tool for human services organizations.* (ERIC Document Reproduction Service No. ED 449 436).

Bandura, A.(1974). Behavioral therapy and the models of man. *American Psychologist, 29*, 859-869.

Bandura, A.(1977). *Social learning theory*. Englewood Cliffs. New York: Prentice-Hall.

Bandura. A.(1989). Human agency in social cognitive theory. *American Psychologist, 44*, 1175-1184.

Beck, A. T.(1976). *Cognitive therapy and emotional disorders*. NY: International Universities Press.

Beck, A.(1985). *Anxiety disorders and phobias: A cognitive perspective*. New York: Plenum.

Beck, A., & Weishaar, M. E.(2005). Cognitive therapy. In R. J. Corsini & D. Wedding (Eds.). *Current psychotherapies* (7the ed.). Belmont, CA: Brooks/Cole.

Belanger, M. D.(2001). *An investigation of the utility of the Myers-Briggs Type Indicator as a predictor of academic performance among technical training students.* Doctoral dissertation,

Berg, I. K.(1994). *Family based services: A solution-focused approach*. NY: W. W. Norton.

Berg, I. K., & Steiner, T.(2003). *Children's solution work.* NY: W. W. Norton. 유재성·장은진 역(2009). 아동과 청소년을 위한 해결중심 상담. 서울: 학지사.

Berne, E. (1961). *Transactional analysis in psychotherapy*. New York: Grove Press.

Blau, P. M.(1956). Occupational choice: A conceptual framework. *Industrial Labor Relations Review, 9,* 531-543.

Buck, J.(1947). *The House-Tree-Person Test*. Colony Virginia.

Buck, J.(1948). The H-T-P test. *Journal of Clinical Psychology, 4*, 151-159.

Buck, J.(1981). *The House-Tree-Person technique: A revised manual*. LA: Western Psychological Services.

Butcher, J. N., Dahlstrom, W. G., Graham, J. R., Tellegen, A. M., & Kaemmer, B.(1989). *Minnesota Multiphasic Personality Inventory-2(MMPI-2): Manual for administration and scoring.* Minneapolis: University of Minnesota Press.

Butcher, J. N., Williams, C. L., Graham, J. R., Archer, R., Tellegen, A., Ben-Porath, Y. S., & Kaemmer, B.(1992). *MMPI-A manual for administration, scoring, and interpretation.* Minneapolis: University of Minnesota Press.

Corey, G.(2001). *Theory and practice of counseling and psychotherapy(6th ed.)*. 조현춘·조현재 역(2006). 심리상담의 이론과 실제. 서울: 시그마프레스.

De shazer, S.(1985). *Keys to solutions in brief therapy*. NY: W. W. Norton.

Deffenbacher, J. L.(1985). A cognitive-behavioral response and a modest proposal. *Counseling Psychologist, 13,* 261-269.

Dinkmeyer, D., & Sperry, L.(2000). *Counseling and psychotherapy: An integrated, individual psychology approach* (3rd ed.). 김춘경 역(2004). Adler 상담 및 심리치료. 서울: 시그마프레스.

Egan, G.(1994). *The skilles helper* (5th ed.). Pacific Grove, CA: Brooks/Cole.

Elkind, D.(1978). *The Child's reality: Three developmental themes*. Hillsdale, NJ: Erlbaum.

Ellis, A.(1973). *Humanistic Psychotherapy: The rational-emotive approach.* NY: Julian Press.

Ellis, A.(1988). *How to stubbornly refuse to make yourself miserable about anything-Yes, anything!* Secaucus, NJ: Lyle Stuart.

Ellis, A.(1994). *Reason and emotion in psychotherapy revised.* Secaucus, NJ: Birth Lane.

Ellis, A.(1995). Fundamentals of rational emotive behavioral therapy for the 1990s. In W. Dryden (Ed.), *Rational Emotive Behavioral Therapy*. London: Sage Publications.

Ellis, A.(1996). *Better, deeper; and more enduring brief therapy: The rational emotive behavior therapy approach.* NY: Brunner/Mazel.

Ellis, A.(2005). Rational emotive behavior therapy. In R. J. Corsini & D. Wedding (Eds.). *Current psychotherapies* (7the ed.). Belmont, CA: Brooks/Cole.

English, H., & English, A. (1958). *A Comprehensive dictionary of psychological terms*. New York: Longmans, Green.

Fairhurst, A., & Fairhurst, L.(1995). *Effective learning, effective teaching.* Palo Alto, CA: Davies-Black.

Fraley, R. C., & Davis, K. E.(1997). Attachment formation and transfer in young adults' close friendships and romantic relationships. *Personal Relationships, 4*, 131-144.

Frankl, V. E.(1963). *Man's search for meaning: An introduction to logotherapy.* NY: Washington Square Press.

Frankl, V. E.(1969). *The will to meaning: Foundations and applications of logotherapy.* NY: New American Library.

Freud, A.(1948). *The ego and the mechanism of defence (C. Baines, trans.)*. New York: International University Press.

Freud, S.(1933). *New introductory lectures in psychoanalysis.* New York: Norton.

Froehlich, C. P.(1950). *Guidance services in smaller schools*. NY: McGraw-Hill.

George, R. L., & Cristiani, T. S.(1995). *Counseling: Theory and practice*. Boston: Allyn & Bacon.

Ginzberg, E.(1972). Restatement of the theory of occupational choice. *Vocational Guidance*

Quarterly, 20(3), 169-176.

Ginzberg, E.(1984). Career development. In D. Brown, & L, Brooks (Eds.), *Career choice and development: Applying contemporary theories to practice*. San Francisco: Jossey- Bass

Ginzberg, E., Ginsburg, S. W., Axelrad, S., & Herma, J. L.(1951). *Occupational choice.* NY: Columbia University Press.

Glasser, W.(1965). *Reality therapy. A new approach to psychiatry.* NY: Harper & Row.

Glasser, W.(1981). *Stations of the mind.* NY: Harper & Row.

Glasser, W.(1984). Reality therapy. In R. Corsini (Ed.), *Current psychotherapies* (3rd ed.). Itasca, IL: Peacock.

Glasser, W.(1998). *Choice theory: A new psychology of personal freedom.* NY: Harper & Row.

Gottfredson, L. S.(1981). Circumscription and compromise: A developmental theory of occupational aspirations. *Journal of Counseling Psychology, 28*(6), 545-579.

Hackney, H. L., & Cormier, L. S.(2001). *The professional counselor: A process guide to helping* (4th ed.). Boston: Allyn and Bacon.

Hill, C. E., & O'Brien, K. M.(1999). *Helping skills: Facilitating exploration, insight, and action.* Washington, DC: American Psychological Association.

Holland, J. L.(1985). *Making vocational choices: A theory of vocational personalities and work environments* (2nd edition). Englewood Cliffs, NJ: Prentice-Hall.

Holland, J. L.(1997). *Making vocational choices: A theory of vocational personalities and work environments*(3rd ed.). Odessa, FL: Psychological Assessment Resources. 안창규, 안현의 역(2004). 홀랜드 직업선택이론. 서울: 한국가이던스.

Humphreys, J. A., & Traxler, A. E.(1954). *Guidance services*. Chicago: Science Research Associates.

Inhelder, B., & Piaget, J.(1958). *The growth of logical thinking: From childhood to adolescence.* New York: Basic Books.

Karpman, S.(1968). Script drama analysis. *Transactional Analysis Bulletin, 26*, 16-22.

Keirsey, D. (1998). *Please understand me Ⅱ: Temperament character intelligence*. Del Mar, CA: Prometheus Nemesis.

Kitchner, K. S.(1984). Intuition, critical evaluation and ethical principles: The foundation for ethical decisions in counseling psychology. *Counseling Psychology, 12*, 43-55.

Kroger, J. (2000). *Identity development: Adolescence through adulthood*. Thousand Oaks, CA: Sage.

Krumboltz, J. D.(1966). Behavioral goals for counseling. *Journal of Counseling Psychology, 13*, 153-159.

Krumboltz, J. D.(1996). A learning theory of career counseling. In M. L. Savickas & W. B. Walsh (Eds.), *Handbook of career counseling theory and practice.* Palo Alto, CA: Consulting Psychologists Press.

Krumboltz, J. D., Mitchell, A., & Gelatt, H. G.(1975). Applications of social learning theory of career selection. *Focus on Guidance, 8*(3), 1-16.

Lazarus, A.(1971). *Behavior therapy and beyond.* New York: McGraw-Hill.

Lazarus, A.(1978). What is multimodal therapy? A brief overview. *Elementary School Guidance and Counseling, 13*(1), 6-11.

Lazarus, A.(1989). Brief psychotherapy: The multimodal model. *Psychology, 26*, 6-10.

Lazarus, A.(1997). *Brief bus comprehensive psychotherapy: the multimodal way*. New York: Springer.

Lazarus, A.(2000). Multimodal therapy. In R. J. Corsini & D. Wedding (Eds.), *Current psychotherapies* (6th ed.). Itasca, IL: Peacock.

Lazarus, A.(2005). Multimodal therapy. In R. J. Corsini & D. Wedding (Eds.). *Current psychotherapies* (7th ed.). Belmont, CA: Brooks/Cole.

Marcia, J. E.(1980). Ego identity development. In J. Adelson (Ed.), *Handbook of adolescent psychology*. New York: Wiley.

McCormick, C. B., & Kennedy, J. H.(1994). Parent-child attachment working models and self-esteem in adolescence. *Journal of Youth and Adolescence, 23*, 1-18.

Miller, C.(1971). Foundations of guidance(2nd ed.). NY: Harper & Row.

Miller, D. C., & Form, W. H.(1951). *Industrial sociology*. NY: Harper & Row.

Mitchell, L. K., & Krumboltz, J. D.(1990). Social learning approach to career decision making: Krumboltz's theory. In D. Brown, L. Brooks, & Associates (Eds.), *Career choice and development: Applying contemporary theories to practice* (2th ed.). San Francisco: Jossey-Bass.

Moore, L., Jenkins, D., Dietz, T., & Feuerbaum, J.(1997). The use of the MBTI as a self- awareness tool in undergraduate education. *The Journal of Baccalaureate Social Work*, 2(1), 53-70.

Myers, I. B., & McCaulley, M.(1985). MBTI m*anual: A guide to the developmental and use of the Myers-Briggs Type Indicator.* Palo Alto, CA: Consulting Psychologists Press. 김정택, 심혜숙, 제석봉 역(1995), MBTI 개발과 활용. 서울: 한국심리검사연구소.

Parsons, F.(1909). *Choosing a vocation*. Boston: Houghton Mifflin.

Passons, W. R.(1975). *Gestalt approaches in counseling*. New York: Holt Rinehart and Winston.

Patterson, L. E., & Welfel, E. R.(2000). *The counseling process* (5th ed.). Belmont, CA: Thomson Brooks/Cole.

Pearman, R., & Albritton, S.(1997). *I'm not crazy, I'm just not you.* Palo Alto, CA: Davies-Black.

Perls, F. S.(1969). *Gestalt therapy verbatim*. Lafayette: Real People Press.

Perls, F. S.(1973). *The gestalt approach and eye witness to therapy*. Science and Behavior Books.

Raskin, N. J., & Rogers, C. R.(1989). Person-centered therapy. In R. J. Corsini and D. Wedding (Eds.), *Current psychotherapies*. Itasca, IL: F. E. Peacock.

Restatement of the theory of occupational choice. *Vocational Guidance Quarterly, 20*(3), 169-176.

Roe, A.(1956). *The psychology of occupations*. NY: Wiley.

Roe, A., & Lunneborg, P. W.(1990). Personality development and career choice. In Brown, D. & Brooks, L. *Career choice and development*. San Francisco: Jossey-Bass Publishers.

Rogers, C. R.(1957). The necessary and sufficient conditions of therapeutic personality change. *Journal of Consulting Psychology, 21*, 95-103.

Rogers, C. R.(1986). Carl Rogers on the development of the person-centered approach. *Person-Centered Review, 1*, 257-259.

Santrock, J. W.(2002). *Adolescence* (9th ed.). New York: McGraw-Hill.

Seligman, L.(2006). *Theories of counseling and psychotherapy: systems, strategies, and skills* (2nd ed.). Upper Saddle River, New Jersey: Pearson Education.

Shertzer, B., & Stone, S. C.(1981). *Fundamentals of guidance* (4th ed.). Boston: Houghton Mifflin.

Spiegler, M. D., & Guevremont, D. C.(1998). *Contemporary behavior therapy* (3rd ed.). Pacific Grove, CA: Brooks/Cole.

Super, D. E.(1953). A theory of vocational development. *American Psychologist, 8,* 185-190.

Super, D. E.(1984). Career and life development. In D. Browon, L. Brooks, & Associates (Eds.), *Career choice and development: Applying contemporary theories to practice.* San Francisco: Jossey-Bass.

Super, D. E.(1990). A life-span, life-space to career development. In D. Brown, L, Brooks, & others (Eds.), *Career choice and development: Applying contemporary theories to practice* (2nd ed.). San Francisco: Jossey-Bass.

Super, D. E., Thompson, A. S., & Lindeman, R. H.(1988). *Adult Career Concerns Inventory: Manual for research and exploratory use in counseling.* Palo Alto, CA: Consulting

Psychologist Press.

Thompson, C. L., & Henderson, D. A.(2008). *Counseling children* (7th ed.). 김택호 외 공역(2009). 아동상담. 서울: 시그마프레스.

Tiedman, D. V., & O'Hara, R. P.(1963). *Career development: Choice and adjustment.* NY: Collego Entrance Examination Board.

Trinke, S. J., & Bartholomew, K.(1997). Hierarchies of attachment relationships in young adulthood. *Journal of Social and Personal Relationships, 14*, 603-625.

Wilkinson, R. B., & Walford, W. A. (2001). Attachment and personality in the psychological health of adolescents. *Personality and Individual Differences, 31*, 473-484.

Williamson, E. G.(1939). *How to counsel students.* NY: McGraw-Hill.

Williamson, E. G.(1950). *Counseling adolescents.* NY: McGraw-Hill.

Wolpe, J. (1958). *Psychotherapy be reciprocal inhibition.* CA: Stanford University Press.

Wubbolding, R(1991). *Understanding reality therapy.* NY: Harper & Row.

Wubbolding, R.(1988). *Using reality therapy.* NY: Harper & Row.

Yontef, G. (2002). The relational attitude in gestalt therapy theory and practice. *International Gestalt Journal, 25*(1), 15-36.

Yontef, G., & Jacobs, L. (2005). Gestalt therapy. In R. J. Corsini & D. Wedding (Eds.). *Current psychotherapies* (7th ed.). Belmont, CA: Brooks/Cole.

>> ㄱ

가상적 최종목적론(fictional finalism) 209
가설연역적 추론 41
가족구도 207, 208
가족상담 149
각본분석 309, 310, 311
간헐적 강화 221
갈등 55
감각(Sensing)과 직관(Intuition) 90, 91, 92
강박장애 67, 69
강박증 89
강화 120, 219
강화계획 220
강화인 219
개별화의 원리 142
개인상담 147
개인심리학상담 209
개인적 우화 42
개인화(personalization) 288
거부형 114
거세불안 191
건강염려증 88
건강지도 23
게임분석 310, 311
격려 211
결정론 187
경조증 90
계속과정의 원리 20
고전적 조건형성 217
고정간격(FI)강화 221
고정비율(FR)강화 222
고질적 신념 제거 121
고차적 조건형성 218
고착 190
공감적 이해 153, 155, 160
공고화 131, 132
공황장애 67, 68
과보호형 114
과요구형 114
과잉부담 55
과잉일반화 287
과제수행의 손상 60
과제접근 기술 117
과학적 기초의 원리 21
관계성 질문 333
관찰학습 223
교류분석 297, 310
교류분석상담 309
교류패턴분석(transactional pattern analysis) 303, 310
교육지도 22
교차적 교류 303
구강기 191
구원자 304
구조분석(structural analysis) 301, 310
구조화 172
구체적 조작기 40
균등의 원리 21
금욕주의 196
긍정적 스트로크 300
긍정적 신체상 40
긍정적 효과 60
기능분석(functional analysis) 301
기분부전장애 70
기분장애 69, 78
기생형 206
기적질문 331
기초선 단계 237
꿈의 분석 198

>> ㄴ

남근기 191
남근선망 191
남성성-여성성 89
내·외부의 압력 55
내담자의 수프에 침 뱉기 212
내담자의 언어를 변화시키기 281
내적이고 고유한 자아 지향 138
내향성 90
노인상담 146
노출기법 293
논박(Disputing) 278

>> ㄷ

다문화가족 51
단레몬 기제 194
대리 강화 224

대순환 127, 134
대처질문 332
도구적 학습경험 118
도덕의 원리 189
도덕적 불안 192
동기화 과정(motivation process) 224
동일시 191, 195
동작성척도 83
동조압력 53, 58
드라마 삼각형 304
또래관계 52, 55
또래집단 53
뚜렛장애 79

>> ㄹ
라켓 감정 304
라포 183
리비도 187, 190, 191

>> ㅁ
마치 ~인 것처럼 행동하기 212
만성운동 및 음성 틱장애 79
면담 전 변화에 관한 질문 330
명료화 175
명제적 사고 41
모델링 222
목표명료화 121
무관심형 114
무의식 189, 190
무조건적 긍정적 존중 153, 157, 160
무조건적 스트로크 300
문장완성검사 95, 100
문제예방상담 147
문제해결상담 148

>> ㅂ
박해자 304
반동형성 196
반사회성 88
반사회성 성격장애 78
반성적 추상화 41
반영 174
반전단계 237
반전설계법 237
반항성장애 72, 78
발달과 성장상담 148
방어기제 193
방임형 114
배제(exclusion) 301
범불안장애 67
변동간격(VI)강화 221
변별 218
보상 195
보상하기 206
부모자아(P) 298
부적 강화 220
부적응 행동 65
부적응적 인지도식 286, 287
부적응적 인지도식 285
부정 195
부정적 스트로크 300
분노와 공격 60
불안 60
불안장애 67
비밀보장의 원리 144
비밀유지 150
비인간지향적 직업군 116
비인간지향적 태도 115
비판적 부모자아(CP) 302
비합리적 신념 276, 278
비합리적 신념 논박하기 281
비행상담 149

>> ㅅ
사고(Thinking)와 감정(Feeling) 90, 91, 92
사무형(Conventional: C) 105, 106, 107, 113
사춘기 39
사회·문화적 환경 122
사회계층 123
사회공포증 67, 68
사회성지도 23
사회적 관심 205, 209
사회적 유용형 207, 209
사회학습이론 116, 122, 222
사회형(Social: S) 105, 106, 107, 110, 111
삶의 의미 252, 256
삶의 의미 탐구 253
상담활동 23, 26
상보적 교류 303
상상적 청중 42
생식기 192

생존 욕구 317
생활양식 206
생활의 변화 55, 57
생활자세(life position) 307
생활지도의 개념 15
생활지도의 목표 17
생활지도의 원리 19
생활지도의 필요성 15
선택이론 316
선택적 추상 287
섭식장애 70
성격유형검사 90
성격의 A-B-C 이론 277
성상담 149
성역할 지향 137
성역할과 직업의 명성 137
성인상담 146
성인자아(A) 299
성인진로관심검사 134
성장기 127, 130, 134
성적 변화 37
소가족화 49
소거 217
소속감 욕구 316
소순환 127, 134
소크라테스식 질문 290
쇠퇴기 127, 134
수용 157, 158, 159
수용의 원리 143
수용형 114
수치감 공격 연습 282
수행압력 58
순응적 아동자아(AC) 302
순환성장애 70
스트레스 54
스트로크(stroke) 300
승진 131, 132
승화 195
신경성 식욕부진증 71
신경성 폭식증 71
신경증적 불안 192
신체적 변화 37
신포도 기제 194
실존적 공허 252
실존주의 251
실천기 135, 136
심리사회적 위기 43
심리성적에너지 190
심리적 게임 304
심리적 욕구 114
심리적 유예기 44
심리적 이유기 47

>> ㅇ
아동상담 145
아동자아(C) 299
안정화 131, 132
애정형 114
애착 48, 55
애착이론 48
양극성장애 70
양심 189
양육적 부모자아(NP) 302
억압 194
여가지도 23
역설적 의도 211, 256
역할모델의 활용 120
역할연기 282
연상적 학습경험 119
열등감 203, 204, 206
예상기 135
예술형(Artistic: A) 105, 106, 107, 109
예외질문 330
오염(contamination) 301
외디푸스 콤플렉스(oedipus complex) 191
외상후 스트레스 장애 67, 69
외향(Extraversion)과 내향(Introversion) 90, 91, 92
우울과 무감동 60
우울증 70, 88
우월성 추구 204, 205
운동재생 과정 223
원초아(id) 187, 188, 192
위기상담 149
유전적 요인 117
유지기 127, 130, 134
유형역동 93
육각형 모형 105
의도 256
의도적 감정 표현의 원리 143
의미에 대한 의지 251, 252

의미치료 251
의미치료의 상담목표 255
의식 189, 190
의지의 자유 252
이고그램(egogram) 302
이면적 교류 303
이중관계 151
인간관계의 원리 20
인간지향적 직업군 116
인간지향적 태도 115
인성이론 105
인성지도 22
인지삼제 285
인지왜곡 285, 287
인지적 과제 주기 281
인지적 손상 60
인지적 시연 121
인지치료 285, 290
일과성 틱장애 79
일렉트라 콤플렉스(electra complex) 191
일반상담 26
일반화 218
임의적 추론 287

>> ㅈ

자기개방 177
자기결정의 원리 144
자기긍정-타인긍정 307
자기긍정-타인부정 307
자기부정-타인긍정 307
자기부정-타인부정 307
자기분리 252
자기조절(self-regulation) 224
자동적 사고 286
자발적 회복 217
자아 192
자아(ego) 187, 188
자아개념 127, 128, 129
자아실현의 원리 20
자아이상 189
자아정체성 대 역할혼미 43
자유 욕구 317
자유로운 아동자아(NC) 302
자유연상 198, 199
자율성 존중의 원리 20
자폐성장애 72
자폐증 72
잠복기 192
잠정기 124, 125
재결단(redecision) 309, 310
재귀인 291
재순환 134
재정향 209, 210, 211
재진술 173
저항 199
적극적 경청 167, 170
적극적 예방의 원리 21
적응의 원리 20
적정 수준의 스트레스 62
전(前)의식 189
전문적 한계 151
전이 198, 199
전인적 발달의 원리 21
전행동(total behavior) 315, 318
절대적 사고에의 직면 292
접근-접근형 갈등 56
접근-회피형 갈등 56
정보제공 181
정보제공활동 23
정서집중형 114
정서행동치료(Rational-Emotive Behavior Therapy) 275
정신건강상담 148
정신분석상담 197
정신분석학 95
정신분열증 89
정적 강화 219
정체성 상실 45
정체성 유예 45
정체성 혼미 45
정체성 확립 46
정치활동 23, 33
조건적 스트로크 300
조기성숙 40
조작적 조건형성 219
조합적 사고 41
좌절 55
주의집중 과정(attention process) 223
주지화 196
즉시성 179, 180, 211
즐거움 욕구 317
지금-여기의 즉시성 180
지배형 206
직면 178

직업발달과업 130, 131, 133
직업분류체계 116
직업선호의 구체화 131
직업선호의 실행화 131
직업선호의 특정화 131
직업자아정체감 135
직업적 성격유형 105, 107
직업포부 137
직접적 지도 182
진로상담 148
진로지도 22
진정성 153, 160, 161, 162
진취형(Enterprising: E) 105, 106, 107, 111, 112
집단상담 147

>> ㅊ
처벌(punishment) 220
척도질문 332
청소년기 부모-자녀관계 47
청소년기의 신체 및 성적 발달 37
청소년기의 심리사회적 위기 43
청소년기의 자기중심성 42
청소년상담 146
초자아 189, 192
초자아(superego) 187, 188
추상적 사고 41
추수활동 23, 34
출생순위 207
치환 194
침묵 175, 176

>> ㅋ
쾌락의 원리 188

>> ㅌ
탈숙고(dereflection)는 257
탈자기중심화 292
탈파국화 292
탈핍성 스트레스 55, 58
탐구형(Investigative: I) 105, 106, 107, 108, 109
탐색기 127, 130, 134
터널시야 현상 60
통제된 정서 관여의 원리 143
통제이론 316
퇴행 190, 195
투사 194
투사법검사 95, 98, 100
특성요인이론 103, 104
특정공포증 67, 68
틱장애 72, 79

>> ㅍ
파국화 289
파지 과정(retention process) 223
판단(Judgement)과 인식(Perception) 90, 91, 93
편집증 89
표준화검사 83
품행장애 72, 76, 77, 78

>> ㅎ
학교상담 27
학생의 존엄성 인정과 수용의 원리 19
학생조사활동 23
학습경험 117
학습상담 149
학습장애 72
한부모가구 50
합리적 신념 278
합리적 정서 상상하기 282
합리화 194
항문기 191
해결중심상담 327, 328, 330
해석 183, 199
행동치료 226
현상학 251
현실기 124, 126
현실의 원리 188
현실적 불안 192
현실치료 315, 319
현장형(Realistic: R) 105, 106, 107
협력의 원리 21
형식적 조작기 40
확대·축소 288
확립기 127, 130, 134
환경적 조건과 사건 117
환상기 124
회피-회피형 갈등 56
회피형 114, 206
훈습 200

희생자 304
히스테리 88
힘 욕구 317
힘과 크기 지향 137

>> 기타

3R 318

A-FROG 289
ABCDEF 모형 278
ADHD 72, 75, 78

BGT 95, 99

CAT 95, 97

DSM-Ⅳ 67, 68, 69, 70, 72, 75, 77, 78, 79, 148

ENCOURAGES 169

HTP 95, 98

Jung의 심리유형론 90, 91

K-WISC-Ⅲ 84
K-WPPSI 84
KEDI-WISC 84

MBTI 83, 90, 91, 92
MMPI 83, 85
MMPI-2 85
MMPI-A 85

Piaget의 인지발달이론 40

R-I-A-S-E-C 105
REBT 275, 277, 280
REBT에서 278
RIASEC 분류 체계 106
Rorschach검사 95, 97, 99, 100

SAMIC3 321
SOLER 167
Super의 아치웨이 모형 129

TAT 95, 96, 99, 100

WAIS 83
WDEP 320
WISC 83
WISC-Ⅲ 83
WPPSI 83

저자소개

▣ 고영남

고려대학교 사범대학 교육학과 졸업(문학사)

고려대학교 대학원 교육학과 졸업(문학석사·교육학박사, 교육심리 전공)

(현) 서원대학교 사범대학 교육학과 교수

생활지도와 상담

2011년 2월 25일 제1판 1쇄 발행
2023년 2월 28일 제1판 6쇄 발행

저자와의 협의하에 인지생략

저 자 : 고 영 남
발행인 : 한 정 주
발행처 : 교 육 과 학 사

경기도 파주시 광인사길 71
전화 (031) 955-6956~8 / 팩스 (031) 955-6037
Home-page : www.kyoyookbook.co.kr
E-mail : kyoyook@chol.com
등록 : 1970년 5월 18일 제2-73호

낙장·파본은 교환해 드립니다.
Printed in Korea.

정가 18,000 원
ISBN 978-89-254-0461-5